EVA-MARIA & WOLFRAM
ZURHORST

Liebe dich selbst

und freu dich
auf die nächste Krise

**GOLDMANN
ARKANA**

Mix
Produktgruppe aus vorbildlich
bewirtschafteten Wäldern und
anderen kontrollierten Herkünften

Zert.-Nr. SGS-COC-1940
www.fsc.org
© 1996 Forest Stewardship Council

Verlagsgruppe Random House FSC-DEU-0100
Das für dieses Buch verwendete FSC-zertifizierte Papier *Munken Premium Cream*
liefert Arctic Paper Munkedals AB, Schweden

3. Auflage
Originalausgabe
© 2007 Wilhelm Goldmann Verlag, München
in der Verlagsgruppe Random House GmbH
Lektorat: Julia Eisele
Satz: Barbara Rabus
Druck und Bindung: GGP Media GmbH, Pößneck
Printed in Germany
ISBN 978-3-442-33754-5

www.arkana-verlag.de

Für meine Mutter

Bedenke, dass die beste Beziehung die ist,
in der jeder Partner den anderen mehr liebt als braucht.
Dalai Lama

Inhalt

Vorwort
Nur Sie können es tun 15

... noch etwas vorweg:
Nicht mehr ICH, sondern WIR! 21

I. TEIL
Auf die innere Stimme hören

1. Meine Ehekrise war mein größtes Geschenk 25

2. Willkommen im Club! 39

3. Die Suche nach der Unschuld 53

4. Es geht nicht darum zusammenzubleiben,
   es geht darum, sich selbst und der Liebe
   treu zu sein 59

5. Trennung in der Beziehung – ein echtes
   Wunderheilmittel 76

6. Unser Beziehung heilt von selbst, wenn wir
   unser Herz und unser Leben heilen 87

7. Vier Prozent contra 96 Prozent oder die Illusion,
   wir könnten über unser Leben bestimmen 106

8. Stille – von uns allen gefürchtet, aber trotzdem
   das Allheilmittel schlechthin 115

9. Alleinsein – der einzige Weg zu echter Nähe
   und Verbindung 129

II. TEIL
Die Krise im Alltag nutzen

1. Das Geheimnis Ihrer Krise: In ihr verbirgt sich
   die Antwort auf all Ihre Fragen 147

2. Ihre Krise ist Ihr Spiegel,
   ob Sie wollen oder nicht 164

3. Praktisches Krisenmanagement I
   Verwandeln Sie Ihren Kämpfer in einen Forscher ... 172

4. Praktisches Krisenmanagement II
   Machen Sie den Feind zu Ihrem Kind 186

5. Praktisches Krisenmanagement III
   Schmerzen verbrennen 193

6. Die Erfüllung unserer Wünsche –
   nichts fürchten und verurteilen wir mehr 201

7. Widerstände – Lassen Sie sich nicht beirren 210

8. Emotionen sind keine Gefühle,
   Emotionen sind Beziehungskiller 221

9. Eine ganz normale Kindheit ...
   für eine Kinderseele fast immer eine Folter 229

10. Das Eva Prinzip
    Oder: ein Loblied auf die Weiblichkeit 248

11. Auch Singles haben eine Beziehung
    Auch Getrennte fühlen sich von etwas getrennt 275

12. Vergebung heilt alles, vor allem Sie selbst 286

13. Ein Geständnis zum Schluss:
    Mein Mann ist doch der Prinz 294

III. TEIL
Die Krise mit dem Partner nutzen

Einführung
Mein Weg als Mann: voller Widerstand
und Überraschungen 307

Vorwort
Nur ein Kindertraum ...? 313

Von Mann zu Mann
Roland Arndt stellt Fragen 319

Von Frau zu Mann
Ruth Baunach stellt Fragen 349

Nachwort 369
Dank 371
Literaturnachweis und Empfehlungen 373

Also ging ich diese Straße lang
und diese Straße führte zu mir

Dieser Weg wird kein leichter sein
Dieser Weg wird steinig und schwer

Nicht mit vielen wirst du dir einig sein
Doch dieses Leben bietet so viel mehr

Xavier Naidoo

Vorwort
Nur Sie können es tun

Ich weiß, viele Menschen erhoffen sich von diesem Buch eine praktische Fortsetzung von *Liebe dich selbst und es ist egal, wen du heiratest* und eine konkrete Hilfe für ihre Beziehung. Mehr denn je bin ich zwar davon überzeugt, dass die meisten Scheidungen überflüssig sind. Dass Trennung meist nur eine Vertagung der Heilung ist. Dass Ihre Beziehung – egal wie unüberwindbar Ihnen die Krise gerade erscheint – der großartigste Ort der Heilung ist. Aber mehr denn je möchte ich Ihnen sagen: Ich kann Ihnen nicht wirklich helfen. Und heilen kann ich Sie schon gar nicht. Nicht mal gute Ratschläge von mir taugen etwas für Ihr Leben, weil Ihr Leben nicht mein Patentrezept, sondern Ihre Liebe und Zuwendung braucht.

Warum dann trotzdem noch ein Buch? Weil ich Ihnen so gerne sagen möchte: In Ihrem Inneren finden Sie alles, was Sie brauchen. Und dieses Buch weist Ihnen den Weg dorthin.

Nachdem ich so oft gelesen und gehört habe: »Im Buch stand ... Eva-Maria Zurhorst hat aber gesagt ... Die Autorin meint ...« kann ich Ihnen nur versichern: Ich habe nichts, was Sie nicht auch hätten. Ich selbst war nie anfällig für Gurus. Für mich funktioniert das nicht, weil ich finde, dass sie einen nur zu leicht von der eigenen Kraft und Liebe ablenken. Daher bin ich auch völlig ungeeignet, selbst ein Guru zu sein.

Ich bin nicht besser oder weiter als Sie. Sie ahnen gar nicht, wie oft ich mir selbst meine eigenen, theoretischen Erkenntnisse hinter die praktischen Ohren schreiben muss. Wie oft ich mich einsam und verloren fühle und wieder nach meinem Weg suche. Und manchmal, wenn das Schreiben tief aus meinem Inneren fließt, dann lausche ich fasziniert und denke: Was du da gerade für die Leser schreibst, das schreibst du auch an dich selbst.

Das Spannende an dieser Arbeit ist, dass man immer Schüler und Lehrer zugleich ist. So verwirrt Sie sich im Moment vielleicht fühlen, ein Teil von Ihnen kennt innerlich längst all das, was ich schreibe. Sonst würden Sie jetzt gerade nicht meinen Worten folgen. Und ein Teil von mir wiederum irrt noch durch die Gegend und sucht nach Antworten. Sonst würde ich nicht immer so lange grübeln, ausprobieren und aufschreiben.

Ich kann nur meine Erfahrung mit Ihnen teilen. Der Rest liegt bei Ihnen: Hören Sie auf Ihre eigene innere Stimme. Lauschen Sie genau, ob es da etwas in Ihnen gibt, das in Resonanz geht, wenn ein anderer etwas sagt oder schreibt.

Ich selbst habe mein Leben lang da draußen nach Hilfe gesucht. Habe schon einige Male in meinem Leben bewegt die letzte Seite eines Buches zugeklappt und geglaubt, endlich *den* einen Ansatz, *die* eine richtige Methode entdeckt zu haben, die wirklich funktioniert. Eine Zeit lang war ich Seminartourist, immer in der Hoffnung, dort irgendeinen Durchbruch und die entscheidende Lösung zu finden. Heute bin ich dankbar für all diese Erfahrungen. Aber ich weiß, es gibt nicht *den* einen Ansatz, *die* eine Methode, *die* eine Lösung.

Es ist gut, wenn man an Scheidewegen des Lebens Unterstützung von außen bekommt. Es kann etwas lösen, wenn ein erfahrener Mensch einem hilft, einen neuen Blick auf die Dinge zu finden. Es ist gut, wenn man in einem therapeutischen Raum alten, verborgenen Schmerz wieder ins Bewusstsein zurückbringen kann. Aber am Ende kann man da draußen nur Hebammen finden.

Wenn ich zurückschaue, brachte mir mein Suchen nach Hilfe etwas viel Kostbareres als das, wonach ich eigentlich gesucht hatte: Ich machte Erfahrungen und erlebte Begegnungen, die mich im Herzen berührt und fast unmerklich erweitert haben. Manchmal reichte ein Satz, ein Blick, eine Berührung, ein Moment, da klickte etwas ein in mir und erreichte mich auf einer tieferen Ebene. Und danach war mein Leben nicht mehr ganz so, wie es war. Etwas in mir hatte sich geöffnet, von dem ich vorher nicht einmal wusste, dass es da war. Einfach so! Kein Ansatz, keine Methode, keine Lösung, nur ein Weg.

Deshalb kann ich auch dieses Buch erneut nur aus vollem Herzen schreiben und mir wünschen, dass ich Sie in Ihrem Herzen berühre. Ich kann Ihnen nur ehrlich sagen, dass mein Leben auch immer wieder durcheinandergewirbelt wird und gerade seit Erscheinen meines letzten Buches alles andere als ein sanfter, friedvoller und gleichförmiger Fluss war. Tatsächlich ist seitdem vielmehr ein Orkan durch unser Leben gefegt, der mir jede Menge neue Entdeckungen beschert und mindestens genauso viele alte Ängste nach oben gespült hat.

Der meinen Mann und mich auf unserem Weg wieder ein Stück weiter getragen und uns noch klarer gezeigt hat, dass sich in einer Beziehung immer neue Herausforderungen und damit immer neue Öffnungen ereignen können.

So bin ich mehr denn je überzeugt, dass die Ehe wirklich ein Abenteuer sein kann, das einen mit einigen der tiefsten Geheimnisse des Lebens konfrontiert. Und dass all das, was mir zugeflossen ist, auch in Ihrem Leben möglich ist. Ich kann Ihnen mit aller Leidenschaft und Erfahrung sagen, dass alles noch viel weiter gehen kann, als Sie vielleicht gerade glauben. Dass so unendlich viel mehr Liebe, Nähe, Spaß und Zärtlichkeit zwischen Ihnen und Ihrem Partner möglich ist, als Sie sich im Moment vorzustellen wagen.

Aber eins kann ich nicht: Ich kann den nächsten Schritt nicht für Sie gehen. Das kann niemand. Wenn Sie wirklich Ihr Leben verändern wollen, dann gibt es nur ein Wundermittel: Sie müssen es tun!

Werden Sie wach, übernehmen Sie die Verantwortung, und seien Sie bereit, die Prioritäten für Ihre Beziehung und Ihre innere Erfüllung neu zu setzen. Das braucht Beharrlichkeit, Konsequenz und Mut und ist nichts für Halbherzige.

Je mehr ich mich mit Menschen und ihren Beziehungen beschäftige, desto mehr komme ich zu der Überzeugung, dass es nicht die großen Dramen und die von anderen gebauten unüberwindbaren Mauern sind, die uns daran hindern, unser Glück in Beziehungen zu finden. Es sind nicht heimtückische Dämonen, furchterregende Monster und unbesiegbare Drachen, die uns in Abhängigkeit, Einsamkeit, Ohnmacht und Trennung bringen. Der größte Übeltäter, dem ich tagtäglich in meiner Arbeit begegne, ist eine bedeutend kleinere Monster-Spezies. Es ist der innere Schweinehund. Seine schärfsten Waffen sind Gewohnheit, Ablenkung, Verdrängung und Ersatzbefriedigung.

Liebe dich selbst und freu dich auf die nächste Krise lautet der Titel dieses Buches. Ich will damit sagen, dass die aufregendsten und faszinierendsten Chancen auf Erfüllung direkt vor unserer Nase liegen – auch wenn wir sie vielleicht nicht immer gleich als solche erkennen. In unserem täglichen Leben, in unserer gewohnten Beziehung wartet das größte Abenteuer überhaupt auf uns – spannender als jede leidenschaftliche Affäre, jede Reise ans andere Ende der Welt, jede noch so große berufliche Herausforderung, jeder alles überragende Erfolg. Aber selbst wenn Sie jetzt begeistert nicken: Einverständnis mit diesem Ansatz allein verändert nicht ihr Leben.

Einverständnis ist nur die Eintrittskarte in eine neue Welt. Danach braucht es Geduld, Mut, Risikobereitschaft und vor allem die Bereitschaft, all das Neue wieder und wieder auszuprobieren und zu üben. So werden sicher einige von Ihnen ungeduldig mit den Hufen scharren, während ich manche Zusammenhänge immer wieder aus unterschiedlichen Perspektiven beleuchte, um damit einen inneren transformativen Prozess zu aktivieren und unterschiedliche Ebenen Ihres Bewusstseins mit neuen Informationen zu erreichen. Ihr Geist wird manchmal unruhig werden oder sich von den Wiederholungen vielleicht gelangweilt fühlen. Aber ich habe einfach zu oft schon Menschen gesehen, die den Sprung aus einer großartigen neuen Erkenntnis nicht in ein großartiges neues Leben geschafft haben. Banale Dinge wie mangelnde Übung und Wiederholung waren der häufigste Grund dafür.

Im Laufe meiner Arbeit hat sich daher aus den vielen Gesprächen ein Satz entwickelt, den ich Menschen oft so oder so ähnlich mit auf den Heimweg gebe:

> Wenn du willst, dass sich dein Leben ändert,
> dann ändere dein Leben.

Ich weiß immer noch, dass es geht. Ich weiß allerdings auch: Es braucht Ihre ganze Hingabe.

Wuppertal, im März 2006 *Eva-Maria Zurhorst*

... noch etwas vorweg:
Nicht mehr ICH, sondern WIR!

Im Vorwort kam ich diesmal einige Male ins Stocken. An einigen Stellen steht da jetzt noch ein »Ich«, an denen ich spontan schon ein »Wir« hätte schreiben wollen.

Also, um Sie auf den neuesten Stand meiner Ehe zu bringen: Der, für den das alles, worüber ich hier schreibe, einst nur Psychokram war. Der, der jahrelang gezwungenermaßen Zaungast am Rande dieses Weges war. Dieser Mann hat nicht nur, wie Sie in groben Zügen vielleicht schon wissen, den Weg zurück in unsere Beziehung gefunden. Dieser Mann verbringt heute auch mehr Zeit mit Menschen in – mittlerweile – unserer Praxis als ich. Das hätte nicht einmal ich damals beim Schreiben für möglich gehalten. Mein Mann hat nicht nur zu mir zurückgefunden. Er hat auch auf ganz neue Art seinen Platz in unserer Familie eingenommen und sich entschieden, seine Erfahrungen ebenfalls auf diesem Weg weiterzugeben. Auch wenn Sie ihn nicht kennen, können Sie sich wahrscheinlich gut vorstellen, dass das eine ziemliche Herausforderung für uns zwei war. Ehrlich gesagt grenzt es für mich rückblickend manchmal an ein Wunder. Oder besser an eine Verkettung von Wundern und überraschenden Entwicklungen, die wir Ihnen im Weiteren schildern möchten.

Mein Mann hat an diesem Buch (dem dritten Teil am Ende) mitgeschrieben. So oft haben Frauen zu mir gesagt: »Klar. Was Sie da sagen, leuchtet ein. Aber wie in aller Welt haben Sie Ihren Mann überzeugen können, diesen Weg mitzugehen?« Und wenn bei Männern nach anfänglicher Skepsis irgendwann das Stirnrunzeln nachgelassen hatte, lautete oft ihre Frage: »Na gut, könnte was dran sein ... Aber wie mache ich das nun im richtigen Leben mit dem *Liebedichselbst* ...?«

Mein Mann kann am besten selbst erzählen, wie er auf diesen Weg gefunden hat und wie er das heute im richtigen Leben so macht. Ich kann hier nur noch sagen, dass ich unendlich glücklich und dankbar bin, dass wir beide hier nun gemeinsam stehen. Dass unser beider Kräfte in dieses Buch fließen wird hoffentlich nur noch authentischer erfahrbar machen, dass in Beziehungen nicht zwei Geschlechter oder gar zwei Fronten am Werke sind. Sondern dass wir uns – egal ob Mann oder Frau – nach dem Gleichen sehnen: Nach Angenommenwerden, so wie wir sind, und nach bedingungsloser Liebe.

I. TEIL

Auf die innere Stimme hören

1. Kapitel
Meine Ehekrise war mein größtes Geschenk

Hängen Sie gerade fest? Haben gerade das Gefühl, dass das Leben Ihnen einfach den Boden unter den Füßen wegzieht? Dass alles, woran Sie geglaubt haben, zusammenbricht? Oder geht Ihnen die Puste aus? Jagt immer öfter durch Ihren Kopf: Ich kann nicht mehr. Ich will nicht mehr. Immer der gleiche Mist. Warum hört das ganze Elend denn nicht endlich auf? Warum finden wir einfach nicht zueinander? Warum ist da diese Distanz? Warum ist da immer wieder dieser Schmerz? Warum immer wieder Krieg, Sprachlosigkeit und leere Rollen? Kommen Sie sich vor wie jemand, der die Ausfahrt aus dem Kreisverkehr einfach nicht findet? Hoffnungsloser Dauersingle? Aussichtslose Dauerbeziehungskrise? Perspektivlose Daueraffäre? Deprimierende Dauereinsamkeit?

Was auch immer es ist – Sie haben genau die Krise, die Sie jetzt gerade in Ihrem Leben brauchen. Im Ernst: Ich bin von Tag zu Tag immer mehr davon überzeugt, dass unsere Krisen wahre Geschenke sein können. Heute weiß ich: Auch ich hatte genau die Krise, die ich brauchte. Meine schmerzliche, immer wieder aufs Neue absolut ausweglos erscheinende, Jahre währende Ehekrise war aus heutiger Sicht ein Geschenk des Himmels. Wo sonst hätte ich so viel lernen können über mich, über Beziehungen und das Innere der Menschen? Wie sonst hätte ich solche Kräfte entwickeln können, über meine scheinbaren Beschränkungen hinauszuwachsen? Wie sonst hätten mein Mann und ich entdecken können, dass unsere Verbindung so viel tiefer geht, als wir es je geahnt hätten? Woher sonst hätte ich heute so viele authentische Erfahrungen in Sachen Ehekrise, um sie an andere Menschen weiterzugeben? Wie sonst hätte ich Mitgefühl entwickeln können für andere, die auch nicht mehr weiter wissen? Wie sonst sollte ich Hoffnung geben können, wenn ich nicht selbst Schmerz und dessen Heilung erfahren hätte?

Im Chinesischen wird der Ausdruck für Krise mit zwei Schriftzeichen geschrieben. Das erste Zeichen steht für »Gefahr«, das zweite für »Chance«. Ja, unsere Krisen bergen Gefahren in sich. Sie bedrohen unsere Gewohnheiten und Sicherheiten. Sie zwingen uns in die Bewegung. Sie bringen erschütternde Kräfte in unser Leben. Das alles sorgt für eins: Wir verlieren die Kontrolle. Gott sei Dank! Denn endlich bekommt unsere Rolle Risse. Endlich kommen unsere Gefühle in Bewegung und alter Schmerz an die Oberfläche. Alles wird lebendig und unmittelbar. Wir werden gezwungen, den sicheren, statischen Raum der reinen Erkenntnis in unserem Kopf zu verlassen. Und das ist die große Chance, die in der drohenden Gefahr verborgen liegt.

Mittlerweile ist das Wissen über das, was uns guttäte, in unserer Gesellschaft weit verbreitet. Über das, was unser Körper, unsere Seele, unser Herz und unsere Beziehung braucht. Aber gibt es auch genug Menschen, die dieses Wissen leben? Die Krise zerrt die Erkenntnis aus unserem Kopf in unser Herz und in unseren Körper. Sie bringt uns dazu, für unseren Glauben einzustehen, Risiko zu wagen, Grenzen zu ziehen oder sie zu überwinden und so unser Leben zu verändern. Sie sorgt für all das, wonach wir uns gesehnt, was wir uns aber nie getraut haben. Und damit halte ich sie für ein geradezu überlebenswichtiges Hilfsmittel.

Wenn wir leise werden und aufhören, uns gegen die Krise zu wehren, dann ist sie ein heilsames Geschenk von unglaublicher Präzision. Wir müssen sie nur mit aller Hingabe studieren und ihre Botschaft wahrzunehmen lernen, dann hilft sie uns, zu wachsen und weiterzugehen. Und lehrt uns Fähigkeiten, von denen wir nicht einmal ahnten, dass sie in uns schlummerten. Geschweige denn, dass diese so kraftvoll sind, dass sie unser Leben und das anderer befreien können. Nicht nur aufgrund meines eigenen Lebensweges bin ich der Meinung, dass durchgestandene Krisen uns zu unserer wahren Lebensaufgabe führen.

Denken Sie an Nelson Mandela, der gefoltert und inhaftiert wurde. Der einen Großteil seines Lebens im Gefängnis verbringen musste. Der seine Familie und seine Freunde verlor. Er ist an alldem nicht verbittert und zerbrochen. Es hat ihn und seinen Glauben an Gerechtigkeit und Freiheit noch gestärkt. So sehr, dass er ein ganzes Volk in die Freiheit führen konnte.

Oder Hermann Gmeiner. Er verlor seine Mutter, als er gerade mal fünf Jahre alt war. Später gründete er die SOS-Kinderdörfer. Sicher fallen Ihnen auch noch ein paar andere Menschen – vielleicht sogar weniger berühmte, des Heldentums unverdächtige – ein, die an Begrenzungen und Schicksalsschlägen gewachsen sind. Auch sie könnten Ihnen einen neuen Blick auf die Sackgasse in Ihrem Leben bescheren. Nämlich: okay, ich stecke fest. Aber genau das ist meine große Chance!

Es gibt eine Internetseite mit dem Namen »Die Hausfrauenrevolution«, initiiert von der Schauspielerin Marie Theres Kroetz-Relin. Tausende von Hausfrauen tauschen sich dort aus und machen sich Mut. Ich halte zwar nichts von der Polarisierung zwischen Hausfrauen und irgendwelchen anderen Frauen. Und ich halte mich auch nicht für so kämpferisch wie Frau Kroetz-Relin. Aber die grundsätzliche Idee hat mich fasziniert. *Die Beziehungsrevolution!* Die würde ich gerne anzetteln. So ließen sich direkt aus unseren Wohn- und Schlafzimmern erst die Kinderzimmer und damit die ganze Welt revolutionieren. In unseren unmittelbaren Beziehungen können wir dem Leben so nahekommen wie nirgendwo sonst. Da könnten echte Veränderungen ihren Anfang nehmen, die alle anderen Lebensbereiche wie eine gewaltige, aber sanfte Woge mit sich nähmen. Wir alle mit unseren Beziehungskrisen wären eine verdammt große Bewegung, Vorreiter und Revolutionäre in Sachen Verbindung.

Aber mal ehrlich, was machen immer noch die meisten von uns stattdessen? Wir rennen weg, lenken uns ab oder verkümmern resigniert. Wir lassen uns scheiden. Sind mit unseren Jobs verheiratet. Bleiben sichere Dauersingles. Flüchten in Affären. Drücken unsere letzten unkontrollierten Gefühle mit allen möglichen gesellschaftsfähigen Alltagssüchten weg.

Ich bin kein Moralist. Und ich mag mir ehrlich gesagt gar nicht vorstellen, wie es um uns stünde, wenn Trennungen, Affären, Alltagsdrogen, Internetsex, Pornos und alle berieselnden Fernsehapparate verboten würden. Wahrscheinlich würde die Gewalt überall in unserer unmittelbaren Umgebung schlagartig explodieren.

Gerade habe ich mich zum Schreiben in ein stilles Hotel

in der ägyptischen Wüste zurückgezogen. Da sitzt seit einer Woche Abend für Abend ein vielleicht vierzigjähriger Mann nicht weit von mir beim Essen. Wenn er sich an den Tisch setzt, wippt sein Knie in schnellem Tempo so stark auf und ab, dass immer das ganze Tischtuch mitzittert. Dann gibt er seine Bestellung auf: eine Flasche Rotwein. In dem Maße, wie er den Wein leert, meist zügig, lässt die Spannung in seinem Körper nach, und das Knie hört langsam auf zu wippen.

Eine Flasche Wein. Nichts Tragisches. Vielleicht sogar ein Geschenk für ihn und seine Umwelt, wenn man sich vorstellt, was aus dieser gewaltigen Körperspannung entstünde, würde sie auf diesem Wege nicht regelmäßig gelöst. Genauso erzählen mir Frauen manchmal, wie sie lieber stillschweigend dulden, dass ihr Mann fast täglich auf irgendwelchen Sexseiten im Internet rumsurft: »Sonst wäre er ja kaum auszuhalten, würde mich ständig belagern oder verlassen.«

Vieles in unseren Beziehungen dient auf einer tieferen Ebene dazu, uns aus einem inneren Spannungsfeld zu befreien. Wenn man zum Beispiel all die Affären und Dreiecksgeschichten ohne erhobenen Zeigefinger betrachtet, kann man sehen, dass sie oft Ventilfunktion haben. Vor allem bei den Männern steigt der Druck im Job oft ins Unerträgliche. Wenn dann zu Hause auch noch eine Familie mit wachsenden Ansprüchen wartet und eine enttäuschte Partnerin immer mehr um Aufmerksamkeit ringt, je weniger sie bekommt, dann sehen viele als einzigen Ausweg nur noch, dem Druck auszuweichen.

Mitten in dieser Zerreißprobe trifft Mann auf unabhängige, lebenshungrige Frau jenseits all der Ansprüche, Routine und Verpflichtungen. Endlich kann er sich fallen lassen.

Und die ausgehungerten Ehefrauen zu Hause wundern sich, wie der sonst privat und beruflich so zwanghafte Mann auf einmal alles locker nimmt, pinkfarbene Pullover trägt oder sich ein Zweisitzercabrio kauft. Die betroffenen Männer beschreiben mir, dass sie sich seit Jahren nicht mehr so frei, gelöst und kritiklos akzeptiert gefühlt hätten wie mit der Geliebten. Und wenn es dann mit der Zeit immer wieder neue Geliebte gibt, ist von »kleinen Nischen ohne Anforderung« oder von »Inseln der Freiheit« zu hören, die Mann sich einfach nicht nehmen lassen will.

Bevor Sie mir jetzt vorwerfen, ich schriebe hier gerade Klischees auf. Mir begegnet dieses Muster einfach immer wieder bei meiner Arbeit. Oft sind es gerade die Menschen, die an sich selbst hohe Anforderungen stellen und in einem engen Gefüge aus Regeln und Pflichten leben, die ihren einzigen Freiraum nur noch auf geheimen Inseln der Leidenschaft, in verborgenen Lebensnischen oder bei Geliebten jenseits aller Ansprüche finden.

Natürlich ist die Affäre nicht nur für Männer der Fluchtweg aus dem Alltag. Frauen erzählen mir zwar selten von immer wieder neuen Affären. Aber sie brennen genauso wie die Männer, wenn Sie von der Freiheit, der Leidenschaft, Gelöstheit und dem selbstverständlich entspannten Gleichklang mit ihren Geliebten erzählen.

Auch das nahtlose Wechseln von einer Beziehung in die nächste hat oft als Hintergrund, dass wir um jeden Preis eine Konfrontation mit äußeren Ansprüchen und inneren Ängsten vermeiden wollen. Erst diese Woche war ein Bekannter da, der sich gerade nach Jahren getrennt hatte. Auf die Frage, was er denn jetzt vorhabe, meinte er: »Ich suche mir zuerst mal was ohne jeden Anspruch, einfach nur fürs Körperliche ...« Am gleichen Tag saß in meiner Praxis ein Mann und weinte bittere Tränen, weil seine Frau ihn nach fast dreißig Jahren überraschend verlassen hatte. Dann setzte er sich auf einmal gerade auf und sagte bestimmt: »Wenn sie bis Weihnachten nicht wiederkommen sollte, dann habe ich allen Grund, mir eine Neue zu suchen. So alleine kann ich einfach nicht leben.«

So groß der Schmerz des Verlustes sein mag, so schwer der Schritt in die Trennung auch fällt – kaum ist dadurch eine Lücke in unserem Leben entstanden, wird diese nur allzu oft nicht etwa als Raum für Trauer, Korrektur und Neuausrichtung verstanden. Vielmehr heißt es fast sofort: »Wo könnte jemand sein, der meine Lücke wieder füllen könnte?« Kaum jemand geht an dieser Stelle ehrlich mit sich um und gesteht sich ein: Hier geht es vor allem um meine Lücke. Mit Liebe in ihrem freien und gebenden Sinne hat das wenig zu tun. Da ist diese unerträgliche Leere und dieses Gefühl des Alleinseins. Das muss weg. Und dazu braucht es einen anderen.

Es ist gut, einmal ehrlich auf dieses ganze Dilemma zu schauen. Daher lautet die Frage, um die es mir diesmal geht und die ich spannender finde als die Beschäftigung mit Beziehungs-Shopping, Seitensprüngen und Flucht in Konsum, Ablenkung oder Betäubung: Wie kann ich die Lebendigkeit zurück in mein Leben bringen, da wo ich gerade bin? Mein Vorschlag: Eignen Sie sich eine völlig neue Sicht auf Krisen an. Ganz egal ob in Beziehungen, im Beruf, in unserem Körper oder unserer Seele – Krisen sind kostbare Geschenke des Lebens an uns. Krisen fordern uns auf, aufzuwachen, aufzustehen und unserem Inneren zuzuhören.

Mit diesem Buch möchte ich Sie auf den Geschmack für diese auf den ersten Blick schwerverdauliche Kost bringen: dass unser Alltag mit seinen Krisen und Stillständen einfach nur ein Teil des Menschseins ist, von dem niemand verschont bleibt. Aber gerade mit diesen Krisen, Engpässen und Sackgassen kann der Alltag ein echtes Abenteuer sein – spannender als jede Affäre. Allerdings ist es dazu höchste Zeit für eine veränderte Sicht auf die Dinge.

Wir suchen alle nach Abenteuern, nach Befriedigung und Zuwendung, täglichen kleinen Kicks, manchmal nach großer Ekstase, nach neuen Events, tollen Feiern und möglichst viel Anregung, Ablenkung und Abwechslung. »Irgendwie kann das doch nicht alles gewesen sein?!« So oft habe ich diesen Satz schon gehört. »Meine Beziehung ist eingeschlafen ... eintönig ... die Luft ist raus ... der Kick fehlt ...«

Jedes Jahr lassen sich hierzulande rund 200 000 Paare scheiden. Wenn man genauer hinschaut, findet man noch weitere wenig Mut machende Zahlen. Während rund 40 Prozent aller Erst-Ehen in die Brüche gehen, sind es bei den Zweit-Ehen schon 60 Prozent. Noch um ein vielfaches höher ist die Scheidungswahrscheinlichkeit, wenn Partner sich wegen einer Dreiecksbeziehung von ihrem Partner getrennt und den ehemaligen Geliebten anschließend geheiratet haben. In einer Statistik habe ich in diesem Zusammenhang gelesen, dass tatsächlich nur fünf Prozent dieser Nachfolge-Ehen überstehen. Mich wundert dieses drastische Ergebnis nicht, weil ich immer wieder erlebe, dass die Dreiecksbeziehung oft von einer starken Polarisierung lebt. Fällt mit dem einen Partner der Gegenpol weg, steht der neue Partner alleine auf Dauer ziemlich auf der Kippe.

Der letzte traurige Rekord in Sachen Scheidung, den ich hier nicht unerwähnt lassen möchte: Nie haben sich so viele Paare im Alter getrennt wie heute. Nach zwanzig oder dreißig Jahren sagen meist die Frauen: »Jetzt ist Schluss! Ich will endlich frei sein und noch mal was erleben.«

Ich weiß, wie viel Courage es für einen solchen Schritt braucht. Und ich weiß, nichts braucht diese Welt mehr als mutige Menschen, die sich aus dem angepassten Funktionieren befreien. Aber egal, wie alt die Menschen sind, mit denen ich rede, und egal, wie lange ihre Beziehung gedauert hat, es scheint, dass die meisten mit ihrer Trennung eher resigniert die Flucht antreten, als dass sie wirklich einen bewussten Aufbruch wagen.

Verstehen Sie mich nicht falsch. Es geht mir hier nicht darum, mit erhobenem Zeigefinger düstere Szenarien zu entwickeln. Ich bin einfach nur unzählige Male gefragt worden: »Wieso hat es denn bei Ihnen geklappt und bei mir nicht?« Oder ich habe gehört: »Na ja, du bist einfach ein Glückskind ... Ach, bei euch hat es eben doch gepasst. Da ist es einfach gut gegangen ...« Ich kann hier nur sagen: Meine Ehe hatte nichts, aber auch rein gar nichts Privilegiertes oder besonders Romantisches. Und auch sonst hatte ich das Glück keineswegs abonniert. Mein Leben hat jede Menge Herausforderungen für mich bereitgehalten. Und eine der größten war sicher die Ehe mit meinem Mann. Bei uns ist es nicht einfach nur gut gegangen. Bei uns hat es weiß Gott auch nicht einfach nur gepasst. Es gab auch kein besonderes Geheimnis zwischen meinem Mann und mir, wie manche gerne vermuten. Vielmehr gab es immer wieder Scheidewege, an denen auch mir meine sämtlichen inneren Monster aufgelauert und zugerufen haben: »Vergiss es, und such dir endlich einen anderen.« Hoffnungslose Phasen, in denen ein Teil von mir völlig überzeugt davon war, dass wir keine Chance mehr hatten.

Aber genau hier liegt der springende Punkt. Wenn die Beziehung sich in einen solchen Engpass hineinbewegt, dann ist das nicht das Ende, sondern eher so etwas wie eine Wehe vor der Geburt. Da muss man ganz und gar hinein in die schmerzhafte Enge, damit sie sich endlich verwandelt in eine Öffnung, durch die etwas Neues geboren werden kann. Wenn die Krise zunehmend unerträglich wird, dann gibt es immer einen Punkt, an dem man sich bewusst entscheiden muss: Entweder kann man sich jetzt ablenken, um den Schmerz nicht zu merken, oder man geht mitten hinein und erlebt das ganze Drama, all die Ängste und Urteile – in sich SELBST.

Leider ist es für die meisten von uns immer noch selbstverständlich, sich an der Stelle, wo der Schmerz sitzt, für Ablenkung oder Flucht zu entscheiden: noch ein Bierchen, noch mal Fernsehen, noch mal ein Stündchen mit der Freundin telefonieren, nur nicht die Leere wahrnehmen und sich ihr stellen. Da erscheint es auf dem Höhepunkt der Krise wichtiger, den Job, den Freundeskreis, die gesellschaftliche Anerkennung oder die Unabhängigkeit zu behalten, als das Leben einer Revolution für die Liebe zu unterziehen. Während es eigentlich höchste Zeit gewesen wäre, volles Risiko einzugehen, mutige Gespräche zu führen, über sich hinauszuwachsen und sich trotz seiner Angst einzulassen, entscheiden sich viele dann doch lieber dafür, den Verlockungen im Außen nachzugeben. Doch wieder den heimlichen Geliebten treffen, um nur noch einmal mit ihm die ganze Leidenschaft zu spüren. Doch lieber die Einladung annehmen und entspannt, aber belanglos plaudern. Lieber feiern und den Stress runterspülen bis zum Kater am nächsten Morgen …

Dies ist die offensichtliche Variante der Ablenkung vom Problem. Genauso häufig, aber nicht immer genauso offensichtlich gibt es noch eine andere Möglichkeit, sich selbst aus dem Weg zu gehen: Wir erstarren in Routine und funktionieren einfach. Auf dem Höhepunkt ihrer Beziehungskrise machen viele einfach weiter wie immer. Nur noch dieses eine wichtige Projekt in der Firma abschließen, dann kümmere ich mich mehr um die Familie … Diesen Sommerurlaub noch ungestört wie immer, danach rede ich mit ihm … Schließlich ist Weihnachten, da soll doch alles friedlich sein … Mich mit der Krise auseinandersetzen? Das lässt meine Arbeit nicht zu … Ach, ich kann sowieso nichts machen … Das ist nun mal so … So bin ich nun mal …

Oft sind es die Kinder, die in dem Ganzen als Erste alle viere von sich gestreckt, das Bett genässt, in der Schule versagt, sich mit anderen geprügelt oder das Essen verweigert haben. Während die zerstrittenen Eltern weiter ihren Verurteilungen und Kleinkriegen freien Lauf lassen. Oder resigniert weiter ihren Einladungen, ihren Zwölf-Stunden-Jobs oder ihren eingefahrenen und perfektionistischen Vorstellungen vom Leben nachkommen.

Ich muss diesen Punkt gleich hier am Anfang loswerden, sonst wird Ihnen dieses Buch nichts nützen: Ihre Beziehung ist nicht deshalb so leer, weil der Himmel Ihnen einfach nur den falschen Partner untergeschoben hat wie ein Kuckucksei. Auch nicht, weil alles in Ihrer Kindheit schiefgelaufen ist. Ihre Beziehung kann nichts dafür, dass sie in der Krise steckt.

Während die Ärmste angeblich unser aller Problem sein soll, ist sie in Wahrheit nichts weiter als ein leeres Gefäß. Der Inhalt sind Sie (und Ihr Partner, Ihr Geliebter, Ihr Verflossener, die Ersehnte). Ihre Beziehung ist nur ein Messinstrument. Ihr Zustand zeigt Ihnen an, wie sehr Sie mit sich selbst in Kontakt sind. Wie viel Sie tatsächlich von Ihrem Potential und Ihren Gaben leben und wie mutig Sie Ihrem Herzen folgen. Meist ist die Beziehung so tot, weil Sie einfach nicht mehr in ihr leben. Weil Sie alles Mögliche wichtiger nehmen als sich selbst. Weil Sie sich mit allen möglichen Dingen da draußen ablenken von dem, was da drinnen scheinbar Unüberwindbares auf Sie wartet.

Es gibt Phasen im Leben, da muss man einfach das Neinsagen lernen. Nein zum nächsten Kaffeekränzchen, nein zum nächsten Meeting, nein zum Chef, zum nächsten Urlaub, zur nächsten Party, zum nächsten Ehrenamt, zum nächsten Marathonlauf, zur nächsten Familienfeier, zu den Eltern, den Kindern, den Freunden. Und schon landet man dort, wo es so wehtut: Mitten in der Beziehung. Und da heißt es dann dableiben und sich dem ganzen Elend stellen. Es geht nicht darum, sofort für alles eine Lösung parat zu haben. Es geht zuerst einfach nur darum, aus der Abwehr und der Ablenkung auszusteigen, mitten im Schlamassel anwesend zu sein und die eigene Hilflosigkeit endlich wahrzunehmen. Die ganze Traurigkeit, die ganze Wut, die ganze Ohnmacht nicht mehr länger zu verdrängen, sondern wirklich zu spüren und anzunehmen. Sie glauben gar nicht, wie lebendig Ihr Leben sofort wird. Von einem Moment zum anderen verwandelt es sich in ein echtes Abenteuer, wenn Sie endlich den Mut finden, sich dort umzuschauen. Sie werden feststellen, dass an diesem Ort einer schon lange gebraucht wird – nämlich Sie.

Nur allzu gut weiß ich aus eigener Erfahrung, dass es nicht im Geringsten reicht, wenn man einmal ein klärendes Gespräch führt, ein paar Wochen kürzertritt oder mal eine Paartherapie macht. Ehrlich gesagt handelt es sich um nicht weniger als eine Lebensaufgabe. Immer wieder aufs Neue ist man gefordert, aufzustehen und darauf zuzugehen, wenn alles verhärtet und auf Trennung aus ist. Ich habe einmal zu einem Freund in einer sehr verhärteten Beziehungskrise gesagt: Glaubst du, der Zustand dieser Welt verändert sich, wenn George Bush einmal auf Saddam Hussein zugeht? Um dem Frieden in dieser Welt auch nur einen Schritt näher zu rücken, müssten beide wohl ihr ganzes Leben der Friedensvermittlung widmen. Sie müssten bereit sein, unzählige Rückschläge in Kauf zu nehmen und mit immer neuer Abwehr, mit Hass, Lügen, Unverständnis, Rechthaberei und Urteilen beim anderen und Ohnmacht, Wut, Allmachtsfantasien und Aggressionen bei sich selbst konfrontiert zu sein. Sie müssten sich hunderte, vielleicht tausende Male überwinden und wieder und wieder aufeinander zugehen, damit sich auf dieser Welt etwas verändert.

Wenn Sie jetzt also einfach nur dieses Buch lesen, von nichts Gewohntem loslassen, sich weiter im Alltag oder in Attacken verlieren und nicht auf das, was da in Ihrer Beziehung ansteht, mit Achtsamkeit zugehen – dann werden Sie im Zweifel wissender, aber unzufriedener sein. Sie kennen dann die Alternativen, aber Sie wissen, dass Sie vor den Konsequenzen wegrennen. Noch einmal: Es gibt kein Geheimnis – dafür aber ein alltägliches Übel, das unsere Beziehungen so sehr schwächt: Die Ablenkung. Ihr nicht weiter verfallen zu wollen ist so sehr die Grundvoraussetzung für die Heilung von Partnerschaft wie die Anschaffung eines Fahrrades, wenn Sie Fahrradfahren lernen wollen. Für beides ist es nie zu spät.

2. Kapitel
Willkommen im Club!

Bis hierher habe ich versucht, mit aller Leidenschaft deutlich zu machen, dass die Heilung Ihrer Beziehung nicht einfach eine Einsicht braucht. Sie braucht SIE mit Haut und Haaren. All Ihre Hingabe und Ihr Engagement. Und trotzdem heißt das nicht, dass Sie kämpfen müssten und sich disziplinieren. Ganz im Gegenteil: Es geht darum, dass Sie sich endlich wirklich einlassen und gleichzeitig von vielem Vertrautem loslassen. Ich weiß, dass das für unseren Kopf ein Paradoxon ist. Dass dieser Ansatz bei vielen Lesern von *Liebe dich selbst und es ist egal, wen du heiratest*, meinem letzten Buch, zwar das Herz berührt hat. Aber bei der Frage der Umsetzung wurde es für viele verwirrend. Hunderte von Malen ist mir die Frage gestellt worden: »Ja, ich will diesen neuen Weg durch meine alte Beziehung nehmen. Mir ist jetzt klar, dass Weglaufen und Trennung nicht die Lösung sind. Dass es tatsächlich einen Ausweg aus unserer Sackgasse gibt. Dass Annahme und Vergebung nichts mit Selbstaufgabe zu tun haben, sondern ziemlich kraftvolle Werkzeuge sein können. Hab ich alles verstanden. Aber wie nur kann ich es tun? Wie geht dieser Weg im Alltag?«

Oder geht es Ihnen eher so wie der zweiten großen Gruppe? »Ja, nach dem Lesen hatte ich auf einmal eine ganz neue Sicht auf die Dinge. Ich war wieder bereit, mich einzulassen und mich noch einmal für unsere Partnerschaft zu engagieren. Nur leider macht mein Partner nicht mit. Er öffnet sich einfach nicht für einen neuen Ansatz. Im Gegenteil, er macht nur noch mehr zu. Er bewegt sich einfach nicht, weigert sich strikt, meinen neuen Einsichten wenigstens mal zuzuhören, geschweige denn so ein Buch zu lesen und mit mir endlich offen über alles zu reden.«

Oder erkennen Sie Ihr Thema eher im dritten zentralen Feedback wieder, das mich so oft erreicht hat: »Während des Lesens wurde ich zwar erst schlagartig zuversichtlicher. Ich fand sogar endlich wieder Mut, noch mal einen neuen Anlauf in meiner Beziehung zu wagen. Aber dann, nach den ersten Schritten, schien es, als ob alles nur noch schlimmer würde. Ich verlor meinen Halt und war auf einmal in vielem nicht mehr so klar und sicher wie früher. Auf einmal kamen Gefühle hoch, die mich regelrecht aus der Bahn warfen und nur schwer auszuhalten waren. An jeder Ecke tauchten neue Ängste auf … Das kann doch nicht der richtige Weg sein, oder …?«

Alle drei Erfahrungen haben bei vielen Lesern dafür gesorgt, dass nach den ersten Hochgefühlen doch wieder Resignation, Widerstand oder Hilflosigkeit die beherrschenden Kräfte in ihrem Leben wurden: »Ich will ja. Aber so sehr ich mir auch gewünscht hätte, dass wir es schaffen – ich weiß einfach nicht mehr weiter. Ich weiß nicht, wie ich all diese festgefahrenen, leidigen Muster hier in meiner Partnerschaft tatsächlich annehmen soll und trotzdem wirklich aktiv etwas verändern kann.«

Annehmen, was ist, und gleichzeitig aktiv etwas verändern. Wie soll das gehen? Vor allem, wie könnte das im Alltag ganz praktisch, ganz handfest gehen? Die Beantwortung dieser Frage war der Auftrag an mich für das neue Buch. Einen ersten Ausblick auf mögliche Antworten habe ich bereits am Ende meines letzten Buches gegeben: *Die Liebe – Arbeit, Ausdauer, Disziplin und Ernte,* mit diesem Kapitel habe ich damals geendet. Und heute bin ich nur noch mehr davon überzeugt, dass es eins ist, die Prinzipien der Vergebung und damit der Liebe zu verstehen. Dieses Verständnis öffnet einem schlagartig das Tor in eine neue Welt und gibt einem endlich wieder ein Gefühl von Hoffnung. Aber dann braucht es jede Menge Hingabe, Geduld, aktive Vergebung und am tiefsten Punkt den Mut loszulassen, die Bereitschaft, alles aufs Spiel zu setzen und an Wunder zu glauben. Daran, dass es Antworten und Lösungen gibt, auch wenn ich sie noch nicht kenne und nicht mal die leiseste Hoffnung habe, dass sie mir zuteil werden könnten. Daran, dass ich nicht allein bin, wenn ich gerade meiner ausufernden Angst oder der Verschlossenheit und Abwehr meines Partners in die Augen schaue. Klingt wenig greifbar und konkret. Eher wie Gehen in einem zähen Sumpf. Ehrlich gesagt: Oft ist es das auch.

Klar, Sie wollen raus aus der Beziehungssackgasse und ihre dumpfe, abgestorbene Gefühlswelt wieder zum Leben erwecken. Ihnen hat das, was ich im ersten Buch geschrieben habe, offensichtlich genauso eingeleuchtet, wie es mir damals eingeleuchtet hat, als ich zum ersten Mal auf einem Seminar mit diesen Einsichten in Berührung kam. Ich war auf dem Tiefpunkt meiner Ehekrise – verzweifelt, ohnmächtig und leer. Ich hatte nicht mehr die geringste Ahnung, was ich noch tun könnte, um meine Ehe zu retten. Ich fühlte mich so festgefahren in einer Sackgasse mit der Aufschrift »Endstation«, dass ich endlich ausreichend weichgekocht war, um mir zu sagen: Okay, was hast du noch zu verlieren? Geh mal zum Seminar dieses amerikanischen Beziehungsspezialisten.

Also, für alle die, die diese Weichen stellende Geschichte aus meinem Leben noch nicht kennen ... Da kam ich durch die Tür zu diesem Seminar, von dem ich lediglich in einer kleinen Broschüre irgendwo in einem Café gelesen, aber nicht die geringste Ahnung hatte. Erst dachte ich, ich bin im völlig falschen Film: Fast zweihundert Menschen drängelten sich auf Sitzreihen, die sich in einen imposanten Saal wie Tribünen nach hinten erhöhten. Trotz der Menge hatte alles eher etwas von einer großen Familie und war mir viel zu gefühlsduselig und vertrauensselig. Ich hatte vielleicht mit zwei Dutzend gefassten Leidensgenossen in kleinem, verschwiegenem Kreis gerechnet, aber nicht mit einer Massenveranstaltung mit Sektencharakter. »Nein, hier bleibst du keine Sekunde«, bäumte sich alles in mir auf.

Aber während meine Augen immer wieder den Fluchtweg nach draußen fixierten, war in meinem Inneren noch ein anderer Teil aktiv. Ein waghalsiger und neugieriger Abenteurer in mir ließ mich nach einem Platz im Gewusel suchen. Kaum hatte ich mich hingesetzt, sah ich, dass überall vor den Füßen der Teilnehmer Kleenex-Schachteln auf dem Boden standen. Wieder wollte ich flüchten. Aber da kam dann auch schon unten einer auf die Bühne, der mit seinem Hawaiihemd und seinen warmen Hundeaugen aussah wie ein amerikanischer Erweckungsprediger. Jetzt war ich überzeugt: »Das hier ist bestimmt so was wie eine Sekte. Okay! Du kannst jetzt zwar nicht mehr aufstehen. Aber in der Pause wirst du hier sofort die Flucht antreten und den ganzen Spuk einfach vergessen.«

Der mit den sanftmütigen Hundeaugen war Dr. Chuck Spezzano. Ohne große Vorwarnung fing er an, auf eine Art und Weise über Beziehungen zu reden, die ich noch nie vorher gehört hatte. Kaum ein Eindruck in meinem Leben ist in mir so haften geblieben wie die ersten Momente seines Vortrags. Nur bitte fragen Sie mich nicht, was er gesagt hat. Es war einfach so, dass mich seine Worte direkt im Innersten erreichten. Und auch gegen die Sanftmut in seinem Blick konnte ich mich nicht mehr lange mit abschätzigen Bewertungen stemmen. All meine Abwehrmechanismen schmolzen während dieses Seminarwochenendes langsam, aber stetig dahin. Es war, als ob etwas in mir aufging – so eine alte, schwere, rostig quietschende Türe vor meinem Herzen.

Zu meinem Entsetzen gehörte ich zu den Ersten und zu den Letzten, die in die Kleenex-Box griffen. Ich weinte all meine ungeweinten Tränen der letzten Jahre – aber diesmal aus Berührung, Befreiung und aus einem Gefühl von Verstandensein. Ich hatte jemandem zugehört, der mir tief aus dem Herzen gesprochen hatte. Und dessen Geschichten mich manchmal erschreckten, weil er da vorne gerade ganz offensichtlich mein ausgelaugtes Liebesleben in jedem Detail schilderte. Es war, als ob er als unsichtbarer Dritter die letzten Jahre dabei gewesen wäre. Er kannte scheinbar wirklich jede Facette meines Beziehungselends höchstpersönlich. Vor allem aber hatte er am Tiefpunkt seiner Ehegeschichte tatsächlich Auswege gefunden. »Ja! Es könnte gehen. Auch wir könnten es vielleicht schaffen«, sagte ich mir, und noch ganz benommen vom vielen Weinen, aber untendrunter mit einem neuen, ermutigenden Gefühl voller Hoffnung ging ich nach Hause. Zum ersten Mal erfüllte mich wieder eine kleine

Zuversicht, dass ich doch etwas an meinem Beziehungsdilemma verändern könnte.

Warum ich Ihnen diese Geschichte so ausführlich erzähle? Aus mehreren Gründen. Zuerst möchte ich Ihnen damit sagen: Ich war einst selbst auch nur die Frau mit der Ehekrise, ohne Wissen um Hilfe und ohne Hoffnung. Mir ging es damals mit dem Seminar genau wie vielen heute mit meinem letzten Buch. Aus all den Briefen weiß ich: Viele Menschen hatten ein fast identisches Erlebnis beim Lesen von *Liebe dich selbst und es ist egal, wen du heiratest* wie ich damals bei der ersten Begegnung mit den Thesen von Dr. Chuck Spezzano. Immer wieder beschrieben mir Leser den gleichen, mir selbst wohlvertrauten Ablauf: »Erst wollte ich das Buch gar nicht lesen und dachte nur: Schon wieder so ein Beziehungsratgeber ... Und diesmal auch noch einer mit einem ziemlich seltsamen Titel. Aber dann hat mich das Buch verfolgt, ist mir förmlich auf die Füße gefallen. Und schließlich hat es mich beim Lesen regelrecht erwischt, konnte ich gar nicht mehr aufhören.« Viele haben beim Lesen geweint. Manche sind durch einen tiefen, inneren Prozess gegangen. Und oft gab es am Ende eben dieses Gefühl von Hoffnung: »Ja, es könnte gehen. Es gibt doch noch eine Alternative zur Trennung!«

Aber so hoffnungsfroh und ermutigt viele das Buch auch zugeklappt haben, so jäh war der Absturz zurück in den Alltag. Da wartete immer noch ein Geliebter auf den Partner oder eine drohende Trennung auf einen selbst. Da saß der Partner wie immer vor dem Fernseher oder den Sexseiten im Internet. Oder befand die vielen neuen Einsichten immer noch nur als Unruhe stiftendes »Psychozeug«. Manchmal gab es nach dem Lesen zwar tatsächlich einen Ruck durch die Beziehung, ein Aufflammen verbindender Gefühle. Aber dann kehrte doch wieder der alte Trott ein – der nun mit all den neuen Einsichten allerdings noch schwerer zu ertragen war als vorher.

Viele Paare haben tatsächlich auf Anhieb einen anhaltenden Durchbruch erlebt und ihre Liebe noch einmal ganz neu entdeckt. Vielleicht ist ja auch bei Ihnen und Ihrem Partner bis heute die neue Verbundenheit, das Gefühl von Hoffnung und der Wunsch nach Weiterentwicklung nicht wirklich abgeebbt. Und trotzdem zweifeln Sie an sich, weil Sie zwischendurch immer wieder in die einengenden Beziehungsgewohnheiten zurückfallen und das Gefühl haben, sich noch nicht wirklich aus den alten Fesseln befreit zu haben.

Darum habe ich Ihnen meine erste Begegnung mit dem Weg der Selbstliebe und der Vergebung damals auf dem Seminar noch einmal erzählt. Um Sie zu ernüchtern, aber hoffentlich auch zu entlasten. Auch ich bin nicht nach Hause gekommen, und sofort war der Knoten geplatzt und bei Zurhorsts fortan der Himmel voller Geigen. Ich hatte damals nicht einmal eine Ahnung, wie ich meinem Mann mein bewegendes Seminarerlebnis überhaupt nur verständlich machen, geschweige denn ihn für eine neue Sicht und eine Veränderung im Inneren begeistern könnte. Für ihn war das alles nach wie vor nur »Psychokram«. Mein Mann war nicht einfach nur ein dickfelliger Skeptiker. Er war überzeugter Gegner von Seelenklempnerei und Beziehungszeug.

Ich könnte Ihnen jetzt seitenlang Geschichten über all unsere Kämpfe, Rückfälle und Einbrüche seit dem Tag nach meinem Seminar erzählen. (Ein paar davon erzählt später sicher noch mein Mann ...) Auf jeden Fall gab es x-mal den

Punkt, an dem ich glaubte, jetzt geht es wirklich nicht mehr. Jetzt habe ich wirklich alles versucht, aber er bewegt sich einfach nicht. Wenn er nicht gerade mit anderen Dingen – vor allem mit seiner Arbeit – beschäftigt war, dann waren es seine unzähligen Vorurteile gegen diese so schwer greifbare innere Welt, die uns auf Distanz hielten.

Derweil hing ich meinen Erinnerungen an das Seminar nach und genoss all die Gefühle, die dort aus meinem verkrusteten Inneren endlich an die Oberfläche gespült worden waren. Aber so lebendig sich das auch anfühlte, es machte mir den Grad an Sprachlosigkeit und Abgestorbenheit bei uns zu Hause nur noch deutlicher. Je mehr ich las und las und mir immer neue Bücher zum Thema suchte, umso entfernter schien mir mein Mann mit seiner Sicht der Welt. Je klarer mir wurde, dass es einen anderen Weg gab, desto mehr schien bei mir zu Hause jeder Schritt in einer Sackgasse zu enden. Je mehr ich mir eingestand, dass ich nicht mehr einfach zur Tagesordnung übergehen könnte und auch nicht mehr wollte, desto stumpfer und erdrückender fühlte sich unser Alltagsleben an. Und glauben Sie mir, unzählige Male wäre ich am liebsten abgehauen; hätte mich gerne in die ideale Welt meiner neuen Erkenntnisse verkrümelt.

Also freuen Sie sich, wenn meine Worte Sie im letzten Buch erreicht, berührt und innerlich in Bewegung gesetzt haben. Aber kehren Sie Ihrer Beziehung, Ihrem Partner, Ihrem Herzen nicht resigniert den Rücken, wenn Sie irgendwo feststecken oder gar Rückschritte erleben. Im Gegenteil: Sollten Sie nach der ersten Begeisterung für *Liebe dich selbst* einen heftigen Absturz hinter sich haben; sollten Sie sich vorkommen wie jemand, der mutig seine Wahrheit ausgesprochen und damit statt neuer Frühlingsgefühle nur Attacken und jede Menge kriegerischer Abwehr auf den Plan gerufen hat; sollten Sie das Gefühl haben, dass jede neue Einsicht nur an Ihrem Partner abprallt oder Sie sich mit all Ihren hinzugewonnenen Erkenntnissen im Kreise drehen. Dann kann ich nur sagen: Willkommen im Club! Kommt mir alles vertraut vor. Ist auch mir damals passiert. Aber das war nur der Anfang.

Im Grunde dreht sich alles in Sachen *Liebe dich selbst* immer wieder in neuen Zyklen um Loslassen und Vertrauen. Vielleicht nicken Sie jetzt heftig und sagen: »Ja genau, das ist es, was ich will. Endlich loslassen! Endlich raus aus dieser Enge. Ich kann meine festgefahrene Beziehung, mein ödes Singledasein, die Verbitterung und diese oberflächliche Leere nicht mehr ertragen. Dieses Leben voller Routine und Druck. All die Starre meines Partners und meine alten Muster – ich will sie endlich hinter mir lassen. Ich will wieder lebendig sein, ich will wieder Nähe und meinen Alltag wieder zu einem kleinen Abenteuer machen ... Ich will nur noch wissen, wie!?«

Wollen Sie wirklich? Über die Ebene der Erkenntnis hinausgehen, wo Loslassen mit Konsequenzen verbunden ist? Sind Sie wirklich bereit, Konsequenzen zu ziehen, etwas zu wagen und auszusteigen? Auszuziehen? Die Familie zu verlassen? Den Partner vor die Tür zu setzen? Trauen Sie sich wirklich, Ihrem Partner zu sagen, wie es um Sie steht?

Sie sind ausgelaugt, überarbeitet und am Ende. Sind Sie bereit, wirklich dauerhaft kürzerzutreten und zur Not auch zu kündigen und finanzielle Einbußen hinzunehmen? Sie haben einen Traum. Sind Sie willens, sich auslachen zu lassen und Ihre sichere Existenz aufs Spiel zu setzen, um ihn zu realisieren? Es gibt Sucht, Gewalt und Lügen in Ihrer Beziehung. Sind Sie wirklich bereit, Grenzen zu setzen, vielleicht sogar aus Liebe erst mal die Tür zuzumachen?

Loslassen heißt, etwas Vertrautes gehen zu lassen. Sich von Gewohntem zu trennen. Das macht Angst. Ehrlich gesagt gibt es längst genug Menschen, die das Wissen und das Zeug dazu hätten, wirklich ihr Leben zu transformieren. Aber immer wenn sie vor der Entscheidung stehen, etwas wirklich loszulassen, wenn sie wirklich erwischt werden von der eigenen Angst, dann rennen sie schnell wieder zurück auf die ausgetretenen, aber vertrauten alten Trampelpfade.

Ich glaube, wir alle heute verstehen eines nicht: Schmerz gehört dazu. Schmerz ist Energie. Schmerz sorgt für Bewegung. Wenn der Schmerz kommt, dann meinen wir sofort, jetzt sind wir falsch abgebogen. »Hier in diese düstere Sackgasse, da wollte ich doch gar nicht hin! Frau Zurhorst und die siebenundzwanzig anderen Autoren, die ich schon gelesen habe, haben doch gesagt: Es gibt einen leuchtend sanften Pfad direkt ins Paradies! Also muss dieser holprige Weg hier am Abgrund entlang der falsche sein.«

Nein, glauben Sie mir, wie gerne hätte auch ich mich in einer Sänfte auf die Schlossallee tragen lassen und dazu einen Würfel, der mich von da immer auf dem kürzesten Weg direkt über Los bringt. Aber ich finde mich selbst einfach zu oft auf irgendwelchen mir völlig unbekannten, holprigen Wegen an irgendwelchen inneren Abgründen ganz ohne Navigationssystem wieder. Zum Glück sage ich mir dann meist: »Los, komm! Wir haben doch schon anderes geschafft. Wir sind doch Profis auf unbekannten Pfaden.« Und schon setzt sich alles in mir in Gang, und ich mache mich auf zum nächsten Wegstück auf meiner Reise zu mir.

Aber unterwegs lande ich dann auf labyrinthartigen Windungen, scheinbar ohne jeden Ausgang. Und wenn ich eben noch glaubte, etwas über mich und mein Leben kapiert zu haben, fühle ich mich jetzt schon wieder komplett verwirrt. Da ist es dann vorbei mit mutig und abenteuerlustig.

Stets war an solch einem Wendepunkt ein Teil meiner äußeren Sicherheit in Gefahr. Klar war, wenn ich weitergehen wollte, müsste ich hier ein Stück meines bisherigen Lebens aufgeben. Wer will das schon? Und wer tut das freiwillig? Ich zumindest nicht. Wenn ich bisher an so einer Weggabelung angekommen bin, dann habe ich es noch immer mit existentiellen Ängsten, körperlichen Symptomen und einem verzweifelten Gefühl von Alleingelassensein zu tun gekriegt.

Egal, welches Buch ich dann aufschlug oder welchen Fachmann ich zu Rate zog, auf einmal gab es da draußen vielleicht noch richtig scheinende oder gut gemeinte Antworten, aber keine Hilfe mehr für mich. Egal, wohin ich mich umsah, da war keiner, der sagte: »Komm! Du musst nur hier geradeaus und dann zweimal links, und schon bist du wieder zurück auf dem sanften Pfad ins Paradies.« In der spirituellen Sprache gibt es für dieses Phänomen sogar einen festen Terminus: »die dunkle Nacht der Seele«. Das ist die Phase, in der das Alte kaum noch Halt bietet, aber das Neue noch nicht greift. Da können wir nicht mehr sehen, wo es hingeht. Da müssen wir uns selbst, unserer Seele vertrauen, wie wir es noch nie vorher gewagt haben. Aber genau dieses Wagnis, sich selbst über alle bisherigen Grenzen hinweg zu vertrauen, lässt uns neue Kräfte zuwachsen. Wenn wir alleine losgegangen sind und es langsam hinten am Ende des Tunnels endlich wieder hell wird, sind wir stärker und selbstsicherer, als wir es vorher jemals waren.

Also: Wenn Sie sich entscheiden, hier nicht nur weiterzulesen, sondern auch weiterzugehen, dann betrachten Sie das hier als eine Anleitung zum Schanzenspringen. Ich bin durchaus erprobt im Schanzenspringen. Daher kann ich Ihnen auch Taugliches dazu erzählen. Aber wenn Sie oben stehen und die Skier vom Plateau nach vorne auf die Schanze schieben, dann sind Sie allein. Sie rasen allein bergab. Sie fliegen allein durch die Luft und Sie kommen allein irgendwo und irgendwie auf der anderen Seite an.

Aber da unten, dort wo die Schanze aufhört und der freie Flug beginnt, da warten die Engel gleich scharenweise, um Sie zu tragen. Nicht, dass ich je einem leibhaftigen Engel die Hand gegeben hätte. Nicht mal einen vagen Umriss einer Lichtgestalt habe ich auch nur für einen Sekundenbruchteil erhascht. Ich will Ihnen nur sagen, dass einen, wenn man endlich springt, da unten am Ende der Schanze die tiefe Gewissheit erfassen kann, dass man nicht allein ist.

Was sollen diese Bilder? Sie werden immer ungeduldiger? Ihnen fehlt was Konkretes? Eine Beziehungsverbesserungstechnik? Ein klares Rezept nach dem Motto: Man nehme ... Ich kann – und will – Ihnen damit nicht dienen. Ich möchte Sie dazu bewegen, über sich hinauszuwachsen. Ich möchte Sie motivieren, sich viel intensiver mit sich selbst zu beschäftigen. Ich möchte Ihnen zu mehr Verständnis Ihrer selbst verhelfen. Ich möchte Ihnen zeigen, dass Sie alle entscheidenden Veränderungen nur selbst herbeiführen können. Ich behaupte: Wenn Sie aufmerksam und ehrlich sind, wissen

Sie besser als jeder Beziehungsguru, was gerade ansteht in Ihrem Leben und Ihrer Beziehung! Sie wissen, wo Sie sich drücken!

Sie müssen Ihre Schritte selbst tun. Ich kann Ihnen nur meinen Weg zeigen. Ich kann Ihnen versichern, dass ich ihn manchmal auf allen vieren gekrochen bin, dass ich ihn aber jederzeit wieder gehen würde. Denn trotz all der Rückschritte und Abstürze haben mein Mann und ich immer mehr Nähe, Verbindung und Erfüllung gefunden. Bis heute vertieft sich unsere Beziehung und wird inniger und leichter zugleich. Alles nimmt einen Verlauf, den ich mir damals nach dem Seminar gewünscht hätte, mir aber mit meinem zurückgezogenen und skeptischen Mann nicht in meinen kühnsten Träumen hätte vorstellen können.

Aber auch das war nur eine Etappe. Selbst wenn Sie mich, nachdem ich *Liebe dich selbst und es ist egal, wen du heiratest* fertig geschrieben hatte, gefragt hätten, ob ich wiederum das für möglich gehalten hätte, was seitdem bis heute passiert ist – ich hätte Ihnen nicht geglaubt. Und wahrscheinlich habe ich jetzt nur eine blasse Ahnung von alldem, was noch in unser Leben kommen kann. Auf jeden Fall scheint das Abenteuer kein Ende zu nehmen, solange man sich einlässt. Ich bleibe gespannt.

Wenn Sie also unterwegs an sich zweifeln, dann ist das ein natürlicher Teil des Ganzen. Wichtig ist, was auch immer kommt und Ihnen im Wege steht – nehmen Sie es zuerst einfach einmal an. Widerstand gehört dazu, wenn wir vorangehen. Und wenn Sie gerade das Gefühl haben, wieder so richtig festzustecken, dann akzeptieren Sie diesen Zustand. Betrachten Sie ihn nur mit einer neuen Haltung: Es gibt eine

Lösung, aber ich kann sie im Moment noch nicht erkennen. Seien Sie mitfühlender mit sich, und akzeptieren Sie all die Hilflosigkeit und all die Widerstände. Aber bleiben Sie beharrlich bei Ihrem Glauben an einen neuen Weg. Hinfallen ist nicht verwerflich. Nur Liegenbleiben.

3. Kapitel
Die Suche nach der Unschuld

Vielleicht nicken Sie jetzt zustimmend, aber resigniert mit dem Kopf: »Ich lenke mich nicht ab. Ich habe schon so viel für meine Beziehung getan. So viel an mir gearbeitet. Ich hab alles verstanden, und beharrlich dabeigeblieben bin ich auch. Ich ahne sogar, dass es nicht einmal um meinen Partner geht, sondern um mich. Aber trotzdem stecke ich fest.«

Vielleicht sind Sie sogar dabei, vieles aus der Vergangenheit aufzuarbeiten. Sie weinen aufgestaute Tränen und spüren, dass es da jede Menge Altes gibt, das Sie lange Jahre zurückgehalten hat. Und trotzdem ändert sich nichts. Immer noch fühlt es sich leer an; will einfach keine richtige Nähe entstehen. Diese warme Verbindung, nach der Sie sich so sehr sehnen. Und vielleicht haben Sie sogar schon einiges in Ihrem Leben verändert. Liegen aber trotzdem abends im Bett und werden von Fragen verfolgt: »Hat das alles noch Sinn? Schaffen wir das? Wird es jemals wieder warm und lebendig zwischen uns?«

Für den Moment möchte ich Sie bitten, mit all diesen Fragen und Zweifeln nur eins zu machen: Nehmen Sie sie erst einmal einfach nur an. Sie sind da. Sie tun weh. Sie können Ihnen den Weg voran zeigen – auch wenn Sie das im Moment noch nicht erkennen können. Wichtig ist an ihnen nur eins:

dass Sie sich ihrer bewusst werden. Denn auch diese Fragen und Zweifel werden sich als Ablenkung entpuppen vom Eigentlichen, weil auch sie unseren Fokus nach außen lenken. Aber diese Fragen sind der erste Schritt, der Sie näher an die Eingangstür zu dem Ort führt, an dem es Lösungen gibt: nach innen, in tiefere Schichten Ihres Bewusstseins. Diese Fragen mit all ihrer Resignation und Hoffnungslosigkeit sind auf dem Weg zur Liebe fast zwangsläufig. Ja, fast sind sie Indizien dafür, dass Sie auf dem richtigen Weg sind. Auch ich habe mir diese Fragen hunderte und aberhunderte Male gestellt, wenn es wieder nicht weiterging oder wir gar einen Rückfall erlebten. Manchmal war ich wie gelähmt von diesem Karussell aus Frustration, Wut und Selbstverurteilung.

Erlauben Sie sich diese Fragen. Diese Verunsicherung ist zwar noch nicht die Lösung, aber besser als die einstige Starre, die geschäftige Ablenkung oder das pflichtbewusste Funktionieren. Aus der Rückschau kann ich sagen: Alles, was Sie da erleben, hat seinen Sinn. Auch wenn es wehtut – es hat Sinn! Das ist das Abenteuer. Sie stecken gerade im Wandel. Sie sollen nicht mehr einfach so leben wie bisher. Sie sollen weitergehen und loslassen lernen. Etwas Neues will auf die Welt. Das ist immer mit Wehen verbunden.

Warum ist es bei mir und meinem Mann trotz all dieser Ängste, Zweifel und aller Resignation dann doch an der Stelle weitergegangen, an der es bei anderen auseinandergegangen ist? Dieses Frage ist mir fast noch häufiger gestellt worden als die nach den praktischen Schritten im Alltag. Erst wusste ich nie, was ich da sagen sollte. Denn bei uns war je eben nichts Einzigartiges oder besonders Verbindendes, das ich hätte anführen können. Wir beide waren ja gerade all die Jahre das Vorzeigekrisenehepaar unseres Freundeskreises gewesen.

Die ewige, immergleiche Frage, auf die ich selbst keine klare Antwort wusste, hat mich dazu gebracht, nachzuforschen und mir so schließlich zu mehr Bewusstsein verholfen: Ganz untendrunter hatte ich einen Motor. Etwas, das mich immer in Bewegung hielt. Ich habe nach meiner ersten befreienden Erfahrung auf dem Seminar von Chuck Spezzano nie mehr aufgehört, nach der Unschuld zu suchen. Seine Sicht auf die Welt hatte mich zum *Kurs in Wundern* geführt, dessen Grundlage für alles im Leben auf einen Punkt reduziert ist: Es gibt nur Unschuld. Schuld ist eine Illusion unseres Ego. Chuck Spezzano hatte das für mich in seiner Arbeit erfahrbar gemacht. Es war, als ob damals etwas in mir erwacht wäre. Da war auf einmal ein inneres Wissen präsent. Ein Glaube, den ich vorher nicht kannte. Ja, es gibt die Unschuld in jedem von uns. Auch in mir. Wenn ich sie wahrnehme, bin ich in der Liebe. Wenn ich sie vergesse, bin ich in der Trennung. Ich hätte niemandem wirklich erklären können, was da genau geschehen war und wie diese Vergebungsgeschichte denn nun genau funktioniert. Im Gegenteil, ich hatte schlagartig weniger logische Erklärungen parat als je zuvor. Stattdessen war da ein merkwürdiges Gefühl. In mir war etwas aktiviert worden. Ein ganz neues Weltbild begann sich in mir auszubreiten und mich langsam unsichtbar von innen zu beleben.

Aber bevor Sie sich jetzt sagen: »Aha, sie hatte so eine Art Erleuchtungserlebnis in Sachen Vergebung. Da ist ein Schalter umgelegt worden, und ab da war ihr Leben friedlich und entspannt.« Nichts dergleichen! Jahrelang hat sich mein Leben ziemlich wenig um mein neues inneres Wissen geschert. Die Landung im Alltag war hart. Und mein Ego mindestens so extrem resistent gegen Veränderungen wie mein Mann. Immer wieder habe ich mich in Sackgassen manövriert, aus denen es keinen anderen Weg zu geben schien als Trennung oder Verurteilung. Aber die unzähligen Bauchlandungen und Beziehungskrisen waren nötig, damit ich langsam lernte, wie Vergebung funktioniert und wie man sie im Alltag praktiziert. Es gibt nichts auf dem ganzen Weg, was wichtiger wäre als eine einzige, alles entscheidende Sache. Dass Sie, egal was auch immer passiert (und bei uns ist viel passiert), nach der Unschuld im Anderen suchen.

Sie werden unzählige Gründe haben, warum der andere der Falsche ist. Sich falsch verhält. Warum er Sie zutiefst verletzt mit dem, was er tut. Und mit Sicherheit wird Ihr Partner viele Dinge ganz anders machen als Sie. Ganz anders sehen als Sie. Mit Sicherheit kommt er Ihnen x-mal so vor, als ob er völlig dumpf durch sein Leben ginge. Oder sogar aktiv gegen all das ist, wovon Sie gerade so überzeugt sind.

Ich habe Recht ... Der Partner hat Unrecht ... Das, woran ich glaube, ist richtig. Das, woran mein Partner glaubt, ist falsch ... Der Partner tut mir weh ... versteht mich nicht ... kann mir nicht folgen ...

Erlauben Sie sich diese Gedanken ruhig alle. Drehen Sie dieses Jüngste Gericht ruhig auf volle Lautstärke, und hören Sie bewusst, welche umfangreichen Klageschriften Sie über den Angeklagten vorzubringen haben. Und erlauben Sie Ihren Gefühlen die dazugehörigen Wallungen aus Ohnmacht, Wut und Hoffnungslosigkeit. Aber wissen Sie, es geht um eine ganz andere Frage. Nämlich: Kann ich trotz alledem meine eigene und damit die Unschuld in diesem Menschen erkennen? Und wenn ich sie jetzt nicht sehe – was braucht es, dass ich sie entdecken kann?

Die Suche nach der Unschuld ist die Grundvoraussetzung. Die Spielregel Nummer eins, die es zu lernen gilt. Wenn Sie diese Haltung wieder und wieder über alles stellen, dann findet sich langsam, leise und manchmal unmerklich die Liebe ein. Vielleicht entdecken Sie dann, dass Sie bisher nicht einmal eine Ahnung von der Liebe hatten. Vielleicht entdecken Sie das Geheimnis der Liebe: dass sie immer da war und immer noch da ist. Vielleicht bekommen Sie aber auch gleich den nächsten Wutanfall, oder Sie stehen weinend hinter der verschlossenen Badezimmertür und versinken in Hoffnungslosigkeit.

Wo auch immer Sie gerade stehen, suchen Sie nach der Unschuld. Suchen Sie so, als ob Sie wüssten, dass sie da ist. Um es in einem Bild deutlich zu machen: Stellen Sie sich vor, Sie sind jemand, der weiß – irgendwo hier ist ein Schatz vergraben. Ich weiß es absolut sicher. Auf meiner Wiese im Garten gibt es einen Schatz. Ich weiß, dass er da ist. Ich weiß nur nicht, wo. Es ist also nicht eine Frage des »Ob«, sondern des »Wo«. Das ist ein vollkommen anderes Herangehen, als wenn Sie sich sagen: Okay, im Moment sind zwar überall nur Maulwurfshügel zu sehen, aber vielleicht liegt ja trotzdem irgendwo darunter ein Schatz vergraben.

Mich unterscheidet nichts von Ihnen. Und Sie unterscheidet nichts von mir. Was war es, das mir so viel Gutes, so viel Nähe, so viel Warmes in mein Leben gebracht hat? Einfach nur die Tatsache, dass ich mich irgendwann nicht mehr von dieser Frage habe abbringen lassen: Wo ist der Schatz in meinem Garten? Irgendwann war diese Frage stärker als alle frustrierenden Momente, wo ich wieder mal gebuddelt und nichts gefunden hatte. Bis heute gibt es Phasen, da buddle ich wie ein Hund im Fuchsbau und finde nichts als Frust und Lähmung. Da treffe ich wieder jemanden, von dem ich mich verletzt, unverstanden, bedrängt, abgelehnt fühle ... Dann taumle ich vielleicht eine Zeit lang durch die Gegend, bis ich genug von Schmerz und Trennung habe. Um dann wieder aufs Neue von der einzig entscheidenden Frage umgetrieben zu werden: Wo ist die Unschuld in mir und in meinem Gegenüber?

4. Kapitel
Es geht nicht darum zusammenzubleiben, es geht darum, sich selbst und der Liebe treu zu sein

Bei der Frage »Wo ist die Unschuld im anderen?« wären wir dann auch gleich bei dem Punkt angekommen, an dem sich im letzten Buch die meisten Missverständnisse abgeleitet haben. Immer wieder nach der Unschuld im anderen zu suchen heißt eben nicht: Bleiben Sie um jeden Preis in Ihrer verfahrenen Ehe und reden Sie sich alles schön. Es geht nicht darum, dass Sie ertragen und durchhalten und für alles und jedes Verständnis haben sollen. Dass Sie die rosarote Brille aufsetzen und jedes Verhalten Ihres Partners entschuldigen sollen. Und schon gar nicht heißt es, dass Sie die ganze Schuld am Elend tragen.

Wenn es um Schuld und Unschuld, um die Balance zwischen Nähe und Abgrenzung und damit am Ende um die Freiheit der Liebe geht, ist die Verwirrung in uns allen groß. Daher möchte ich versuchen, dies an einem ganz konkreten Beispiel zu entwirren. Im Folgenden nimmt eine Leserin in einer Buchkritik Stellung zu meinen Thesen:

Frau Zurhorst behauptet: Trennung muss nicht sein. Ob Alkoholismus, Betrug, Gewalt oder Fremdgehen, man/frau soll sich seinen Problemen stellen und den Partner verstehen. Sie behauptet, dass jeder Mensch mit jedem Menschen glücklich zusammenleben könnte, wenn er sich nur selbst annehmen würde.

Durch die Lektüre dieses Buches habe ich für mich erkannt: Nein, so ist es nicht. Man sollte auch den Schritt zur Trennung wagen, um den eigenen Teufelskreis zu durchbrechen. Die Autorin ist der festen Überzeugung, wenn man nur stark genug an sich arbeitet, kann man die Ehe oder die Beziehung retten, egal wie groß die Probleme auch sein mögen.

Ich bin schon der Meinung, dass man für die Partnerschaft arbeiten sollte, sofern man denn in einer lebt und auch eine Beziehung möchte. Man sollte sich dabei jedoch nicht selbst aufgeben und sich mit krampfhaften Parolen unter Druck setzen, wie zum Beispiel: »Ich muss mich ändern!«, »Ich muss für unsere Beziehung arbeiten« oder »Ich muss seine Sucht, seine Gewaltbereitschaft oder seine Untreue akzeptieren, denn es ist einzig und allein mein Problem, wenn ich damit nicht klarkomme«. Aus eigener Erfahrung weiß ich, dass Trennung manchmal sinnvoll sein kann und nicht die Flucht vor Problemen ist. Die Autorin behauptet, wenn man aus einer Beziehung flüchtet, muss man sich später wieder mit denselben Problemen befassen. Schließlich hat man diese ja nicht verarbeitet, sondern ist nur davor weggerannt.

Ich bin da völlig anderer Auffassung. Denn: Wenn der Exmann Alkoholiker ist, muss frau sich in der nächsten Ehe oder Beziehung nicht zwangsläufig wieder mit diesem Problem befassen, es sei denn, der neue Partner ist ebenfalls suchtkrank.

Die Autorin mag schon Recht haben, wenn sie behauptet, dass es bei jedem Menschen selbst liegt, wenn er in seiner Ehe unzufrieden ist, denn schließlich hat man aufgrund seiner an-

erzogenen und angeborenen Verhaltensstrukturen und Denkmuster ein Problem mit dem Verhalten des Partners und beeinflusst dieses eventuell sogar negativ. Nein, Frau Zurhorst! Es gibt Dinge, die kann man nicht durch Veränderung der Denkweise akzeptieren. Und es gibt Verhaltensweisen, die sollte man auch nicht dulden, wenn sie den persönlichen Grundsätzen widersprechen.«

Ich kann dieser Leserin in vielen Punkten nur beipflichten: Es gibt Verhaltensweisen, die sollte man nicht dulden. Und oft ist es das Wichtigste überhaupt, endlich *Nein* zu sagen und auch konsequent danach zu handeln. Oft braucht es Abstand und Abstinenz. Wenn es um Sucht geht, dann hilft nicht selten nur noch die verschlossene Tür. Aber trotzdem plädiere ich immer zuerst für die Trennung *in* der Beziehung, weil Trennung sonst oft nur eine resignierte Flucht vor scheinbar unlösbaren Problemen wird und in uns eine offene Wunde und Angst vor einer echten, neuen Annäherung hinterlässt.

Ich werde hier einfach einmal versuchen, mit den Aussagen dieser Leserin in einen Dialog zu gehen, um deutlich zu machen, was ich meine:

Frau Zurhorst behauptet: Trennung muss nicht sein.
Stimmt. Ich glaube nach wie vor, dass die meisten Trennungen unser Problem nicht lösen.

Ob Alkoholismus, Betrug, Gewalt oder Fremdgehen, man/frau soll sich seinen Problemen stellen ...
Ja, sich den Problemen offen zu stellen, sie nicht länger zu verdrängen, zu verharmlosen oder mit einem gesellschaftstaug-

lichen, freundlichen Anstrich zu überziehen, das ist der erste große Schritt aus dem ganzen Dilemma.

… und (wir sollten) den Partner verstehen.
Den Partner verstehen heißt nicht, sein Verhalten zu entschuldigen. Das wäre dann wieder nichts als ein weiterer Anspruch an uns, zu funktionieren und Rücksicht zu nehmen, statt offen und ehrlich uns selbst auszudrücken. Es geht darum, den Fokus vom Partner zu nehmen und den Blick zurück auf uns selbst zu richten. Die Unschuld in uns allen anzuerkennen macht zuallererst uns selbst frei. Auch frei dafür, endlich Grenzen zu ziehen und Nein zu sagen. Dies ist für viele von uns, die in verfahrenen Beziehungen mit wenig achtsamen Partnern feststecken, oft so schwierig und schmerzhaft wie für einen Alkoholiker der Entzug. Wenn wir etwas ändern wollen, dann müssen wir zuerst akzeptieren, dass der Partner im Moment ist, wie er ist; uns so nicht guttut, wir aber erst mal nichts an ihm und seinem Verhalten ändern können.

Dann lautet die nächste Frage: Wenn das hier nicht ist, was ich will, wie kann ich dann von alldem loslassen? Wir müssen unsere eigenen Kräfte wiederentdecken und unsere eigenen Mechanismen entlarven, die uns in diese Sackgasse hineinmanövriert haben. Es geht darum, dass wir endlich innehalten und genauer hinschauen, was uns auf tieferer Ebene in solche Umstände gebracht hat und immer noch in ihnen hält.

Sie behauptet, dass jeder Mensch mit jedem Menschen glücklich zusammenleben könnte, wenn er sich nur selbst annehmen würde.

Ja. Theoretisch betrachtet funktioniert die Sache mit der Selbstliebe genauso. Praktisch geht es darum, dass uns von Erfüllung und Liebe am Ende nur unsere eigenen Wunden abhalten. Wenn uns heute im Leben keine Liebe widerfährt, dann weil in uns – meist seit langer Zeit und tief versteckt in unserem Unterbewussten – die Tür für die Liebe verschlossen ist. Einst wurden wir verletzt und haben daraus einen falschen, aber für das kindliche Sein typischen Schluss gezogen: Ich werde nicht gut behandelt – also bin ich es nicht wert, Liebe zu empfangen. Das hat uns jedes Mal bei Einsamkeit, Ablehnung oder Übergriffen mit Scham und Angst erfüllt. So dass wir mit der Zeit ein falsches, negatives Selbstbild von uns aufgebaut haben.

Um den Schmerz, der damit einhergeht, nicht andauernd spüren zu müssen, haben wir all die Schmerzen, die Angst und die Scham mit der Zeit immer weiter vor uns selbst verborgen. Das tut dann irgendwann nicht mehr weh, führt aber dazu, dass wir unbewusst und leer durchs Leben laufen und draußen überall nach Anerkennung und Liebe suchen. Das Verrückte ist nur, dass wir aus unserem unbewussten Wertlosigkeitsgefühl heraus längst davon überzeugt sind, immer etwas tun zu müssen, um überhaupt geliebt zu werden. Wir erlauben uns nicht, die Liebe von jemand anderem einfach zu empfangen. So landen wir dann entweder dort, wo wir – passend zu unseren alten Erfahrungen – keine Liebe bekommen. Oder wenn uns jemand tatsächlich Liebe gibt, dann können wir es meist nicht lange aushalten, diese Liebe anzunehmen. Wir sind in einem hoffnungslosen Kreislauf gefangen.

Erst wenn wir diese Wunden geheilt und die Löcher in unserem System gestopft haben, entdecken wir, wer wir wirklich sind. Und dann passiert das Wunder: Wir fühlen uns von Menschen und deren Verhaltensweisen, die uns früher in Angst und Ohnmacht versetzt haben, nicht mehr verletzt, abgelehnt oder bedroht. Und wir können uns endlich abgrenzen und gut für uns sorgen. Wir haben nicht länger ein unbewusstes Bedürfnis danach, in Beziehung mit Menschen zu sein, die uns nicht gut behandeln, weil sie selbst völlig verletzt und voller Wertlosigkeitsgefühle sind. Was bei süchtigen oder gewalttätigen Menschen immer der Fall ist.

Durch die Lektüre dieses Buches habe ich für mich erkannt: Nein, so ist es nicht. Man sollte auch den Schritt zur Trennung wagen, um den eigenen Teufelskreis zu durchbrechen.
Absolut! Ich würde den ganzen letzten Satz gerne gedanklich dreimal unterstreichen. Allerdings möchte ich ein Wort genauer definieren: das Wort »Trennung«. Wenn man in einer Beziehung in einem Teufelskreis aus Abhängigkeiten gefangen ist, dann geht es immer um Abgrenzen, Loslassen, Abstandnehmen, den eigenen Weg gehen, Neinsagen, Konsequentwerden, die Verantwortung für sich selbst übernehmen. Aber es geht nicht um *Weglaufen*. In den meisten Fällen rennen wir weg, wenn wir uns trennen. Wir gehen, ohne das Gefühl zu haben, irgendetwas an unserer verfahrenen Situation verändert zu haben. Ohne dass wir uns freier, sicherer, wertvoller oder heiler fühlen, weil wir gelernt hätten, Nein zu sagen, innerlich Abstand gewonnen hätten oder aus eigenen Kräften neue Wege gegangen wären. Wir haben es bis zum Schluss nicht geschafft, Grenzen zu ziehen, unseren ganzen alten Schmerz zu fühlen und anzunehmen und gut für uns zu sorgen, egal wie lieblos sich die anderen auch immer verhalten.

Um uns aus alldem zu retten, glauben wir, davonlaufen zu müssen. Das sorgt in uns trotz der Trennung aber nur für noch mehr Groll, Wut und Ohnmacht. Wir sind zwar gegangen, aber wir gehen mit dem Gefühl, den Drachen damit nicht besiegt zu haben, sondern nur vor ihm weggelaufen zu sein.

Unbewusst bleiben wir dann auch aus der Ferne immer noch völlig hilflos an ihn gekettet. Egal, wie sehr wir ihn verurteilen und ihn für ein grausames Monster halten. Egal, wie sehr wir versuchen, uns von ihm fernzuhalten und unsere ganze Abwehr und unsere negativen Gefühle auf ihn richten. Wenn wir das nächste Mal versuchen, unserem Herzen zu folgen, landen wir irgendwann wieder vor einem Drachen, der das Schloss bewacht. Und erst wenn wir ihn besiegen lernen, finden wir zurück auf unseren Thron.

Die Autorin ist der festen Überzeugung, wenn man nur stark genug an sich arbeitet, kann man die Ehe oder die Beziehung retten, egal wie groß die Probleme auch sein mögen.
Gerade wir Frauen fordern von uns Veränderung. Wir glauben, wir müssten nur »stark genug« an uns arbeiten, damit sich etwas in unserem Leben verändert. Aber dieser Anspruch des »Ich muss nur stark genug an mir arbeiten« zurrt uns oft nur noch fester in unsere verfahrene Situation ein. Denn unbewusst sagen wir damit, dass wir, so wie wir sind, nicht richtig sind. Wenn wir wieder Halt in uns selbst finden wollen, dann müssen wir eben nicht noch stärker an uns arbeiten. Vielmehr müssen wir lernen, loszulassen und uns Raum zu geben. Genau das verändert dann Situationen – oft auf magische Weise, ohne dass wir etwas tun, sondern weil wir etwas ausstrahlen.

Und was die Rettung von Ehen angeht ... Ich habe es an anderer Stelle schon einmal gesagt: Lassen Sie die arme Beziehung in Ruhe! Sie muss nicht gerettet werden. Und es nützt ihr auch nichts, wenn Sie an ihr arbeiten. Die Beziehung zeigt ihnen nur, wo Sie selbst in Ihrem Leben gerade wirklich stehen. Wenn sie geprägt ist von Unverständnis und Distanz, dann deswegen, weil sie noch keinen Zugang zu den Ursprüngen des alten Schmerzes in Ihrem Leben gefunden haben. Weil Sie sich einstmals innerlich abgetrennt haben von Erfahrungen, die für Sie mit Schmerz, Traurigkeit, Wut und Angst zu tun hatten, sich damit aber bis heute von Ihrer eigenen Lebendigkeit abgeschnitten haben. Das fühlt sich in Ihrem Inneren dann distanziert an, ohne dass Sie sich bewusst wären, warum. Wenn Ihre Beziehung geprägt ist von Abhängigkeit und Gewalt, dann weil Sie sich selbst aufgegeben haben. Und weil es jetzt höchste Zeit ist, dass Sie lernen, gut für sich zu sorgen und sich zu schützen. Und das kann sehr wohl heißen, dass Sie lernen müssen, die Tür zuzumachen und nicht mehr zuzulassen, dass jemand Ihre Grenze übertritt. Das kann durchaus heißen, dass Sie gehen und erst mal für einen geschützten Raum für sich selbst sorgen, in dem Sie wieder heilen können.

Ich bin schon der Meinung, dass man für die Partnerschaft arbeiten sollte, sofern man denn in einer lebt und auch eine Beziehung möchte. Man sollte sich dabei jedoch nicht selbst aufgeben und sich mit krampfhaften Parolen unter Druck setzen, wie zum Beispiel: »Ich muss mich ändern!«; »Ich muss für unsere Beziehung arbeiten« oder »Ich muss seine Sucht, seine Gewaltbereitschaft oder seine Untreue akzeptieren ...«

Genau! Nehmen Sie den Druck raus. Gehen Sie sogar einen Schritt zurück. Und schauen Sie von dort noch einmal auf die ganze Situation. Drehen Sie alle Fragen und Glaubenssätze einfach mal um: Versuche ich nicht schon viel zu lange, immer etwas an mir zu verändern? Arbeite ich nicht viel zu sehr an unserer Beziehung? Hindert meine »Arbeit« nicht den anderen genau daran, endlich aufzustehen und die Verantwortung für sich zu übernehmen? Muss ich noch länger meine Sucht nach Nähe, meine Gewalt gegen mein eigenes Wesen und meine Untreue mir selbst und meinem Herzen gegenüber akzeptieren? Oder bin ich bereit, jetzt endlich loszulassen und meinem Herzen, meiner Seele und den Kräften in mir zu vertrauen?

»… denn es ist einzig und allein mein Problem, wenn ich damit nicht klarkomme.«
Nein, das ist es nicht. Dann beschuldige ich mich ja schon wieder selbst und mache mich für all das Elend verantwortlich. Es ist nicht einzig und allein mein Problem und auch nicht meine Schuld, wenn ein anderer gewalttätig ist und ich davon betroffen bin und darunter leide. Es ist ein Indiz für eine bestehende offene Wunde in mir. Daher braucht es an solch einem Punkt nicht die Selbstbeschuldigungen, sondern einen neuen Blick auf die Dinge. Hier ist etwas, womit ich nicht mehr klarkomme. Etwas, das mir wehtut oder mir Angst macht. Hier geht es darum, dass ich mich nicht verwirren lasse, sondern besonders genau hinschaue. Denn das Problem oder der Mensch, der es bei mir verursacht, birgt unendlich viele Hinweise auf verborgene Verletzungen und Glaubenssätze in mir – und ist deshalb wichtig für meine ei-

gene Entwicklung. Damit ich inmitten solcher Turbulenzen wirklich hinsehen kann, muss ich aber einen Schritt zurück aus all der Abhängigkeit und Verwicklung treten. Nur so kann ich auf einmal sehen, dass ich genauso abhängig war vom Abhängigen wie der Abhängige vom Alkohol, von der Arbeit, von der Geliebten ...

Aus eigener Erfahrung weiß ich, dass Trennung manchmal sinnvoll sein kann und nicht die Flucht vor Problemen ist.
Das ist auch meine Erfahrung. Sich abzugrenzen, Abstand zu nehmen und bewusst einen Schritt zurückzutreten ist die Grundvoraussetzung dafür, dass man sich überhaupt wirklich verbinden kann. Weil man sich endlich aus dem hoffnungslosen Kreislauf aus Vorwürfen und Betteln, aus Hoffnung und Ohnmacht befreit hat und aus eigenen Stücken *Ja* sagen kann. Ich schlage eben nur als ersten Schritt vor, dies innerhalb der Beziehung zu tun. Das heißt: Egal, was der andere tut oder wie der andere meine Handlungen findet – ich folge meinem Weg und löse mich aus meiner Abhängigkeit von seinem Verhalten und seinen Urteilen. Kurz: Ich sorge wieder für mich.

Wenn ich hier allerdings meine ersten Schritte tue, dann fühlt sich das meist an, wie wenn der Alkoholiker die ersten Tage ohne Alkohol verbringt. Ich werde von Ängsten übermannt; fürchte mich vor dem Alleinsein; traue mich nicht loszulassen, werde immer wieder inkonsequent oder sogar rückfällig. Aber wenn ich langsam sicherer werde mit diesen Schritten, dann werde ich automatisch auch unabhängiger von dem anderen. Dann erst bekomme ich auf einmal die praktische Erfahrung und das authentische Wissen darum, wie man aus dem Schlamassel des Lebens herauskommt. Das verschafft mir dann die Kraft, entweder dem anderen wirklich den Weg aus seiner Sackgasse mit Konsequenz und Klarheit zu zeigen, oder aber mich klar abzugrenzen und zu gehen.

Die Autorin behauptet, wenn man aus einer Beziehung flüchtet, muss man sich später wieder mit denselben Problemen befassen. Schließlich hat man diese ja nicht verarbeitet, sondern ist nur davor weggerannt.
Ja, das glaube ich.

Ich bin da völlig anderer Auffassung. Denn: Wenn der Exmann Alkoholiker ist, muss frau sich in der nächsten Ehe oder Beziehung nicht zwangsläufig wieder mit diesem Problem befassen, es sei denn, der neue Partner ist ebenfalls suchtkrank.
Wenn ich immer noch völlig abhängig bin von der Liebe anderer; wenn ich in mir immer noch die gleichen alten Verletzungen trage, ohne mehr Bewusstsein für ihre Existenz und Wirkung auf mein Leben zu haben; wenn ich innerlich immer noch in Groll und Zorn feststecke gegen die Verhaltensweisen meines ehemaligen Partners; wenn ich mein Leben einfach in eine sichere, schmerzfreie Zone eingesperrt habe – dann werde ich innerlich immer noch völlig ausgehungert und süchtig nach Liebe und Zuwendung sein. Und dann greift das machtvolle Gesetz der Resonanz: Gleiches zieht Gleiches an. Ich lande wieder bei einem Partner, der selbst genauso süchtig und ausgehungert ist wie ich, dies vielleicht nur auf anderen Wegen ausleben muss. Es ist fast zwangsläufig, dass ich wieder bei einem »Süchtigen« lande. Wie auch immer sich diese Sucht zeigt.

Die Autorin mag schon Recht haben, wenn sie behauptet, dass es bei jedem Menschen selbst liegt, wenn er in seiner Ehe unzufrieden ist, denn schließlich hat man aufgrund seiner anerzogenen und angeborenen Verhaltensstrukturen und Denkmuster ein Problem mit dem Verhalten des Partners und beeinflusst dieses eventuell sogar negativ.

Ja, es liegt bei mir selbst. Mein Partner holt mit seinem Verhalten nur meine Schmerzen zu Tage. Er ist nicht das Problem, sondern der Auslöser. Alles, was zwischen uns und unserem Partner steht, sind unsere festgefahrenen Verhaltensstrukturen und Denkmuster. Das Tragische an ihnen ist allerdings, dass sie nur selten in vollem Umfang bewusst sind. Wir müssen uns ihre Wirkung vorstellen wie die einer grauen Brille, von der wir nicht wissen, dass sie auf unserer Nase sitzt. Durch sie sehen wir die Welt immer in grau. Wir sind fest überzeugt, dass die Welt grau ist. Wir werden mit jedem streiten, der behauptet, die Welt sei nicht grau. Wir können uns gar nicht vorstellen, dass es etwas anderes als eine graue Welt gibt. Natürlich halten wir auch unseren Partner für grau, nicht unsere Brillengläser. Aber dann kommt unser Partner und sagt: Quatsch, die Welt ist nicht grau. Ich bin nicht grau. Im Zweifel hat auch er eine Brille auf. Seine ist vielleicht blau. Und er behauptet: Alles ist blau. Und langsam nimmt die Beziehungskrise ihren Lauf. Ist die Welt nun grau oder blau?

Wir können uns einfach sagen: Das sind eben nun mal unsere anerzogenen oder gar angeborenen Verhaltensmuster. Da ist eben nichts zu machen. Ich brauche von meinem Partner nun mal dieses Verhalten. Jenes Verhalten kann ich absolut nicht akzeptieren. Wir können sagen: Mein Standpunkt ist nun mal moralisch der einzig akzeptable.

Oder wir können uns fragen: Habe ich vielleicht nur eine Brille auf? Kann man die Welt vielleicht auch noch ganz anders sehen? Was wäre, wenn sie gar nicht grau wäre? Auch wenn ich im Moment nur grau sehen kann. Dann fängt auf fast magische Weise etwas an einzuweichen in uns und damit auch zwangsläufig in den Beziehungen von uns zu anderen. Im Falle von Alkoholabhängigkeit könnten Sie sich zum Beispiel fragen: Ist er wirklich das Problem? Ist nur er süchtig und krank? Oder bin ich vielleicht süchtig und krank nach Verhaltensweisen, die mir nicht guttun und mich nicht wertschätzen? Wie kann ich es schaffen, abstinent zu werden? Wie kann ich es schaffen, gut für mich zu sorgen und mich nicht von einem anderen Menschen mit herabziehen zu lassen?

Und natürlich bedingen sich unsere Verhaltensweisen gegenseitig – oft negativ. In Beziehungen schlittern wir fast immer in dieses Dilemma, das Fachleute als Coabhängigkeit bezeichnen: Unser Partner handelt nicht so, wie es unserer Vorstellung nach richtig wäre. Er trinkt, raucht, schwächt seine Gesundheit. Er arbeitet zu viel, kümmert sich zu wenig ... Meist meckern wir und versuchen ihn zur Änderung zu bewegen. Aber meist bleibt das ohne Erfolg. Das führt dann dazu, dass wir immer mehr den Gegenpol bilden. Wir versuchen, all das besonders gut zu machen, was er in unseren Augen besonders schlecht macht. Wir kümmern uns besonders viel um die Kinder, wenn er sich besonders wenig kümmert. Wir achten wie ein Luchs auf jedes Glas Alkohol und versuchen immer die Kontrolle zu bewahren. Wir versuchen zu helfen, zu stützen, zu schützen, zu erklären und auszugleichen – angeblich aus Liebe zum anderen. Wenn wir ehrlich sind, tun wir dies alles für uns. Wir haben Angst davor, dass unser Partner nicht mehr so ist, wie wir ihn brauchen, und dies für unser Leben Konsequenzen hat. Mit all diesen versuchten Eingriffen schwächen wir uns und unseren Partner aber nur immer weiter. Wir fühlen uns selbst immer ohnmächtiger, weil sich trotz allem Helfen und Diskutieren nichts verändert. Meistens ist das unbewusste Motiv dafür, dass wir den anderen immer wieder in seinem selbstzerstörerischen Verhalten agieren lassen, nicht unsere Liebe zu ihm, sondern unsere eigene Angst, die Kontrolle zu verlieren und damit genau dem Schmerz in uns zu begegnen, den er mit der Sucht wegdrängt.

Im Beispiel der Alkoholsucht wird der Alkoholsüchtige meistens begleitet von einem Partner, der ihn lange Zeit deckt. Der Alkoholsüchtige trägt in sich einen Schmerz, gegen den er sich mit dem Alkohol betäuben kann. Hat er getrunken, ist er einen Moment frei von dem Druck, von der Kontrolle, der Angst, den Verlassenheits- und Einsamkeitsgefühlen, der Traurigkeit und dem Angepasstsein. Der Partner des Abhängigen trägt einen ähnlichen Schmerz in sich. Er hält ihn meist nur unter Kontrolle. Lediglich durch das Ausagieren des Alkoholabhängigen wird er gezwungen, diesen Schmerz zu spüren: »Ich fühle mich so schlecht, weil er betrunken ist, weil er wieder dieses gemacht hat. Ich fühle mich so ohnmächtig, weil er jenes nicht mehr getan hat. Ich fühle mich so verletzt, weil er alle Grenzen übertreten hat. Der offensichtlich Abhängige ist schuld. Damit kann der Partner dann seinen eigentlichen Schmerz genauso gut verdrängen, wie der betrunkene Partner kein Bewusstsein mehr hat. Er kann sagen: Ich habe kein Problem. Mein Partner, der Süchtige, der hat das Problem. Auf eine gewisse Art und Weise ist der Partner genauso betrunken wie der Alkoholiker.

Nein, Frau Zurhorst! Es gibt Dinge, die kann man nicht durch Veränderung der Denkweise akzeptieren.
Doch. Wenn ich wirklich glücklich werden will, ist es mein wichtigster Job, meine Denkweise zu verändern und so mehr Zufriedenheit und Akzeptanz in mein Leben zu bringen.

Und es gibt Verhaltensweisen, die sollte man auch nicht dulden, wenn sie den persönlichen Grundsätzen widersprechen.
Wenn man mit Verhaltensweisen konfrontiert wird, die einem nicht gefallen oder einen gar verletzen, dann tun wir uns selbst Gutes, wenn wir versuchen, sie zu verstehen. Aber wie ich oben schon sagte, nicht um sie damit zu entschuldigen. Wenn wir uns fragen: Warum macht der andere das? Was passiert da in ihm? Welche Angst steckt dahinter? Dann bekommen wir Abstand und erkennen, dass die ganze Sache nicht zu uns, sondern zu dem anderen gehört. Als Nächstes tut man gut daran zu akzeptieren, dass die Dinge jetzt gerade so sind, wie sie sind. Aber dann sollte man sie nicht einfach dulden. Denn das geschähe nur aus Ohnmacht und Angst. Hat man sie im Außen verstanden und akzeptiert, kann man anfangen, sie bei sich selbst aufzuspüren und für sie Heilung zu suchen. Je mehr man bei sich selbst Wege der Heilung entdeckt, umso mehr Kraft und Kompetenz bekommt man, diese auch bei anderen in die Heilung zu bringen.

Ich hoffe, ich habe einigermaßen deutlich machen können, dass es nicht ums Zusammenbleiben geht. Es geht darum, sich kennenzulernen durch den, der da gerade neben einem ist. Es mag einem manchmal nicht gefallen, was man da kennenlernt. Man fühlt sich verletzt, gelähmt, wütend, ohnmächtig oder missverstanden. Man findet vielleicht schrecklich, was man da sieht. Aber nur, wenn man es wirklich angeschaut und zu sich genommen hat, kann man es verändern. Ich sage vielleicht: »Um Himmels willen, mein Mann trinkt.« Ich sehe, was solch eine Sucht anrichten kann. Aber ab dann lautet die Frage: Das gibt es auch in mir. Wovon bin ich abhängig? Wohinter verberge ich meinen Schmerz? Wovon muss also *ich* loslassen? Vielleicht von ihm? Muss ich vielleicht das Schlimmste tun, was ich mir vorstellen kann: Meine Kinder nehmen und mit ihnen ganz alleine leben? Muss ich durch eine solche Abnabelung lernen, endlich wieder Halt und echte Lebensfreude in mir selbst zu finden?

Oder muss ich lernen, gut für mich zu sorgen, auch wenn drum herum nicht alles perfekt ist? Lernen, direkt neben etwas zu sein, das mich gefährdet? Bei meinem Partner zu bleiben, ohne mich von seiner Sucht mit herabziehen zu lassen? Muss ich bleiben und aufstehen? Muss ich mich im bestehenden Leben stärken und selbstständig machen, um ihm dann aus eigener Erfahrung den Weg heraus zeigen zu können? Muss ich lernen, ihn machen zu lassen? Der Selbstzerstörung zuzuschauen und nichts machen zu können? Muss ich lernen, die Kontrolle aufzugeben? Lernen, ihn seinen Weg gehen zu lassen? Ihn vielleicht so tief fallen zu lassen, damit er endlich bereit ist zur Heilung und zur Umkehr?

Ich weiß, für den Verstand ist es kaum auszuhalten, wenn er kein klares Entweder-Oder bekommt. Ich weiß, wenn es nicht ins Herz, sondern nur ins Ohr dringt, dann klingen die folgenden Sätze leicht nach hohlen Phrasen. Deshalb lassen Sie sie doch einfach erst einmal in Ihnen arbeiten. Fühlen Sie, was sie mit Ihnen machen. Was für Gefühle, Fragen und

Gedanken sie auslösen. Nehmen Sie sie vielleicht mal mit in den Schlaf. Sagen Sie sie sich innerlich vor und sehen Sie dabei ihren Partner im Geiste an ... Spielen Sie einfach mal mit ihnen:

»Ich muss mich nicht trennen. Ich muss auch nicht bleiben. Ich muss lernen, zu mir selbst zu finden. Hinter meiner Angst meine unbegrenzte Liebe zu entdecken. Sie wird dann ausstrahlen auf das, was in meiner Nähe ist. Und für ungeahnte Transformationen sorgen.«

Was ich damit wirklich meine, habe ich nur selten so ausgedrückt gefunden wie in den Worten einer Leserin: *Ihr Buch gibt mir Mut in jeder Hinsicht, ob wir es nun schaffen, oder ob wir uns trennen, ich werde weiter meine innere Liebe leben. Und mich an der Welt erfreuen!!*

5. Kapitel
Trennung in der Beziehung – ein echtes Wunderheilmittel

Trennung ist so wenig schlecht, wie Ehe gut ist. Kürzlich rief mich eine Frau an, die *Liebe dich selbst und es ist egal, wen du heiratest* gelesen hatte. Sie müsse sich unbedingt bei mir bedanken für dieses Buch. So lange würde sie sich schon wünschen, dass ihr Lebensgefährte sie endlich heiraten würde, aber er habe immer gesagt, der Trauschein sei für ihn nicht wirklich wichtig. Nun habe sie ihm mein Buch gegeben, damit er schwarz auf weiß lesen könne, wie wichtig die Ehe doch in Wahrheit ist.

Ich redete mit ihr über ihren Wunsch nach einem Heiratsantrag und einer »ordentlichen« Ehe. »Ich brauche das einfach, um mich sicher zu fühlen«, erklärte sie mir. Dann erzählte sie mir von seinen Bindungsängsten. Ich fragte sie, ob ihr Brauchen nicht vielleicht auch eine Angst sei. Vielleicht kreisten ja beide um das Gleiche, nur aus unterschiedlichen Richtungen: Seine Bindungsangst, seine Angst sich einzulassen, sei ja vielleicht eine Angst vor dem Vereinnahmtwerden. Vielleicht auch eine davor, das Herz zu öffnen und dann enttäuscht oder verlassen zu werden. Und vielleicht zeige sich in ihrer Sehnsucht nach fester, sicherer Bindung ja auch ein Misstrauen in Bindung. Vielleicht verberge sich dahinter ihre Angst zu vertrauen, die Kontrolle loszulassen und sich einem Menschen hinzugeben mit all ihren Unsicherheiten. Äußerlich schien alles so unterschiedlich zwischen ihr und ihrem Freund. Aber im Kern findet sich zweimal das Gleiche: Angst, keine echte Liebe zu finden. »Ja«, meinte die Frau irgendwann, »vielleicht muss ich ja genauso vertrauen lernen wie er.«

Ich bin ein Fan der Ehe. Aber ich glaube weder, dass sie eine Versicherungspolice ist, noch dass sie uns irgendetwas geben kann. Wer heiratet und glaubt, nun könne er sich sicher fühlen, der wird sicher enttäuscht. Nach dreizehn Ehejahren halte ich die Ehe vor allem für eins: eine Möglichkeit, sich zu jemandem zu bekennen und mit ihm alte Wunden zu heilen. Dabei wird jeder feststellen, dass dieses Bekenntnis einen immer wieder neu dazu herausfordert, über die eigenen Grenzen und Vorstellungen hinauszuwachsen.

So richtig bewusst konnte ich das noch mal spüren, als ich vor nicht allzu langer Zeit meinen Mann noch einmal geheiratet habe. Diesmal kirchlich. Ich weiß noch, wie ich in der Nacht vor unserer zweiten Trauung im Bett lag und sehr unruhig war. Ich dachte zurück an das erste Mal: Damals hatte ich schon einen kleinen Babybauch, aber keine wirkliche Ahnung, wer mein Mann eigentlich war. Wir kannten uns kaum, aber ich stand vor dem Standesbeamten, und es ging mir so leicht wie nichts über die Lippen, *Ja* zu sagen. Weil ich noch nicht im Geringsten vorhersehen konnte, worum es bei diesem *Ja* eigentlich ging.

Aber vorm zweiten Mal konnte ich mir farbig ausmalen, von welcher Dimension da die Rede war bei dem Satz »Bis dass der Tod euch scheidet«. Diesmal wusste ich, worum es bei diesem *Ja* ging. Ich wusste, ich würde da am nächsten

Morgen antreten, nicht wegen einer tollen Feier und eines rauschenden Gelages. Auch nicht, um etwas in unserer Verbindung offiziell unter Dach und Fach zu bringen. Ich lag in meinem Bett und wusste, da gibt es keine Sicherheit, und da wartet auch keine Romantik oder ein besonderer, einzigartiger Mensch. Da ist einer, an dem ich manchmal zweifle und manchmal verzweifle. Einer, von dem ich mich unzählige Male verletzt gefühlt habe. Einer, der mir etwas vorgemacht hat. Und einer, dem ich etwas vorgemacht habe. Einer, der mir manchmal fremd ist. Einer, der in vielen Dingen ganz anders tickt als ich. Einer, mit dem ich es wage, immer weiter zu gehen. Wenn ich da am nächsten Morgen *Ja* sage, dann weil ich mich ganz bewusst zu diesem Menschen bekennen will. Weil ich mit ihm lernen will, immer wieder anzunehmen, zu überwinden, und wenn nichts mehr geht, mich lieber fürs Geben zu entscheiden als fürs Hoffen auf Bekommen.

Ich hatte in dieser Nacht das Gefühl, für solch ein waghalsiges, lebenslängliches Himmelfahrtskommando müsse man entweder *Special agent* sein oder Gott um Beistand bitten. Ich war erleichtert, als ich am nächsten Tag um Gottes Segen bat. Und ich fand uns beide mutig, noch einmal offiziell und vor aller Augen die Verantwortung dafür zu übernehmen, unsere Liebe bewahren zu wollen.

Ich glaube, wenn man *Ja* sagt, dann hat man keine Sicherheit, sondern bestenfalls gehörigen Respekt vor diesen zwei Buchstaben und einen Partner, der so mutig ist, einem zu gestehen, dass auch er nicht weiß, wie genau es auf Dauer geht. Das sind sehr gute Voraussetzungen, um aus der Ehe ein echtes Abenteuer und etwas sehr Kostbares zu machen. Einen Ort, an dem man mit den Jahren lernen kann, gut für sich selbst zu sorgen, sich zu lösen und erwachsen zu werden. Die Ehe ist der Ort, an dem man lernen muss, ein heilsames, aber schwieriges Wort klar und deutlich auszusprechen: *Nein!* Manchmal ist ein Nein alles, was fehlt, damit es endlich vorangehen kann. Und manchmal ist die beste Hilfe, die man seinem Partner und vor allem sich selbst geben kann, die, ihm keine Hilfe mehr zu geben.

Kürzlich bat mich ein Mann um Rat, dessen Sohn drogenabhängig war. »Wie kann ich meinem Sohn nur helfen?«, wollte er wissen. »Sobald er wieder eine Verabredung nicht einhält, lassen Sie ihn auch nicht mehr bei sich arbeiten. Und vor allem geben Sie ihm kein Geld mehr«, lautete meine Antwort. Der Sohn dieses Mannes war Ende zwanzig und hatte wegen der Drogen schon mehrfach seine Arbeit verloren, bis ihn schließlich sein Vater im eigenen Betrieb aufgenommen hatte. Immer wieder gab der Junge alles, was er hatte, für Drogen aus. Er nahm sie so exzessiv, dass er tagelang ausfiel.

In so einem Fall kann man jemandem aus Liebe nur alle Zuwendung entziehen. Bei meiner Arbeit habe ich oft mit Sucht zu tun: Alkohol, Affären, Pornos, Spielsucht, manchmal sogar Gewalt. Wenn Dinge immer wieder zwanghaft nach dem gleichen schmerzlichen oder zerstörerischen Muster ablaufen, dann nützt kein gutes Zureden. Und Vertuschen und Verdrängen noch weniger. Wenn einer, der Ihnen am Herzen liegt, oder den Sie gar lieben, in die Sucht gerät, dann hilft ab einem bestimmten Punkt nur noch ein Wort: *Nein.* Und das mit aller Klarheit ausgesprochen und aller Konsequenz umgesetzt. Nachgiebigkeit und falsch verstandenes Mitgefühl zehren uns aus und halten den anderen nur in der Abhängigkeit fest. Vor allem halten sie ihn davon ab, wirklich den Schmerz zu spüren und daraus den Antrieb zu bekommen, etwas zu ändern. Wenn ihr Partner immer wieder rückfällig wird, wieder und wieder fremdgeht, gewalttätig wird oder trinkt, dann hilft manchmal nur eine Trennung zur Klärung.

So bitter es klingt: Die meisten Menschen (und damit die meisten Beziehungen) bewegen sich nur aus einem verfahrenen Kreislauf heraus, wenn Schmerz und Druck wirklich groß genug sind. Drohen und Meckern bewegen meist gar nichts. Kraft bekommt ein Nein auf ganz andere Weise: Wenn Sie sich trauen, einen Schritt aus dem Kreislauf herauszutreten und mit all Ihrer Liebe und Ihrem Mitgefühl eine neue Perspektive einzunehmen: »Wenn bei meinem Partner das Leben aus der Bahn gerät, er wieder trinkt, wieder droht, seine Arbeit, seine Freunde, seine Gesundheit zu verlieren, dann sage ich mir: Ich liebe ihn. Aber vielleicht braucht er ja gerade diesen Schmerz. Diesen Verlust. Diese Sackgasse. Dieses Risiko ... Damit er sich endlich bewegt. Damit er endlich die Kraft findet, das scheinbar Unlösbare zu lösen und die Dinge in Ordnung zu bringen.« So ein handelndes Nein mit Konsequenz und Liebe könnte vielleicht genau das sein, was er braucht, um endlich ein neues Leben zu beginnen.

Ich bin unzählige Male gefragt worden, ob ich auch gegen Trennung auf Zeit bin. Ich glaube, jede gute Beziehung braucht Auszeiten. Vor allem wenn wir total festgefahren sind. Wenn es anfängt, wehzutun, dann wird es oft höchste Zeit, erst einmal richtig loszulassen. Dann braucht es oft dringend eine Pause. Wenn die Beziehung ernsthaft in Gefahr ist, dann kann die Trennung in der Beziehung eine Art lebensrettende Maßnahme sein.

Aber Achtung: Dies ist ein sehr heikler Moment in einer Beziehung. Wenn ich von Trennung in der Beziehung rede, dann meine ich nicht kalten Krieg mit subtilen Waffen. Ich meine, Geschütze einfahren und Rückzug vom Schlachtfeld. Ich meine, den anderen loslassen. Trennung in der Beziehung braucht oft nicht einmal eine Ansage an den anderen. Es braucht nur große Disziplin gegen sich selbst.

Oft werde ich gefragt: »Ja, soll ich mich denn nun trennen oder nicht? Soll ich jetzt die Scheidung einreichen oder erst später?« Bei der Trennung in der Beziehung geht es nicht um einen Termin, um ein Dokument oder einen äußeren, fest definierten Kraftakt. Es geht um eine Entscheidung in mir, für mich. »Ja, aber ist es denn nicht entscheidend, dass wir uns über die Modalitäten einigen und beide einverstanden sind?« Sicher ist vieles leichter, wenn beide sich über die Auszeit verständigen. Wenn beide sich darauf einigen, für eine Weile den anderen seiner Wege gehen zu lassen. Aber oft braucht es die Trennung in der Beziehung an einem Punkt, an dem so ein Gespräch gar nicht möglich ist, weil die ganze Geschichte schon völlig verfahren ist. Da wird scharf geschossen oder seit Ewigkeiten nur noch über Belanglosigkeiten geredet. Da gibt es meist keine Chance auf ein klärendes Gespräch. Da ist es dann umso wichtiger, dass wenigstens einer von beiden Partnern das tiefere Wesen der Trennung in der Beziehung wirklich mit dem Herzen verstanden hat. Was dann auch gleich zur Antwort auf eine der meistgestellten Fragen überhaupt führt: »Aber was ist, wenn mein Partner nicht mitmacht?«

Die Wahrscheinlichkeit ist groß, dass er nicht mitmacht. Würde er mitmachen, wäre er ja mit Ihnen auf einer Wellenlänge und die Beziehung nicht so bedroht. Also: Es braucht *Sie*. Erst einmal einzig und allein *Sie*. Dafür aber ganz und gar *Sie*. Akzeptieren Sie, dass Sie an dieser Stelle nicht bestimmen können, wie sich Ihr Partner verhält und ob er die Idee gutheißt oder mit Ihren weiteren Vorstellungen konform geht. Aber erwarten Sie nicht weniger als ein Wunder, wenn Sie wirklich konsequent bei sich bleiben und beharrlich Ihren Weg für sich und nicht gegen ihn gehen.

Dazu eine kleine Geschichte, die ich schon oft in meiner Praxis erzählt habe: Jeff Allen, ein wunderbarer Trainer in Sachen Beziehung, schilderte auf einem seiner Seminare den dramatischen Wendepunkt seiner eigenen Ehe. Eine berührende Geschichte, die ich mittlerweile schon vielen Menschen mit auf den Weg gegeben habe, um einen Punkt deutlich zu machen, der immer wieder missverstanden wird: Es geht nicht darum, um jeden Preis am Partner festzuhalten. Vielmehr geht es ums Loslassen, damit endlich wahre Verbindung entstehen kann.

Dieses Paradoxon zeigt die Geschichte von Jeff und Sue für mich besonders eindrücklich. Die beiden waren an einem Punkt, den ich selbst aus meiner eigenen Ehe nur allzu gut kenne. Alles war hoffnungslos und lief nach Jahren des Nebeneinanderherlebens nur noch auf eine Scheidung hinaus. Jeff, mit Haut und Haaren Seemann, war mal wieder als Kapitän eines großen Schiffes irgendwo im Persischen Golf unterwegs. Er war der Typ *lonesome Cowboy*, der mit dem ganzen Beziehungszeug und mit Gefühlsduseleien nichts am Hut hatte. Bis er eines Morgens auf seinem Schiff aufwachte und von diffusen Ängsten übermannt wurde. Unsicherheit machte sich so sehr in ihm breit, dass der starke, unabhängige Kapitän in sich zusammensank wie ein Reifen, dem die Luft entweicht. Jeff musste miterleben, dass er sich nicht mehr unter Kontrolle hatte. Dass schmerzliche und beängstigende Gefühle aus seinem Inneren an die Oberfläche kamen, die er lange vor sich selbst und der Welt verborgen gehalten hatte.

Erst diese unerklärliche Angst brachte ihn dazu, mit seiner Frau zu Hause Kontakt aufzunehmen, vor der er sich so lange verschlossen hatte. Dabei musste er einer eigenartigen Koinzidenz ins Auge sehen. Seine Rolle des starken, unabhängigen Mannes war genau in dem Moment zusammengebrochen, als seine Frau zu Hause endlich den Mut gefunden hatte, von ihm loszulassen und zu gehen.

Sue war immer die Abhängige, Bedürftige von beiden gewesen. Immer war sie hinter Jeff her, er solle doch endlich nach Hause kommen, endlich ein verlässlicher Partner und treusorgender Vater werden. Aber je mehr sie an ihm zerrte, desto schneller war er unterwegs auf einem Schiff irgendwo am anderen Ende der Welt. All das vergebliche Bitten und Betteln, all die Angst vor dem Alleinsein hatten sie an einen Punkt gebracht, an dem der Schmerz so groß geworden war, dass er sie zum Aufgeben und Loslassen zwang. Sie erkannte die Ausweglosigkeit der Situation, gestand sich endlich ein, dass sie nichts mehr machen konnte. So fand sie den Mut, schließlich von ihm zu lassen und sich auf ihr eigenes Leben zu konzentrieren. Sie erkannte, wie sinnlos es war, länger weiterzuzetern oder zum x-ten Mal zur Furie zu werden. Sue wollte sich auch keine Sorgen mehr darüber machen, was aus den Kindern ohne Vater werden würde, der immer nur irgendwo in der Welt herumreiste. Sie wollte jetzt einfach, so gut es eben ging, alleine für sie sorgen.

Als sie all das so annahm, wie es war, sich nach all den Jahren erstmals befreit und bereit für die ersten Schritte allein fühlte, klingelte das Telefon. Es war Jeff, viertausend Kilometer entfernt, auf einem Schiff im Persischen Golf. Er hatte in seiner Verzweiflung spüren können, was zu Hause geschehen war. Er sagte: »Ich weiß Bescheid. Ich konnte regelrecht fühlen, dass du gegangen bist.« Aber nicht nur das: Er hatte seinen Job gekündigt und war auf dem Weg nach Hause.

Bei meinem Mann und mir war der Wendepunkt nicht so dramatisch wie bei Jeff und Sue. Aber wir hatten im Prinzip das Gleiche erlebt. Erst als ich den Mut fand, meinen Mann und unsere vertraute, aber leere Sicherheit loszulassen, erst als ich ohne Zerren und Zetern, sondern einfach aus tiefer Überzeugung eines Abends sagte: »Es ist besser, wenn wir uns trennen«, erst da war der Raum geschaffen, in dem mein Mann sich selbst spüren und in kleinen Schritten wieder auf mich zubewegen konnte.

Das ist es, worauf ich mit meiner Arbeit und beim Thema Trennung in der Beziehung hinaus will: Es geht immer um den Weg zu einem selbst. Es geht um die Heilung der eigenen Wunden. Es geht darum, sich selbst wieder ganz vertrauen zu lernen und den eigenen Ängsten ins Auge zu schauen. Dann hört auf einmal das Brauchen auf, das Klammern, Zerren, Wegrennen, Abschneiden, Dichtmachen. Dann kann sich auf einmal die Liebe einstellen und entfalten. Ganz von selbst, ganz ohne aktives Zutun.

Jeff sagt über den alles verändernden Moment des Loslassens in seinem Leben: »Mir wurde auf einmal klar, das hier war ein entscheidender Moment in meinem Leben: Ich könnte entweder so weitermachen wie bisher und ein sicheres und unabhängiges Leben führen, indem ich mich in Wahrheit aber von jedem distanzierte, der mir etwas bedeutete. Oder ich könnte heimkehren und endlich den Mut aufbringen, mir einzugestehen, wie sehr auch ich ausgehungert nach Liebe und Zuwendung war. Ich könnte nach Hause zurückkehren und den Mut haben, meinen Platz einzunehmen als verwundeter und abhängiger Partner in einer schmerzlichen Beziehung.

Ich entschied mich, nach England zurückzukehren, und bettelte Susi an, mich wieder zurückzunehmen. Gott sei Dank weigerte sie sich aber! Und ich musste Monate damit verbringen, ein Leben allein zu leben, das man nur als armselige Existenz bezeichnen kann. Aber genau das gab mir die vom Himmel gesandte Chance, mich endlich mit all meinen unterdrückten Gefühlen aus meiner Kindheit zu konfrontieren. Es kamen viele Gefühle an die Oberfläche, bis zu einem Grad, von dem aus ich endlich Potential anzubieten hatte als ausbaufähiger und lernwilliger Gefühlspartner.«

Dass ausgerechnet aus dem rauen, von allem abgeschnittenen Seebären einer der wunderbarsten Trainer in Sachen Beziehung werden würde, den ich kenne, das hätten sich wahrscheinlich weder er noch seine Frau jemals vorstellen können. Und hätten Sie mich in den schwierigen Zeiten unserer Ehe gefragt, ob ich mir vorstellen könnte, dass das mit mir und meinem Mann noch einmal klappen könnte, geschweige denn, dass mein Mann und ich eines Tages gemeinsam anderen bei ihren Problemen weiterhelfen würden, ich hätte entweder laut gelacht oder bitterlich geweint.

Ich behaupte nicht, dass der Ausgang der Geschichte von Jeff und Sue Allen oder von uns beiden auf jeden Fall auch der logische Fortgang aus Ihrer Beziehungskrise sein muss. Aber was ich sage aus voller Überzeugung: Wenn Sie nicht taktieren, sondern wirklich loslassen; wenn Sie weder drohen noch Ihren Rückzug als Machtmittel oder zur Rache missbrauchen; wenn Sie die Zeit der Trennung wirklich bei sich bleiben und nicht mit Ablenkung vergeuden und sich nicht an einen anderen Menschen klammern und ihn für ihr Glück verantwortlich machen; wenn Sie es wirklich von Herzen ernst nehmen mit dem Loslassen; wenn Sie bereit sind, durch den ganzen Entzug und Schmerz zu gehen, und Ihr Leben nicht mehr von Ihrem Groll beherrschen lassen, dann sind Wunder möglich, von denen Sie heute nicht einmal die blasseste Ahnung haben.

6. Kapitel
Unsere Beziehung heilt von selbst, wenn wir unser Herz und unser Leben heilen

Schon viele Male habe ich Menschen die Geschichte von Jeff und Sue Allen erzählt. Nicht nur, weil sie Mut macht. Und zeigt, dass selbst aus einer Beziehung, die seit Jahren schon erstorben ist und von der nicht viel mehr als ein Trümmerhaufen aus Distanz, Sprach- und Hoffnungslosigkeit übriggeblieben ist, noch Unglaubliches hervorwachsen kann. Vor allem hat sie mich so tief beeindruckt, weil sie zeigt, welch weitreichende und unverhoffte Auswirkungen echtes Loslassen mit sich bringen kann.

Aber erst eben beim Schreiben habe ich noch etwas Neues in dieser Geschichte entdeckt, das mich mindestens ebenso fasziniert. Bis heute ist mir nie aufgefallen, dass die Phase der Transformation bei den beiden gleich mehrere Parallelen zu unserer Geschichte hat. Am entscheidenden Wendepunkt gab es keine Diskussionen und keine Vorwürfe mehr, keine Kompromisse, kein Zerren und Nachgeben. Es ging auch nicht um neue Einsichten, um Schuld oder Nichtschuld auf der Verstandesebene. Es gab einfach handfeste, das Leben beider ändernde Konsequenzen und eine anschließende Zeit des Allein- oder besser Mitsichseins.

Wenn Sie mich jetzt fragen: »Ich habe alles verstanden. Aber wie nur kann ich es tun? Wie geht dieser Weg im Alltag?«

Oder wenn Sie sagen: »Ja, ich habe eine neue Sicht auf die Dinge. Ich bin wieder bereit, mich einzulassen und mich für unsere Beziehung zu engagieren. Nur leider macht mein Partner nicht mit. Er öffnet sich einfach nicht für einen neuen Ansatz. Im Gegenteil, er macht nur noch mehr zu. Er bewegt sich einfach nicht, weigert sich strikt, meinen neuen Einsichten auch nur zuzuhören, geschweige denn, selbst so ein Buch zu lesen und mit mir endlich offen über alles zu reden.«

Oder wenn Sie gar glauben: »Ich habe alles nur Menschenmögliche getan. Und doch will mein Partner gehen; kommt er nicht zurück; müssen wir uns trennen.«

Dann fragen Sie sich ehrlich: Haben Sie wirklich alles getan im Sinne von Annehmen, Loslassen und Ihr eigenes Leben transformieren? Oder haben Sie geredet, gebettelt, gedroht und geweint, sind hundert Mal am gleichen Punkt angekommen und haben doch nichts bewegt, haben alles getan im Sinne von Ziehen, Zerren, Machtkampf und Co-Abhängigkeit?

Fragen Sie sich wirklich von ganzem Herzen: »Was kann ich tun?« Oder halten Sie sich an Ihren Erkenntnissen fest? Sind Sie wirklich bereit, *Ihren* Alltag in die Hand zu nehmen und aus ihm das Beste zu machen? Oder bleiben Sie im Kopf und argumentieren, hinterfragen, psychologisieren, immer auf der Suche nach der perfekten Gelegenheit in einer perfekten Beziehung mit einem perfekten Partner?

Sind Sie wirklich bereit, den Menschen vor Ihrer Nase sein zu lassen und sich auf ihn einzulassen, so imprägniert und unerleuchtet er in Ihren Augen auch sein mag? Haben Sie wirklich eine neue mitfühlende Sicht auf all die Schmerzen, Blockaden und Ängste, die ihn hindern, sein Potential zu leben? Oder versuchen Sie immer noch, den anderen so zu drehen und zu basteln, bis er so reagiert, wie Sie es bräuchten, um sich selbst nicht bewegen zu müssen?

Haben Sie wirklich den Absprung von der Schanze gewagt? Sind Sie tatsächlich über den Punkt der reinen Erkenntnis, der Diskussionen und Kompromisse hinausgegangen? Haben Sie wirklich handfeste, Ihr und sein Leben verändernde Auswirkungen in Kauf genommen? Und haben Sie sich einer Zeit des bewussten Alleinseins und der Heilung gestellt?

Oder hat es zwar gekracht, aber Sie haben daraus leider nie wirklich die Konsequenzen gezogen? Haben Sie gezetert und nur selten dementsprechend gehandelt? Haben Sie zugehört und dann doch wieder alles gemacht wie immer? Haben Sie gesagt: »Ja klar, meine Beziehung muss heilen. Aber das hat nichts mit meinem Job, meiner Familie, meinen Hobbys, meinem Leben zu tun«? Haben Sie sich wirklich für die Liebe und die Vergebung entschieden?

Ich wiederhole noch einmal: Es ist eins, die Prinzipien der Vergebung und damit der Liebe zu verstehen. Das öffnet einem schlagartig das Tor in eine neue Welt und gibt einem endlich wieder ein Gefühl von Hoffnung. Aber dann am tiefsten Punkt braucht es den Mut loszulassen und die Bereitschaft, alles Gewohnte, Vertraute und Sichere aufs Spiel zu setzen.

Zu diesem paradox erscheinenden Loslassen, Seinlassen und Einlassen möchte ich Ihnen hier einen Eintrag aus unserem Internetforum zeigen. Eine Forumsteilnehmerin schrieb die folgenden Zeilen einer anderen Teilnehmerin, als die Gemüter zu diesem Thema schon ziemlich erhitzt waren (ich habe die Namen geändert):

Hallo Sandra!

Ich weiß, dass du nicht hören willst, was ich dir hier schreibe, aber ich kann es nur immer wieder betonen:
ER ist ER und kann tun und lassen, was er will. Wenn er das Gesetz bricht und erwischt wird, dann wandert er ins Gefängnis. Aber abgesehen davon kann er tun und lassen, was er will. Das Einzige, was in deiner Macht liegt, ist DEINE REAKTION!!! Das ist einfach so, Punkt. Du kannst nicht das Forum dafür verantwortlich machen oder das Buch oder sonst jemanden. Das ist die Realität!
Du kannst toben und schreien und mit Sachen um dich werfen – wenn er tut, was er tut, und das nicht ändern will, dann kannst DU aber auch rein gar nichts AN IHM ändern!
Also frage dich: warum lasse ich mich so und so behandeln, wenn ich mich aber doch nicht gut fühle dabei? Was kann ICH für MICH ändern, damit es FÜR MICH OK wäre? Realitätsfremd? Abgehoben? Nein, das ist die Wahrheit!
Wenn du nicht auf ihn in der Kälte warten willst – dann tu es ganz einfach nicht. Oder tu es, und finde dich damit ab! Aber mach beides nicht mit dem Blick: Schauen wir, wie er reagiert. Ob er sich das Zuspätkommen abgewöhnt! Da bist du beim Manipulieren und Spiele spielen, und das wird wahrscheinlich ins Auge gehen! Erst wenn du sagen kannst: »Hör zu, ich mag auf dich nicht in der Kälte warten. Schau bitte, wie du heim kommst!« Und das ohne Groll oder Genugtuung – einfach WEIL DU NICHT IN DER KÄLTE WARTEN WILLST – dann hast du an dir wirklich etwas geändert!
Wenn er in der Öffentlichkeit nicht zu dir steht – dann lebe damit oder lass es: Aber erwarte nicht, dass du ihn ändern

kannst oder dass er es für dich tun soll – weil er eben nicht dazu gezwungen werden kann.

Und außerdem noch sinngemäß: Den Schlüssel zum Loslassen kann ich dir nicht reichen, den musst du dir schon selbst schmieden!

Ich sage nicht, dass ich das alles kann, und ich sage auch nicht, dass es einfach ist. Aber es ist so und nicht anders. Jeder Mensch hat das Recht, so zu sein, wie er sein will. Dem ist nichts hinzuzufügen.

Deine Karin

Gestern hatte ich eine Frau am Telefon. Ihre Stimme war ohne jede Kraft, ihr Tonfall absolut gleichbleibend. »Was soll ich sagen, Frau Zurhorst, aber in meiner Beziehung hat sich nichts wirklich geändert, seit wir das letzte Mal miteinander gesprochen haben. Ich glaube, uns bleibt nur die Trennung.« Ich fragte sie: »Hat sich denn bei Ihnen selbst irgendetwas geändert, seit wir das letzte Mal miteinander gesprochen haben?« Nach einer längeren Pause am anderen Ende kam ein zögerliches »Nein«. Dann erzählte sie schnell von ihrem Mann, der einfach immer noch so täte, als ob es gar kein Problem in der Beziehung gäbe. »Er arbeitet immer noch wie ein Verrückter. Und wenn ich mit ihm über uns reden will, sagt er: ›Lass mich mit diesem Psychoquatsch jetzt endlich in Ruhe.‹ Er ist immer öfter weg. Und ich habe, ehrlich gesagt, immer mehr Angst, dass er eine andere hat.«

Das alles hatte sie mir schon bei unserem ersten Gespräch erzählt. Damals hatten wir auch schon herausgefunden, dass es jetzt in ihrem Leben dringend darum gehe, dass sie sich einmal Zeit für sich nähme. Dass sie sich fürs Erste nur wieder und wieder darin üben solle, sich den eigenen Gefühlen zuzuwenden, von ihrem Mann loszulassen, ihm langsam Grenzen zu setzen und sich um ihr eigenes Leben zu kümmern. Damals schon war klar, dass dies viel Geduld ihrerseits benötigen würde und dass ihr Mann diese Entwicklung nicht einfach geschehen lassen würde. Dass für ihn das Leben so zwar nicht erfüllend, aber doch wenigstens bequem war. Er würde sie weder verstehen noch unterstützen auf einem neuen Weg. Auch von ihren Eltern wäre da nichts zu erwarten. Und doch wäre ihre einzige Chance auf Erfüllung, sich endlich selbst zu folgen. Ganz egal, was all die anderen dazu sagten. Ich erklärte ihr, dass es in Beziehungen ganz oft so sei, dass der andere sich erst mal heftig gegen Veränderung wehre. Ganz einfach, weil die Veränderung der Partnerin auch seinem Leben die gewohnte Sicherheit nehme. Er aber im Zweifel noch überhaupt kein Bewusstsein dafür habe, dass die Aufgabe dieser Sicherheit lohnenswert sein könne. Trotzdem machte ich ihr Mut, nicht aufzugeben. Denn am Ende solch einer Phase voller Veränderungen und Neuerungen würden beide sich befreit und gekräftigt fühlen.

Das alles hatten wir schon vor Monaten besprochen. Und damals wie gestern konnte ich dieser Frau nur sagen: »Ihr Mann ist, wie er ist. Sicher wäre es besser, wenn er weniger arbeiten würde und sich endlich auch den anderen, tieferen Ebenen des Lebens zuwenden würde. Aber er wird das wahrscheinlich nur dann tun, wenn jemand die Kraft hat, ihn mit eigener Stärke und innerem Halt aus seinen vorgefertigten Bahnen zu heben. Sie werden diese Kraft nur dann haben, wenn Sie sich selbst erst einmal aus Ihren Bahnen und über Ihre Angst hinausbewegen.« Diese Frau nickte zu alldem.

Sie kannte sogar ihre Träume und wusste um ihre eigenen Lebensziele. Würde sie diesem Wissen um ihren Lebensweg nicht folgen, sondern aus Angst vor Urteil und Alleinsein weiter stillhalten, dann käme die Trennung unweigerlich auf sie zu.

Vielleicht klingt das jetzt hart und unverständlich für Sie, aber auf eine Art und Weise musste auch ich diesem Lauf folgen. Ich konnte ihr noch einmal all meinen Zuspruch geben, aber dann musste ich mich an diesem Punkt, an dem sie sich nicht bewegte, erst einmal von ihr trennen. Ich sagte ihr nach der Hälfte unserer Gesprächszeit, dass wir es dabei jetzt erst einmal belassen sollten, denn ich könne im Moment nichts weiter für sie tun. Wir hätten gemeinsam herausgefunden, worum es in ihrem Leben gehe. Wir hätten angeschaut, welche Blockaden und Widrigkeiten es auf diesem Weg gebe. Aber wir beide wüssten nun auch, dass es keinen anderen Weg als einen Schritt von ihr nach vorn gebe. Ich, genauso wie jeder andere Mensch, könne ihr lediglich dabei helfen, auf die Schanze heraufzuklettern. Aber springen könne sie nur ganz allein. Und wenn sie jetzt etwas in ihrer Ehe verändern wolle, dann bliebe ihr nur der Sprung ins Ungewisse.

Ich weiß, dass in vielen Beziehungen oft lieber die Trennung gewählt als ein Schritt in die eigene, neue Richtung gewagt wird. Die Trennung wird dann irgendwann unabwendbar – nicht weil die Partner die Falschen sind. Sondern weil beide den alten Gewohnheiten und äußeren Anforderungen mehr folgen als ihren inneren Bedürfnissen. Weil beide ihren Weg verloren haben. Weil beide bequem und sicherheitsbedürftig geworden sind. So oft habe ich es in meiner Praxis erlebt: Da waren Menschen, die genau gesehen haben, dass es so nicht mehr weitergehen kann, die aber am Ende aus Angst vor dem Risiko nichts geändert haben. Ihnen blieb dann unweigerlich nur noch eins: Trennung.

So verrückt das klingt, aber die Trennung ist oft das Einzige, was die Menschen aufwachen lässt. Auf jeden Fall zwingt sie beide, sich zu bewegen. Deshalb hat auch Trennung ihren Sinn. Manchmal brauchen wir sie, damit wir uns endlich trauen, das zu tun, was uns guttut. Sie bringt uns dazu, von den anderen und unseren festgefahrenen Ängsten und Vorstellungen loszulassen. Sie bringt uns dazu, alleine Entscheidungen zu treffen. Alleine Dinge zu verantworten, die wir vorher immer unserem Partner – wenn auch oft widerwillig – überlassen haben. Die Trennung gleichermaßen wie die Krise zeigt uns präzise und minutiös auf, was unser Inneres eigentlich braucht. Alles, was die Trennung, oft auch an Schmerzlichem, in unser Leben bringt, ist auf einer tieferen Ebene das, was wir brauchen, um zu wachsen und uns zu entfalten.

So habe ich auch diese Frau zum Schluss unseres Gesprächs gefragt, was denn im Falle einer Trennung die größte Veränderung sei, die auf sie zukäme: »Ich müsste umziehen, wieder arbeiten gehen und das Ganze mit meinen Kindern anders organisieren.« Verrückterweise waren aber genau das die Veränderungen, nach denen sie sich so sehnte. Es waren genau die Dinge, die es jetzt galt, mutig und vielleicht alleine anzugehen. Das würde automatisch auch Auswirkungen auf ihre Beziehung haben. Vielleicht würde es zuerst für Unruhe sorgen, aber dann würde es alle Beteiligten voranbringen.

Eine Trennung wäre für diese Beziehung tatsächlich insofern nützlich, als sie beide Partner dazu zwingen würde, die entscheidenden Veränderungen vorzunehmen, die sie in ihrem Leben aus den Augen verloren hatten. Sie träumte schon lange davon, im Süddeutschen zu leben. Sie träumte davon, beruflich ganz neu anzufangen; endlich eine Ausbildung zu machen und mit Menschen zu arbeiten. Sie träumte von mehr Lebendigkeit und Anerkennung in ihrem Leben. Das alles würde ihr die Trennung »auf dem harten Weg« bescheren, wenn sie jetzt nicht endlich selbst dafür einstünde. Was hieße, sie müsste endlich von ihrem Mann und all seinem möglichen Fehlverhalten loslassen und sich ihren eigenen Ängsten stellen. Sie müsste Dinge wagen, ohne zu wissen, wie und ob sie funktionieren. Sie müsste sich für etwas einsetzen, an das sie glaubt.

Sie müsste das tun, was uns allen so schwerfällt – über die eigene Angst hinauswachsen. Ich weiß aus eigener Erfahrung, dass sich das Leben an diesem Wendepunkt ziemlich bedrohlich und einsam anfühlen kann. Dass man keine Anhaltspunkte und Vorbilder hat, die einem den Weg weisen könnten, gerade wenn es so verwirrend wird. Auf der einen Seite heißt es: Loslassen, loslassen, loslassen … Auf der anderen Seite gibt es gleich eine ganze Liste handfester Anforderungen und beängstigender Verantwortlichkeiten. Bevor wir uns alldem stellen und alle bisher unterdrückten Ängste ins Bewusstsein aufsteigen lassen, ist die Verlockung groß, doch lieber am anderen herumzuschieben und -zudrücken und zu hoffen, dass er irgendwie dafür sorgt, dass etwas passiert. Oder wir ziehen uns nur weiter zurück und reduzieren uns aufs Kontrollieren und Funktionieren. Aber beides bringt uns nicht weiter.

Auf dem Höhepunkt der Krise bleibt uns nur eins: zu erkennen, dass wir die Kontrolle aufgeben und unser Leben seinen eigenen Selbstordnungskräften überlassen müssen. Die entscheidenden Dinge liegen nicht mehr in unserer Macht. Gerade für uns leistungs- und lösungsorientierte Macher sind solche gefühlsturbulenten Zeiten eine große Herausforderung. Wenn die Beziehung kurz vor dem Aus steht, fordert sie etwas von Ihnen, das durch nichts von dieser Welt zu erreichen oder zu machen ist: Hingabe, Verletzlichkeit und Offenheit.

Wenn ich sage, nur Sie können die Verantwortung für Ihr Leben und Ihre Beziehung übernehmen, nur Sie können es tun, dann geht es eigentlich genau um das Gegenteil von »tun«. Mit »tun« meine ich eben nicht dieses aktive, hektische Machen, das zunehmend unser ganzes Leben bestimmt. Ich meine auch keine zielstrebige, straffe Aufräumaktion, die darin mündet, dass gegenseitige Freiräume genau bestimmt und zeitlich festgelegt werden. Dass Termine zu wöchentlichen Paargesprächen oder bis auf Weiteres getrennte Schlafzimmer vereinbart werden. Ich meine, dass Sie sich endlich erlauben, das zu fühlen, zu erfahren und auszudrücken, was in Ihnen ist. Das ist anfangs gar nicht so leicht, erst recht nicht, wenn Sie hohe Ansprüche an sich haben oder ein festes System aus Glaubenssätzen und Regeln, in dem Sie gewohnt sind zu funktionieren.

Wenn Sie beginnen, vom Machen auf das Wahrnehmen umzuschalten und wirklich zu fühlen, was in Ihnen ist – Ihre Wut, Ihre Eifersucht, Ihre Angst, Ihre Gier, Ihre Sehnsucht, Ihre Lebenslust, Ihre Zartheit –, dann werden Sie wieder lebendig. Aber dann können Sie nicht mehr einfach nur funktionieren. Dann beschleicht Sie anfangs heftige Unsicherheit: Was, wenn ich keine Kontrolle mehr habe? Was, wenn meine

Gefühle mich übermannen und Dinge bei mir auslösen, die für andere schwer verdaulich sind? Wenn Sie beginnen, sich zu entdecken und auszudrücken, passen Sie im Zweifel nicht mehr in die Norm, nicht in die Familientradition und nicht in die vertraute Alltagsroutine. Oft bleibt Ihnen nichts anderes übrig, als die freundliche Maske abzunehmen und sich in ein Abenteuer mit ungewissem Ausgang zu stürzen.

Kürzlich sagte eine Frau zu mir: »Frau Zurhorst, ich habe es gewagt. Ich habe die Wahrheit auf den Tisch gebracht. Ich habe tatsächlich nach siebzehn Jahren Ehe die ganze Bombe platzen lassen. Ich habe meinem Mann gesagt, dass ich einen Geliebten habe. Ich habe ihm gesagt, dass ich nicht mehr mit ihm leben kann. Ich habe ihm gesagt, wie ausgehöhlt und einsam ich mich die letzten Jahre neben ihm gefühlt habe. Dass mir unser ganzer angesammelter Lebensstandard eher wie ein Gefängnis vorkommt. Aber glauben Sie nicht, jetzt wäre bei uns irgendetwas besser. Jetzt ist die Katastrophe perfekt. Mein Mann ist vollkommen verletzt, und ich suche gerade für mich und die Kinder eine neue Wohnung, weil er einfach nicht mehr mit sich reden lässt.«

Der Punkt, an dem wir endlich die Wahrheit unseres Herzens aussprechen; der Punkt, an dem unser Partner auspackt und uns mit schmerzlichen Tatsachen konfrontiert; dieser Punkt ist nicht das Ende, sondern der Anfang eines Heilungsprozesses. Jetzt geht die Arbeit erst los. Die hervorgebrachte Wahrheit hat die Tür geöffnet, um uns endlich angemessen mit den so lange Zeit verborgenen Ängsten und Verletzlichkeiten umgehen zu lassen, die jetzt sichtbar werden. Der Mann dieser Frau konnte nun nicht mehr weglaufen, und sie konnte plötzlich seine ganze Angst, Sprach- und

Hilflosigkeit sehen. Jetzt galt es, all dies anzunehmen, es auch in ihr selbst zu entdecken und langsam mit Mitgefühl darauf zuzugehen. Das braucht viel Zeit, Geduld und Bereitschaft zur Vergebung.

Wenn Sie den ersten Schritt tun oder getan haben, dann ist das nur der Anfang. Ich kann Ihnen versichern, dass Sie von jetzt an noch unzählige Male aufstehen und Unbequemes aussprechen oder annehmen müssen. Dass Sie aus heutiger Sicht vielleicht unvorstellbar viel Mitgefühl und Geduld entwickeln müssen. Und dass Sie selbst wahrscheinlich gerade genauso wenig Bescheid wissen, was Sie wirklich brauchen, und wer Sie wirklich sind, wie Ihr Partner.

Vielleicht wagen Sie sich aber nicht einmal vor zu diesem ersten Schritt. Vielleicht weil Sie Angst haben, dass sich Ihr Partner damit noch weiter von Ihnen entfernt. Vielleicht wächst ja auch in Ihnen beim Lesen die Ahnung, wie erleichternd es sich anfühlen könnte, wenn Sie endlich mal losließen, wenn Sie Ihrem Herzen einmal Luft machen würden, wenn Sie all das Unausgesprochene und all den unverdaulichen Beziehungsmüll endlich einmal loswürden. Aber dann packt Sie wieder die Angst, und Sie fragen sich: Was wird mit meinem Partner passieren, wenn der Staudamm bricht? Eine Beziehung ist ein sehr fein abgestimmtes System. Die beiden Partner greifen auf unbewussten Ebenen wie Zahnrädchen ineinander. Wenn Sie etwas zurückhalten, dann gibt es genauso viel Zurückgehaltenes in Ihrem Partner. Wenn Sie Angst haben, die Kontrolle aufzugeben, dann gibt es die gleiche Angst auch in Ihrem Partner. Aber wenn Sie vorangehen, dann öffnen Sie auch auf tieferer Ebene eine Tür für Ihren Partner.

Wenn Sie Ihrem Schmerz, Ihrer Wut, Ihrem Zweifel, Ihrer Hoffnungslosigkeit oder Ihrer Hilflosigkeit Ausdruck verleihen, dann ist es ziemlich wahrscheinlich, dass auch er davon voll ist. Genauso wahrscheinlich ist, dass Ihre Offenbarung Ihren Partner verunsichern und verletzen wird. Dass es ihm nicht gefällt, seinen gewohnten Trott stört oder gar seine Sicherheit aus den Angeln hebt. Aber aller Wahrscheinlichkeit nach ist dies genau die Kraft, die es braucht, damit er innerlich in Bewegung kommt und sich wieder unmittelbarer fühlt. Bei den meisten von uns geht Öffnung und Entwicklung eben leider nicht ohne Schmerz und Verunsicherung. Hätten Sie sich bewegt, wenn Sie weniger Druck gehabt hätten?

Egal, wie groß und untragbar Ihnen Ihre Dosis an Aufgestautem und Unausgesprochenem erscheint. Sie passt wahrscheinlich maßgeschneidert zu dem Verdrängten Ihres Partners. Aber das heißt nicht, dass er bei der Konfrontation automatisch genau die Schritte tun wird, die Ihrer Meinung nach die richtigen wären auf dem Weg der Heilung Ihrer Beziehung. Vielleicht kommt Ihnen alles sogar noch verfahrener vor als vorher, und Sie sagen sich: »Hätte ich doch nur den Mund gehalten. Jetzt ist ja alles noch schlimmer denn je.«

Wenn die Wahrheit endlich auf dem Tisch ist, dann ist nicht plötzlich alles wieder gut. Dann ist lediglich die Basis für einen Neuanfang gelegt. Das ist am Anfang nur selten angenehm. Wenn wir uns trauen, aus unserem angepasst freundlichen Versteck herauszutreten, dann hat das oft eher einen Effekt auf unser Leben, als wenn ein Staudamm bricht und eine Überschwemmung über uns hereinschwappt, die alles mit sich reißt und wenig Rücksicht auf unser Bedürfnis nach Kontrolle und die äußeren Umstände nimmt.

Wenn wir anderen zeigen, wie es uns wirklich geht; was wir wirklich fühlen und wonach uns wirklich ist, dann sind wir meist erst einmal allein. Unsere Umwelt ist verunsichert. Unsere Partner sind verletzt. Wenn wir uns öffnen und verändern, dann bedeutet das Veränderung und Öffnung für jeden um uns herum. Wir sind wie ein Dominostein in einer großen Kette. Wenn wir fallen, stoßen wir die anderen mit an: unsere Partner, unsere Kinder, unsere Familien, unsere Freunde, Kollegen und Chefs. Wenn wir uns bewegen, kann keiner, der uns wirklich nahe ist, so weiterfunktionieren wie bisher. Das Verhalten des einen bedingt das Verhalten des anderen.

Wenn Sie all Ihren Mut zusammenfassen, über Ihre Angst hinauswachsen und sich öffnen, dann heißt das leider nicht, dass jeder um Sie herum auch gleich bereit ist, diesen Schritt gemeinsam mit Ihnen zu wagen. Im Gegenteil. Normalerweise ist es so, dass man in einem wichtigen Transformationsprozess erst einmal allein ist. Dass man sich vorkommt, als ob man einsam gegen den Rest der Welt kämpft. Der Partner wehrt sich mit allem, was ihm zur Verfügung steht. Je mehr wir uns öffnen, desto mehr verschließt er sich und rennt weg. Die Familie und die Freunde scheinen nur eins im Sinn zu haben: uns mit gutem Zureden, subtilem Druck oder schwerem Geschütz, Schuldzuweisungen, Drohungen oder Liebesentzug – auf jeden Fall mit allen Mitteln – zurück ins Körbchen zu schubsen. Bloß keine Veränderung! Bloß kein Risiko! Darin scheint sich die ganze Welt um uns herum einig zu sein.

Das alles ist nicht ein Zeichen dafür, dass Sie etwas falsch gemacht haben. Auch nicht, dass Sie bei diesen Menschen deswegen am falschen Platz sind. Es ist ein Zeichen dafür, dass Sie gerade an einem Punkt für Heilung sorgen, der so wehtut, dass niemand freiwillig diesen Schmerz spüren will. In solch einer Phase ist es wichtig, dass Sie bei sich bleiben. Dass Sie es aushalten, allein zu sein. Dass Sie lernen, auf Ihre innere Stimme zu hören und Ihrer inneren Führung zu vertrauen. Aber vor allem, dass Sie jetzt der Versuchung widerstehen, Ihren Ängsten und Schuldgefühlen nachzugeben und wegzurennen. Wenn Sie den Knoten haben platzen lassen, dann ist die Versuchung groß, zu flüchten und sich einzureden, dass Trennung die einzig verbliebene Möglichkeit ist.

Das unveränderte Verhalten der anderen macht einfach nur noch deutlicher, wie verschlossen und starr Ihr bisheriges Lebenssystem war. Und wie unverstanden und entfremdet Ihr Herz sich darin all die Zeit gefühlt hat. Die anderen sind jetzt einfach immer noch da, wo auch Sie die ganze Zeit waren. Jetzt schauen Sie nur zum ersten Mal mit etwas Abstand auf diesen sicheren, aber verschlossenen Ort. Jetzt nützt es nichts, die anderen zu verurteilen. Es nützt auch nichts, vor ihnen wegzurennen. Lassen Sie Ihren Partner. Lassen Sie die anderen. Hören Sie auf mit Ihren Bemühungen, sie verändern zu wollen. Studieren Sie sie stattdessen, so genau Sie können, in ihrem Widerstand. Denn sie alle können Ihnen etwas über noch verborgene Widerstände in Ihnen selbst zeigen und deshalb kostbare Helfer für Sie sein, solange Sie in Kontakt mit ihnen bleiben.

Aber auch aus einer anderen Perspektive ist es gut, dass Sie auf so viel Widerstand stoßen. Dank dieser Herausforderungen können Sie Selbstvertrauen und Stärke entwickeln. Erst wenn Sie wirklich gestärkt sind und sich selbst aus eigener Kraft auch ohne Zuspruch von außen folgen können, können Sie auch andere bewegen. Wenn Ihr Partner jetzt dichtmacht und sich nicht nach vorne bewegt, dann heißt Ihre Übung: Lassen Sie ihn da, wo er ist. Aber in Liebe. Halten Sie Ihr Herz auf. Sehen Sie seine Hilflosigkeit und Angst. Studieren Sie, was er Ihnen mit seinem Verhalten über Ihre unbewussten Schichten zeigt, und gehen Sie damit weiter nach innen auf Entdeckungstour Ihrer selbst.

Oft neigen wir in Krisenzeiten dazu, unsere Partner unter allen Umständen und mit allen Mitteln in Bewegung setzen zu wollen. Das ist so, als ob wir auf dem Weg ins Paradies vor einem großen Sumpf voller Krokodile stünden, uns nicht vom Fleck rührten und einem anderen sagten: »Hey, trau dich. Du musst nur da durchgehen. Wenn du auf der anderen Seite ankommst, dann ist alles ganz toll.« So funktioniert das Leben nicht. Wenn wir wollen, dass unsere Partner oder die Menschen um uns herum den Mut finden, sich zu öffnen, dann müssen wir die Ersten sein, die sich durch den Sumpf wagen und hinten wieder rauskommen. Nur dann haben wir die Erfahrung, die andere vertrauen lässt.

In meiner Beziehung war es so, dass ich endlos an meinem Mann herumgezerrt habe. Nicht nur ohne Erfolg, sondern sogar mit dem Ergebnis, dass sich die Fronten immer weiter verhärteten. Erst als ich ihn losgelassen und mich meinen eigenen Ängsten gestellt habe, als ich bereit war, alleine weiterzugehen, habe ich langsam die Kraft gewonnen, die dann bei ihm und anderen für Vertrauen gesorgt hat. Im Rückblick kann ich heute gut sehen, dass ich immer dann die anderen unbedingt bewegen wollte, wenn meine eigene Angst vor Bewegung am größten war. Und dass ich immer dann das

Verhalten meines Mannes am unerträglichsten fand, wenn ich von einem alten, unbewussten Muster in mir so sehr von meinen Zielen und Träumen abgehalten wurde, dass ich es kaum noch ertragen konnte. Heute weiß ich, dass Bewegung nur auf eine Art und Weise in Beziehungen kommt: Indem *ich* mich durch meinen eigenen Krokodilsumpf wage und an meinem Beispiel zeige, wie attraktiv und anziehend das Leben am anderen Ende ist. Nur dann besteht die Chance, dass andere folgen – weil ich sie überzeuge, nicht weil ich sie zwinge.

Wenn Sie also Ihre Wahrheit vor den anderen auf den Tisch gebracht haben, dann ist das nur Schritt eins. Jetzt ist die Bahn frei, damit Sie Stück für Stück loslassen und akzeptieren lernen, dass jeder Widerstand im Außen Ihnen nur einen Widerstand im Innen zeigt. Jetzt ist die Zeit gekommen, sich nach innen zu wenden, wo die wahren Widerstände gegen eine erfüllte Beziehung auf Sie warten. Jetzt geht es einzig darum, sich Ihrem alten Schmerz zu stellen. Dabei spielt es keine Rolle, ob Sie dies in Ihrer bestehenden, festgefahrenen und ausgelaugten Beziehung tun, oder ob Sie sich gerade auf eine neue, vielversprechende Liebe zubewegen. Aus meiner Erfahrung ist es völlig egal, aus welcher Richtung Sie auf den Schmerz zusteuern. Ob von innen aus dem Alten heraus oder von außen auf das Neue zu. Der Schmerz ist in Ihnen. Und solange er unbewusst ist, hält er Sie von anderen und der Liebe fern. Das zu verstehen ist besonders wichtig für die, die sich gerade die Frage stellen: »Wo finde ich die Liebe? Soll ich bei meinem alten Partner bleiben, oder soll ich mich trennen und mit meinem Geliebten neu beginnen?« Ich habe diesen Prozess schon so viele Male begleitet, dass ich Ihnen einfach nur sagen kann: Das eine wie das andere spielt nur im Außen eine Rolle. Egal, ob Sie bleiben oder gehen. Es geht um Ihren Schmerz; um Ihre Bereitschaft, gut für sich zu sorgen; um Ihren Mut; um Ihre Entwicklung. Von wo aus Sie da durchgehen ist nicht entscheidend.

Um das anschaulicher zu machen, stellen Sie sich eine Linie vor. Sollten Sie gerade in einer Dreiecksbeziehung stecken oder im Übergang von einer Beziehung zur nächsten, können Sie sich sogar eine Linie malen. Nehmen Sie sich einen Moment Zeit, und spüren Sie nach: Wie groß ist Ihre innere Distanz zu Ihrem bisherigen Partner? Nehmen Sie einen Stift, und malen Sie eine Linie, die den Abstand zwischen Ihnen beiden darstellt.

Nun spüren Sie noch einmal nach und fragen sich: Wie weit entfernt ist die Möglichkeit, dass mein neuer Geliebter und ich ganz und gar zusammen sein und mit allem, was zu uns gehört, leben können? Malen Sie eine Linie in die andere Richtung.

Wenn Sie ehrlich zu sich sind, werden die Linien mit größter Wahrscheinlichkeit in ihrer Länge nur unwesentlich voneinander abweichen. Einmal geht es um die scheinbar nur durch unseren Partner erlebten Verletzungen, die uns entzweit haben. Und beim anderen Mal geht es um die scheinbar äußeren Widerstände, die uns daran hindern, unsere Liebe mit einem Menschen ganz und gar zu leben. In beiden Fällen geht es aber eigentlich um Ihre Verletzungen, die Sie von der Annahme Ihrer selbst trennen. In beiden Fällen gilt es eigentlich, das Leben einer Transformation zu unterziehen, und dabei gibt es unterwegs jede Menge Schmerzliches zu fühlen, anzunehmen und zu teilen.

Glauben Sie mir: Sie können sich drehen und wenden, wie Sie wollen. Ihnen könnte eine genmanipulierte Mischung aus Robert Redford, dem Kaiser von China und einem geklonten Frauenversteher begegnen. Wenn Sie nicht den Schmerz in sich transformieren, wird sich nach einer Weile mit ihm wieder Unglück einstellen. Wenn Sie glücklich sein wollen, müssen Sie Ihre Glaubenssätze und Urteile entlarven und durch Vergebung heilen. Sonst nichts!!! Da draußen gibt es nichts zu tun, nichts zu verändern und ehrlich gesagt nicht einmal etwas, wovon Sie sich trennen sollten oder könnten. Da draußen ist alles einfach, wie es ist. Ihre Glaubenssätze sind es, die es zu dem machen, was Ihnen so wehtut. Und die Ihnen immer wieder die gleichen Erfahrungen in neuen Situationen mit neuen Menschen bescheren.

Alles in Ihnen wehrt sich gegen diese Einsicht? Sie fühlen sich von Worten wie »Inneres« oder »Seele« überstrapaziert? Ihr Bedürfnis nach handfesten Begrifflichkeiten wird übermächtig? Dann kann ich alles, was ich gerade so wortreich und bildhaft beschrieben habe, auch auf zwei Zahlen reduzieren: 96 und vier.

7. Kapitel
Vier Prozent contra 96 Prozent oder die Illusion, wir könnten über unser Leben bestimmen

Die Wissenschaft geht davon aus, dass uns nur rund vier Prozent unseres Selbst bewusst sind. 96 Prozent von uns schlummern unter der Oberfläche unseres Bewusstseins. Ich bin ja eher schwach auf der Brust, wenn es um Zahlen geht. Aber diese beiden Zahlen haben sich mir geradezu eingebrannt. Es sind Zahlen, von denen unsere Kinder am besten bereits in der Schule hören sollten. Sie sind wichtig, wenn wir uns Menschen verstehen lernen wollen. In ihrem Zusammenspiel zeigt sich die Herausforderung unseres ganzen Seins.

Stellen Sie sich vor, Sie wollen etwas unbedingt: eine glückliche Beziehung, mit dem Rauchen aufhören, Erfolg oder endlich im Beruf kürzer treten. Für dieses unbedingte Wollen sind in Wahrheit aber nur vier Prozent Ihrer selbst zuständig – die vier, die Ihnen bewusst sind. Mit am Werk sind leider auch noch die 96 Prozent unter Ihrer Bewusstseinsschwelle. Sie sind dafür verantwortlich, dass wir bei der Erfüllung unserer Wünsche so oft blockiert sind oder gar scheitern. Einfach deshalb, weil sie oft ganz andere Ziele verfolgen als unser bewusster Verstand.

In Kenntnis dieser beiden Zahlen könnten Sie Ihre Erfahrungswelt geradezu einer Revolution unterziehen und sie in einem gänzlich neuen Licht betrachten. Wenn etwas in Ihrem Leben ganz anders läuft, als Sie es sich bewusst wünschen, dann sollten Sie sich mitten im Frust zwei Fragen zur Aufklärung stellen: Was können vier Prozent schon ausrichten, wenn sie es mit 96 Prozent zu tun haben? Was könnten die 96 Prozent glauben und wollen, wenn mein jetziges Leben ihr Ausdruck ist?

Die Beantwortung dieser Fragen braucht eine radikal veränderte Sicht auf unser Dasein im Allgemeinen und Ihr Tun und Sein im Besonderen. Und wenn ich von radikal veränderter Sicht rede, kann ich Ihnen in diesem Zusammenhang gleich noch eine Zahl nennen, die unseren Glauben erschüttern kann, dass wir wirklich wüssten, wie die Realität da draußen ist: Die Wissenschaft geht davon aus, dass unser Auge – sicher eins der komplexesten Organe unseres Körpers – nur acht Prozent der Wirklichkeit erfassen kann. Dabei vermittelt uns kaum ein Sinnesorgan einen so manifesten Eindruck von unverrückbarer Realität, gibt uns ein so klares Gefühl im Umgang mit der Welt. Lässt uns glauben, wir könnten klar sehen, wie die Welt um uns herum ist. Sehen macht uns sicher. Und nun kommen die Forscher mit dieser Zahl daher und erschüttern unser Weltbild. Acht Prozent! Mehr nicht. Wir können keine Röntgenstrahlen sehen, auch wenn diese fast alles sichtbar machen können, was wir nicht sehen. Wir sehen nicht, was ein Handy mit dem anderen verbindet. Aber die meisten von uns könnten ohne diese Verbindung kaum noch leben. Wir sehen nicht, was die Vögel da oben in ihrem wohlgeordneten Schwarm verbindet. Aber wir sind fasziniert von diesen geheimnisvoll verwobenen Formationen am Himmel.

Wir denken, wir wüssten Bescheid. Wir denken, wir sähen klar. Wir glauben, wir kennten die Welt. Wir glauben, wir kennten uns selbst. Wir alle sind so kopflastig sozialisiert, dass wir eine komplett verzerrte Wahrnehmung von uns selbst haben und uns für unsere vier Prozent halten. Diese vier Prozent sind uns so präsent, dass wir dem Irrtum unterliegen, es handle sich bei ihnen um glatte 100 Prozent. In einer Welt, die von Logik, Denken und Verstand weitgehend bestimmt wird, wird uns beigebracht, dass wir unser Leben in der Hand hätten. Angeblich haben wir Handlungs- und Meinungsfreiheit. Angeblich können wir bestimmen, was wir wollen, tun und erreichen. Tatsächlich bestimmt das, was wir mit unserem bewussten Verstand erfassen können, aber nur einen lächerlich kleinen Teil unseres gesamten Seins. Tatsächlich wird unser Leben fast ausschließlich von unserem Unbewussten gelenkt.

Sie zweifeln daran? Sie sind ein Mensch, der sein Leben unter Kontrolle hat? Wäre das tatsächlich so, dann würden Sie nur Dinge tun, für die Sie sich bewusst entschieden haben. Sie würden etwas denken und es auch so realisieren können. Sie wären glücklich, erfolgreich und konsequent bei der Erreichung all Ihrer Ziele und Wünsche. Sie würden das Gefühl nicht kennen, wegen etwas hin- und hergerissen zu sein. Sie hätten nie erlebt, dass Sie sich etwas sehr wünschen und gleichzeitig wie blockiert sind, wenn Sie versuchen, diesen Wunsch auch umzusetzen.

Hand aufs Herz: Ich bin mir sicher, dass auch Sie einen Mitbewohner namens *Innerer Schweinehund* kennen. Dass auch Sie schon einmal neben sich standen und sich bei einer Handlung zusahen, von der Sie genau wussten, dass Sie sich damit später nicht wirklich gut fühlen würden. Besonders unangenehm nimmt sich das Ganze dann aus, wenn wir gegen diese Kräfte in uns selbst vorzugehen versuchen. Wenn wir versuchen, sie zu disziplinieren oder gar zu unterdrücken. Je mehr wir mit unserem bewussten Willen gegen sie angehen, desto heftiger baut sich auf einer Ebene unterhalb unseres Bewusstseins ein machtvoller Widerstand in uns auf, der jegliche Bemühung so zunichte macht, wie eine einzige Welle eine ganze Sandburg mitnehmen kann. Am Ende haben wir gegen uns selbst gekämpft und verloren, was uns schlussendlich nur noch mehr das Gefühl von Versagen und Verwirrung gibt.

Viele von Ihnen haben mir nach meinem letzten Buch geschrieben: »Für mich war alles so einleuchtend. Ich wusste, das ist mein Weg. Aber irgendwie war ich dann wie blockiert, und ehrlich gesagt falle ich bis heute immer wieder in meine alten Muster zurück ...« Was Ihnen da genau passiert wird gleich viel verständlicher, wenn Sie den Satz neu formulieren: »Für vier Prozent von mir war alles so einleuchtend. Vier Prozent von mir wussten, das ist mein Weg. Aber irgendwie war ich dann wie blockiert, fallen 96 Prozent von mir bis heute immer wieder in alte Muster zurück.«

Wenn Sie diese beiden Zahlen kennen und an den richtigen Stellen Ihres Lebens einsetzen, können Sie sich deutlich entspannen. Auf einmal müssen Sie sich nicht mehr verurteilen. Sie müssen auch nicht ohnmächtig vor sich selbst resignieren, weil Sie es mal wieder vermasselt oder nicht geschafft haben; weil Sie wieder rückfällig geworden oder immer noch voller Schmerz sind. Vor allem wissen Sie, dass Sie mit Kraft, Druck und Macht hier nichts ausrichten können. Egal, wie sehr Sie sich anstrengen – vier Prozent können gegen 96 Prozent einfach nichts ausrichten.

Ich kann Ihnen also nur raten, das Gleiche zu tun, was mich an einem sehr festgefahrenen Punkt meines Lebens geradezu im Quantensprung nach vorne katapultiert hat. Lassen auch sie sich katapultieren, indem Sie sich sagen: Ich akzeptiere, dass das, was ich so selbstbewusst als *Ich* bezeichne, was mein Verstand so klar umreißen und ich so klar erkennen kann, nur mickrige vier Prozent von mir sind. Ich gestehe mir ein: Das Spiel gegen die 96er-Truppe kann ich nie gewinnen. Wenn ich endlich Ruhe finden will in meinem Leben, kann ich mich nur mit ihr verbinden.

Damit tut sich in Ihrem täglichen Leben ein großes Potential an Entspannung und Mitgefühl auf. Nicht nur, dass Sie sich selbst besser verstehen. Sie können auch das Verhalten anderer – vor allem Ihrer Partner, Expartner oder potentiellen Partner – in einem neuen Licht betrachten. Sie müssen nicht so schnell an diesen Menschen zweifeln, sie verurteilen und sich nicht gleich fürchten, wenn Seiten an ihnen zu Tage treten, die so anders sind als das, was die Menschen von sich selbst behaupten und erkennen.

Vielleicht öffnet sich ja mit diesem Wissen um Ihr und unser aller Menschsein auf einmal etwas in Ihnen. Und Sie spüren, wie viel mehr Sie sind, als Sie immer dachten. Sie beginnen, sich dem großen Unterbewusstseinsbereich zuzuwenden, der bisher unbeachtet in Ihnen geschlummert hat. Sie können neugierig werden auf sich selbst. Sie entdecken, dass Sie so viel mehr sind, als Sie je ahnten. Mit dem neuen Wissen können Sie aufhören, vor alldem, was Sie auch sind, davonzulaufen. Sie wissen jetzt, dass es keinen Sinn hat. Sie können sich endlich ihrem verdrängten Schmerz und Ihren Wunden zuwenden und dabei entdecken, dass in jedem Schmerz, in jeder Wunde eine Kraft verborgen ist, nach der Sie sich schon lange sehnen. Sie erobern sich zurück und spüren, dass da noch etwas in Ihrem Leben auf Sie wartet. Dass Dinge möglich sind, die Sie für unmöglich hielten. Sie können langsam loslassen und sich endlich hingeben an das, was Sie sind. Sie lernen endlich die Liebe kennen. Die schon immer in Ihnen war.

Langsam verändert sich Ihr Fokus auf die Welt. Sie beginnen zu spüren, dass das, was Sie bisher für sich selbst hielten, tatsächlich der unbedeutendste Teil Ihres Selbst ist. Dass dieses Ich, von dem aus Sie die Welt betrachten, an dem Sie sich all die Jahre so festklammerten und gegen jeden Menschen da draußen so sehr verteidigten – dass dieses Ich im Grunde genommen im Spiel Ihres Lebens eine der größten Illusionen ist. Dass es nicht im Geringsten die Kraft hat, über Ihr Glück zu bestimmen. Dass seine hoffnungslose Überbewertung in unserer Gesellschaft in Wahrheit maßgeblich für unser Unglück verantwortlich ist. Nur in der Begrenztheit dieser vier Prozent sind wir Menschen in der Lage, Kriege zu führen, zu quälen, zu missbrauchen und zu töten. Nur weil wir so verengt sind in der Wahrnehmung, können wir in anderen Feinde und Fremde sehen. Sobald wir uns für uns selbst öffnen, fällt auch die Trennung von anderen und ihre scheinbaren Begrenzungen weg. Und auf einmal finden wir uns alle im selben großen Raum wieder. Ich weiß, dass diese Vorstellung auch etwas Bedrohliches hat. Im selben großen Raum mit allen anderen? Wo bleibe ich dann? Habe ich dann überhaupt noch Kontrolle über mein Leben, wenn ich mich mir selbst auf diese Art zuwende? Kann ich dann überhaupt noch funktionieren?

Gerade heute Morgen war jemand in meiner Praxis, der in seinem Leben erfolgreich ist und »gut funktioniert«, wie wir das in unserer Gesellschaft so nennen. Allerdings war dieses Funktionieren gerade kräftig ins Wanken gekommen, weil seine Frau nicht mehr funktionieren wollte und konnte. Sie hatte ihm eröffnet, dass sie schon über Trennung nachdachte und all die sicheren Pfeiler des gemeinsamen Lebens in Frage stellte. So kam dieser Mann eher gezwungenermaßen zu mir. Wir redeten eine Weile und entdeckten dabei eine Seite von ihm, der es im Verborgenen auch schon lange nicht mehr gut ging. Dieser Teil von ihm kam im temporeichen und mit Aktivitäten überfüllten Leben zwar kaum zur Geltung, fühlte sich aber bei näherem Hinsehen genauso unzufrieden und unglücklich wie seine Frau. Aber jedes Mal, wenn wir uns diesem Teil in ihm näherten, wenn wir nur in die Nähe all dieser Gefühle von Resignation, Leidenschaft, Sehnsucht nach Lebendigkeit, Ausgehungertsein nach Zärtlichkeit kamen, schreckte der Mann sofort zurück. So wie er es auch in den letzten Jahren seiner Ehe getan hatte. Gemeinsam sahen wir vorsichtig auf dieses Zurückschrecken. Und er sagte: »Ich habe Angst. Angst, wenn ich beginne, das alles, was da in mir ist, wirklich zu fühlen und womöglich noch auszudrücken, dass ich dann die Kontrolle verliere. Und womöglich etwas Schlimmes in meinem Leben passieren könnte. Mal ehrlich, wenn ich alldem folge, dann kann ich doch eigentlich nur alles hinschmeißen, meine Frau und meine Kinder verlassen, meinen Job aufgeben und auf die Insel gehen.«

Das war genau das Ergebnis, zu dem auch seine Frau gekommen war. Aber es war nicht im Geringsten die Lösung der Probleme, denn es gab immer nur ein Entweder-Oder, von dem unser aller Leben so oft in Schach gehalten wird. Wir haben Angst, dass wir nicht mehr funktionieren können, wenn wir uns öffnen für das, was wir sind. Dass dann unser Leben zusammenbricht und wir weggehen oder uns trennen müssen. Aber es ist nur unsere alte Angst, die uns dies glauben macht. So beschränkt sieht das Leben aus, wenn wir uns auf diese vier angepassten, alltagstauglichen, verstandesorientierten Prozent verlassen und aus ihnen eine Antwort auf all unsere Fragen und Unsicherheiten ableiten wollen. Aber von hier aus ist es schwer, eine Lösung zu finden. Von hier aus stehen uns viele unserer Ressourcen einfach nicht zur Verfügung. Von hier aus haben wir nur einen sehr begrenzten Radius und nicht den geringsten Ausblick auf all die kraftvollen und heilenden Möglichkeiten, die sich uns bieten würden, wenn wir von diesem kleinen, begrenzten Ich endlich einmal losließen. Aus dieser beschränkten Realitätssicht heraus glauben wir, dass wir alles verlieren, wenn wir uns nicht anstrengen und funktionieren. Dass wir immer etwas erreichen, schaffen und haben müssen, um endlich Liebe und Anerkennung zu erfahren.

Aber ich kann Ihnen nur das Gleiche versichern, was ich heute Morgen auch dem Mann versichert habe. Wenn wir uns öffnen für das, was wir sind, dann wird es sich anfühlen, als ob wir jahrelang mit einer kleinen Gießkanne versucht hätten, die Wüste zu bewässern, und uns auf einmal an einem großen Ozean wiederfinden. Für den ersten Moment ist das vielleicht beängstigend, denn Grenzen sind nicht absehbar. Aber dann ahnen wir, dass es Leben, Regen und Wasser in

Hülle und Fülle gibt. Wir werden nicht weggespült. Vielmehr haben wir die Wahl, wir können entscheiden, ausprobieren und korrigieren.

Unter der Voraussetzung, dass wir still werden und beginnen, uns jenseits unserer alltäglichen, bewussten Begrenzungen wahrzunehmen.

8. Kapitel
Stille – von uns allen gefürchtet, aber trotzdem das Allheilmittel schlechthin

Werden Sie still. Wenn Sie sich nach Erfüllung, Verbundenheit und Liebe sehnen, dann braucht es zuerst einen drastischen Kurswechsel von draußen nach drinnen. Wenn Sie endlich bei sich ankommen und wirklich für einen Moment Ruhe geben, dann müssen Sie sich wahrscheinlich eingestehen, dass all Ihre krampfhaften Bemühungen Ihnen nicht die Liebe gebracht haben, nach der Sie sich so sehnen. Dass all Ihr Wissen und Ihre Kompetenz Ihnen nicht wirklich genützt haben auf dem Weg zum Glück. Dass all Ihr Machen sogar eher genau zum Gegenteil geführt hat. Ja, dass Ihr Leben gerade nicht so ist, wie Sie es gerne hätten, *weil* Sie mit Kraft im Außen etwas wollen, statt sich Ihrem Inneren zuzuwenden.

Vielleicht baut sich jetzt in Ihnen Widerstand auf, und Sie denken: »Dieses Kapitel kann ich überschlagen. Stille? Dafür habe ich jetzt keine Ruhe. Hier in meinem Leben bricht mir gerade alles über dem Kopf zusammen. Der Job, die Kinder, die vielen Verpflichtungen, der ganze Schlamassel in meiner Beziehung – ich weiß kaum, wie ich das alles geregelt kriegen soll. Ich kann mich nicht einfach hinsetzen und mir die Decke über den Kopf ziehen. Ich brauche jetzt klare und schnelle Lösungen für meine Probleme.«

Sie sind frei. Sie können herumrennen und nach Abhilfe suchen. Sie können einen großen Bogen machen um Alleinsein und Stille und weiter einem Partner, der Liebe, der Nähe hinterherjagen. Sie können kämpfen an allen Fronten und weiter den Ansprüchen der anderen, immer neuen Zielen und der Zeit hinterherhetzen. Sie können sich weiter von Ihrer Angst antreiben lassen und rastlos nach Bestätigung suchen. Es so machen wie fast alle, die Sie kennen, um wenigstens noch ein kleines Gefühl von Zugehörigkeit zu behalten in einer Gesellschaft, in der Erschöpfung und Geschäftigkeit Indizien für Erfolg sind und Stille eher etwas von einer bedrohlichen Leere hat. Aber dann wird Ihnen auch dieses Buch nichts nützen.

Auf den ersten Blick scheint zwar gerade die Zeit der Krise die denkbar schlechteste Zeit zu sein, um sich zurückzuziehen und zu besinnen. Gerade in dieser Zeit gibt es oft mehr Druck und Angst als sonst; schlagen die Wellen meist hoch, und alles ist unruhig. Gerade dann neigen wir dazu, zu funktionieren und die Kontrolle zu verstärken. Aber so groß Ihre Angst vor dem Loslassen auch sein mag, Ihre Beziehung verändert sich erst, wenn *Sie* Ihr Leben verändern. Ihr Leben wird nur dann erfüllend, wenn Sie lernen, es mutig nach Ihren inneren Bedürfnissen und Talenten auszurichten. Wenn Sie bereit sind, Ihren wahrhaft von Herzen kommenden Sehnsüchten zu folgen. Wenn Sie wirklich hören, was da in Ihnen los ist und wenn Sie sich auch danach richten.

Dieser Rückzug hat nichts mit Resignation und auch nichts mit einem Ausstieg aus der Verantwortung zu tun. Vielmehr geht es darum, dass die Dinge wieder in eine natürliche Ordnung finden und heilen können. Das Leben unterliegt Gesetzmäßigkeiten. Wenn wir ihnen folgen, geht das Leben leicht. Wenn wir versuchen, sie zu kontrollieren, geht das Leben schwer. Wir können diese Gesetzmäßigkeiten nicht bestimmen, wir können sie nur verstehen lernen. Mehr nicht. Wenn es also nicht mehr weitergeht, wenn Sie sich in Ihrer Beziehung, im Beruf, im Alltagsleben zutiefst nach Veränderung sehnen, dann haben Sie den Kontakt zu Ihrer Seele verloren. Dann geht es darum, sich dem Weg nach Innen zu widmen.

Vielleicht ist dies der Moment, an dem Sie dieses Buch zuklappen möchten. Aber ob Ihnen das nun passt oder nicht, in Zeiten der Krise gibt es da draußen erst einmal nichts zu tun. Ob Sie diese Tatsache ernst nehmen oder nicht, jede wirkliche Veränderung im Leben hat ihren Ursprung in unserer Seele, ob wir an sie glauben oder nicht. Unserer Seele ist es völlig egal, ob wir an ihre Existenz glauben oder nicht. So egal, wie es der Erde war, als noch alle glaubten, sie sei eine Scheibe. Sie war schon immer rund und lebendig. Nur wir brauchten und brauchen noch immer unsere Zeit, um ihr faszinierendes Mysterium langsam zu entdecken.

So verhält es sich auch mit unserem Sein. Auch wenn wir nur einen winzig kleinen Ausschnitt davon – eben diese vier Prozent, von denen ich vorher gesprochen habe – kennen, wahrhaben wollen oder nutzen, heißt das nicht, dass wir nicht doch unendlich viel mehr sind. Auch wenn wir das Leben nur im Außen mit unseren Sinnen wahrnehmen können, so heißt es nicht, dass wir nicht im Inneren ein Mysterium tragen – unsere Seele. Sie ist lebendig, unbegrenzt und von unendlicher Liebe. Sie trägt all die Liebe in sich, nach der wir uns so sehr sehnen. Um diese Liebe zu erfahren, braucht es keine Anstrengung, keinen neuen Partner, sondern nur das Ankommen in der Stille. Also das krasse Gegenteil dessen, was wir gewöhnt sind. Und was die meisten von uns den lieben langen Tag tun: der Liebe hinterherrennen.

Fast jede unserer Handlungen zielt am Ende darauf ab, von anderen Anerkennung zu bekommen oder ihre Liebe und Zuneigung zu gewinnen. Unsere ganze Persönlichkeit speist sich daraus. Jede noch so kleine Handlung hat diesen Motor. Falls Sie das für sich selbst nicht erkennen können, schauen Sie doch einfach einmal bei den anderen genauer hin. Bei anderen können wir die Dinge oft leichter erkennen. Wir sehen Kollegen, Freunde oder Familienmitglieder, wie sie sich anstrengen, anspannen und verändern, kaum dass sie mit anderen zusammen sind. Der Kollege, der sofort anfängt, schlau zu dozieren, wenn der Chef reinkommt. Der Freund, der auf jeder Party immer besonders witzig ist. Der eigene Partner, den man nicht wiedererkennt, wenn er im Kreis seiner Ursprungsfamilie ist.

Sie alle verändern sich und passen sich meist unbewusst und ganz automatisch an, wenn sie in Berührung mit anderen Menschen kommen. Angetrieben werden sie dabei von unter die Schwelle des Bewusstseins gedrängten Wertlosigkeitsgefühlen. Im Inneren der meisten von uns pulsiert ein diffuses Grundgefühl von: »So, wie ich bin, reiche ich nicht aus.« Deshalb wollen wir immer einen »Eindruck« bei anderen hinterlassen. Wir fühlen nicht etwa in uns selbst hinein, wie es uns geht, und drücken dies aus. Wir machen uns ein Bild davon, wie wir sein sollten, und versuchen den lieben langen Tag diesem Bild zu entsprechen und es anderen zu vermitteln.

Dieser angestrengte Versuch, uns selbst hinter etwas zu verstecken, das wir für besser halten als uns selbst, ist unser alltäglicher, normaler Wahnsinn des Menschseins. Wenn Sie durch die Straßen gehen oder durch ein Kaufhaus, dann schauen Sie doch einmal bewusst den Menschen ins Gesicht, die alleine umhergehen. Sie werden kaum jemanden finden, der einfach so, ohne äußeren Anlass, lächelt oder gar von Innen heraus strahlt. Ohne äußere Anforderung sind die Gesichter verschlossen. Viele gucken sogar grimmig oder bitter.

Wie wenig wahrhaftig, natürlich und kraftvoll die Freundlichkeit in unserer Gesellschaft ist, können Sie in allen möglichen ganz alltäglichen Situationen erkennen. Wie oft gehen Menschen gleichgültig, ja sogar abweisend mit Ihnen um, die eine Arbeit tun, bei der Freundlichkeit keine direkten finanziellen Vorteile einbringt. Oder die vielen Krieger im Straßenverkehr. Menschen, die im direkten Kontakt mit anderen kontrolliert und freundlich angepasst sind, aber kaum sitzen sie abgeschottet in ihrem Auto, führen sie Krieg mit all den anderen fremden, abgeschotteten Wesen. Sie gestikulieren und drohen wild hinter der sicheren Windschutzscheibe, und kein Schimpfwort scheint auszureichen, um ihren angestauten Gefühlen Ausdruck zu geben.

Wenn Sie ehrlich sind, können Sie diese Diskrepanz zwischen echten und aufgesetzten Gefühlen auch bei sich selbst entdecken. Sobald Sie in Kontakt mit jemandem kommen, der Ihnen etwas bedeutet, versuchen Sie irgendwie besonders zu sein. Sie lächeln und sind freundlich. Aber oft nicht, weil Sie innerlich so glücklich sind. Sondern weil Sie dem anderen nahe sein, ihm entsprechen, ihm gefallen wollen. Unzählige Male setzt jeder von uns eine freundliche Maske auf, um von anderen Anerkennung oder Zuwendung zu bekommen. Wir alle tun das jeden Tag.

Wenn Sie darunter leiden, dass Ihre Suche nach Liebe oder Anerkennung erfolglos ist, dann müssen Sie nicht noch mehr tun, noch mehr machen und suchen. Sondern den Ort Ihrer Suche radikal verlagern. Lassen Sie von Ihren Bildern, Vorstellungen, Forderungen und von den anderen ab. Werden Sie still, und fangen Sie an, sich selbst wahrzunehmen. Das kann sich anfangs ziemlich ungemütlich anfühlen. Für die allermeisten von uns ist wirkliche Stille – allein, wach und ohne Beschäftigung oder Ablenkung zu sein – eher eine Folter. Einfach deshalb, weil die Stille uns auf uns selbst zurückwirft und wir in ihr nicht mehr nach außen projizieren können.

Einmal sagte mir ein international arbeitender Managementberater, das intensivste und herausforderndste seiner Seminare sei das sogenannte Schweigeseminar, bei dem er mit Topmanagern für zehn Tage wortlos in Klausur gehe. Man könne sich gar nicht vorstellen, in welche Grenzerfahrungen und Ängste viele Menschen kämen, wenn sie vollkommen auf das Alleinsein mit sich selbst reduziert seien. Unruhe, Schweißausbrüche, Weinkrämpfe, Angstattacken, Aggressionen gehörten zur Tagesordnung, wenn die Manager von ihrem nach außen orientierten Leben umschalteten nach drinnen.

Ich musste schmunzeln, als ich diese Geschichte hörte, denn ich hatte in meinem eigenen Leben etwas Ähnliches erlebt. Zu meinen Zeiten als Managerin war ich einmal auf einem ziemlich teuren Seminar, das als Führungskräftetraining deklariert war. Ohne dass es mir vorher jemand gesagt hätte, musste ich dort gleich beim Einchecken meine Uhr abgeben. Drei Tage lang gab es keinen Plan und auch kein Wissen um die Uhrzeit. Manchmal wurden wir geweckt, als es noch dunkel war. Manchmal endete unsere Seminararbeit, als es schon wieder hell wurde. Nicht nur das machte mich von Tag zu Tag immer gereizter. Außerdem waren wir angehalten, außerhalb der Seminararbeit zu schweigen und auch auf den Zimmern nicht miteinander zu reden. Und als besonderes Bonbon wurde uns nahegelegt, unsere Zigarettenschachteln abzugeben und während der drei Tage nicht zu rauchen. Ich war damals noch Kettenraucherin.

Mein Ego ist dort durch die Hölle gegangen. Ich habe mich beschwert, mehrfach mit Abreise gedroht. Habe heimlich draußen auf der Wiese geraucht und im Seminar versucht, den Aufstand anzuzetteln. Ich hatte lauter Fantasien, dass mich hier jemand unterwerfen, mir das Genick brechen oder mich entmündigen wolle. Zum Ende des letzten Tages spielte dann eine sehr sanfte, liebevolle Musik. Die Teilnehmer standen alle zusammen, und einer nach dem anderen wurde gebeten, in die Mitte der Gruppe zu kommen. Dort sollte er die Augen schließen und sich langsam nach hinten oder vorne fallenlassen. Und darauf vertrauen, dass die Gruppe ihn auffängt und hält. Als ich an der Reihe war, kam ich mir erstens bescheuert vor, und zweitens war wieder alles in mir komplett im Widerstand. Gott sei Dank hat meine Neugierde am Ende gesiegt. Ich ließ mich fallen, auffangen und tragen. Und noch einmal fallen, noch einmal auffangen und noch einmal tragen … und noch einmal … Nach drei Tagen des inneren Widerstands war das eine solche Befreiung, dass ich es kaum in Worte zu fassen vermag. Ich war ganz bei mir.

Erst viele Jahre später habe ich so richtig begriffen, wozu das alles gut gewesen war. Wie sehr mein Leben unter Kontrolle stand. Wie verwickelt, abgelenkt und abhängig ich war. Wie wenig fähig, mich wirklich einzulassen. Und noch später konnte ich sehen, dass es nicht die bösen Seminarveranstalter waren, die so viel Wut, Aggression, Widerstand und Spannung in mir verursacht hatten. Das alles war ständig in mir. Kam nur zum Vorschein, als mein Gewohnheitskorsett, meine alltägliche Kontrolle und die Ersatzdrogen wegfielen.

Heute weiß ich, es kann sich tatsächlich erst einmal wie die Hölle anfühlen, wenn man ganz auf sich zurückgeworfen wird. Aber von derartigen Gefühlen werden wir nicht übermannt, weil uns jemand angreift oder wir in Gefahr geraten. In der Stille tauchen sie auf, weil wir wieder mit uns selbst in Kontakt kommen. Weil wir all den weggedrängten Schmerz, die Leere und all die Sehnsucht nach Zuwendung, Gehaltenwerden, Geborgenheit und Liebe wieder fühlen. Erst mal kommt quasi genau das hoch, was wir so unbedingt aus unserem Leben verbannen wollten. All das, wogegen wir mit all unseren Aktivitäten gegensteuern wollten, zeigt sich immer dann, wenn diese Aktivitäten zurückgefahren werden. Wenn wir uns nicht mehr ablenken, nicht mehr auf uns aufmerksam machen können und niemanden mehr beeindrucken; nirgendwo mehr nach Liebe suchen können; nichts mehr für die Anerkennung tun können, dann fühlt sich das an, als ob wir heimatlos, verloren, einsam und vergessen wären. Dann packt uns die nackte Angst.

Wenn es gerade stockt in Ihrem Leben, dann vergessen Sie all die anderen da draußen. Vergessen Sie Ihren Partner, Ihre Kinder, Ihre Familie, Ihren Chef. Wenigstens für einen Moment. Schauen Sie sich lieber Ihr Leben an. Warum tun Sie all das, was Sie da den ganzen Tag tun? Sie sagen sich und den anderen vielleicht, Sie tun das für die Familie, für die Firma, für den Lebensunterhalt, für Ihre Beziehung. Nein. Sie tun das meiste davon für *Ihre* Anerkennung und um *Ihren* verdrängten Schmerz in Schach zu halten. Würden Sie beides nicht permanent füttern oder ablenken, kämen gewaltige Urängste in Ihnen auf, so wie bei den Managern während des Schweigeseminars oder damals bei mir. Damit wir gar nicht erst in die Nähe solcher Kräfte in unserem Inneren kommen, halten wir uns den ganzen Tag in Bewegung.

Unentwegt fragen wir uns: Was muss ich noch tun? Wie komme ich an? Wie werden die anderen das wohl finden? Unablässig hoffen wir, dass andere Menschen uns geben, was uns fehlt. Unablässig nagen solche Gedanken und Bedürfnisse leise, meist unbemerkt an uns und halten uns den ganzen Tag sklavisch in Bewegung. Denn all diese Fragen fordern von uns und den anderen etwas. Wir müssen *so* sein und dürfen *so* auf keinen Fall sein. Wir müssen dieses tun für die Liebe und jenes für die Anerkennung. Dieses oder jenes Kunststück vollführen in der Hoffnung auf Applaus. Aber egal, wofür wir tun, was wir tun. Ganz am Ende steht eine Überzeugung: Ohne die Anerkennung, Liebe und Wertschätzung der anderen bin ich nichts wert. War jemand nett zu mir, dann war es gut. Hat mich jemand kritisiert, dann zieht mir das den Boden unter den Füßen weg.

Das Fatale auf diesem Weg ist nur: Je mehr wir die Liebe suchen, fordern oder brauchen, desto mehr entzieht sie sich uns, und desto mehr verlieren wir den Kontakt zu uns selbst. Sie haben genau deshalb eine Krise in Ihrem Leben, weil

Sie aufgehört haben, sich selbst treu zu sein. Sie haben eine Krise, weil Sie einem Bild von sich entsprechen und nicht mehr spüren, was Sie eigentlich brauchen. Sie haben eine Krise, weil Sie den Kontakt zu Ihrem Inneren verloren haben und nicht mehr lebendig sind, sondern nur noch den Bildern und Anforderungen entsprechend funktionieren. Weil Sie sich Ihren Ängsten und Ihrem Sicherheitsbedürfnis unterworfen haben. Sie haben aufgehört zu wachsen. Sie haben sich angepasst und damit Ihr Wesen daran gehindert, sich zu entfalten. Aber das Einzige, was Sie auf Dauer erfüllen kann, lebendig sein lässt und die Liebe zwischen Ihnen und anderen erblühen lässt, ist die Entfaltung Ihrer selbst.

Selbstentfaltung ist aber keine Art Schönheitsoperation, da geht es nicht um einen Karrieresprung oder um Beziehungsarbeit. Um diesen Prozess zu beschreiben, erlauben Sie mir ein Bild: Damit eine Rose zu ihrer vollen Schönheit erblüht, sagt sie sich nicht jeden Morgen bei Sonnenaufgang: »So, heute aber mal ran. Ich muss eine richtig tolle Rose werden. Also heute wieder ordentlich Nährstoffe aufnehmen, Sonne tanken und kräftig aufgehen!« Die Rose richtet sich nach der Sonne aus und entfaltet dabei ihr volles Potential. Das ist ein Prozess von größter Hingabe, faszinierender Schönheit und müheloser Präzision. So wie die erblühende Rose ist auch unser eigentliches Sein. Aber vor lauter Erreichenwollen, Machen und Wünschen schneiden wir uns immer wieder von dieser Quelle ab. Die Quelle ist da, und wir sind wie Rosen. Alles, was es braucht, um zu erblühen, ist, dass wir uns wieder mit ganzem Herzen und aller Hingabe diesem Prozess zuwenden.

Das ist nichts Philosophisches oder Metaphysisches. Aber

eben auch keine *Beziehungsarbeit*, sondern eher ein Zulassen. Sie können lernen, dieses Erblühen Ihrer selbst mehr und mehr zuzulassen. Und das nicht etwa, weil Sie auf einem Selbsterfahrungstrip sind und mal was Spirituelles in Ihrem Leben ausprobieren oder Ihr Bewusstsein erweitern sollten. Dieses Zulassen und Annehmen Ihrer selbst ist Ihre einzige Chance auf Erfüllung, Erfolg und Nähe. Wenn Sie ehrlich hinschauen, können Sie vielleicht selbst entdecken, dass Sie an den entscheidenden Stellen in Ihrem Leben mit Machen, Wollen und Wissen nichts ausrichten konnten. Dass Sie mit Ihrem Druck meist eher das Gegenteil dessen bewirkt haben, was Sie wollten. Dass Ihre Geschäftigkeit im Kern von Angst und Unsicherheit angetrieben war und am Ende all das Potential in Ihnen, Ihrem Partner und Ihrer Beziehung nicht erweckt, sondern erstickt hat.

Ich selbst musste diese Kröte auf meinem Weg des Öfteren schlucken. In meinem Leben ist immer erst dann wirklich etwas in Bewegung gekommen, wenn ich endlich (meist unfreiwillig) aufgehört habe zu strampeln. Wenn ich in die Knie gegangen bin, losgelassen und gelernt habe, mich ganz anderen Ebenen meiner selbst zuzuwenden. Wenn ich begriffen habe, dass es jenseits meines bewussten Verstandes so viel mehr in mir gibt. Dass mir in meinem Inneren unbegrenzte Kräfte zur Verfügung stehen, die machtvoll und zugleich mühelos funktionieren. Dass alles nur eine Frage dessen ist, wie ich mich diesen Kräften zuwende, sie verstehen und für mich nutzen lerne.

Die meisten von uns müssen sich eingestehen, dass sie alles Mögliche leisten und schaffen. Aber dass sich ihr Leben trotzdem sehr taub und ausgezehrt anfühlt. Dass sie kaum in der Lage sind, Dinge geschehen zu lassen und die Welt drum herum einfach nur wach und empfindsam wahrzunehmen. Dass sie oft wie ferngesteuert sind und nicht die geringste Ahnung haben, wer sie denn jenseits ihres Alltags-Ichs sonst noch sein könnten. Und dass sie bei dem Gedanken, einfach nur mal mit sich zu sein – ohne Aktivität, Ziel, Sinn und Zweck, vor allem eins, nämlich angespannt werden.

Wenn Ihnen Ihre Beziehung um die Ohren fliegt; wenn Ihnen jede Chance auf Kontrolle genommen wird; Ihr Partner die Kommunikation verweigert und Ihre Alltagsdrogen auch nicht mehr für ausreichend Ersatzbefriedigung sorgen; dann hat das alles einen tieferen Sinn: nämlich Sie von der äußeren Ablenkung zu lösen und in die Stille zu bringen, in der Sie sich selbst endlich einmal zuhören können. Vielleicht hören Sie dann allerdings erst einmal eine hilflose und verzweifelte Stimme. Vielleicht schauen Sie von hier nur noch klarer auf die unzähligen Rückschläge in Ihrer Beziehung. Vielleicht spüren Sie mehr Verhärtung denn je und blicken in eine Sackgasse. Vielleicht nehmen Sie die Ausweglosigkeit all der Verdrängung und die Nutzlosigkeit all Ihrer Kämpfe noch deutlicher wahr. Vielleicht blicken Sie trauriger denn je auf all Ihre vergeblichen Versuche, Ihren Partner zu verändern oder eine wirklich tiefe Beziehung einzugehen.

Aber so kann endlich Ihr Widerstand gegen all das nachlassen. Vielleicht kommen endlich die Tränen, endlich die Erschöpfung, endlich die Ohnmacht. Und Sie fallen, bis Sie endlich liegen. Und gerade, wenn Sie erschöpft alle Erwartungen aufgeben müssen, verändert sich etwas in Ihnen. Auf einmal können Sie mit einem neuen Blick auf die Dinge schauen, vielleicht sogar neugierig auf diese scheinbaren Blockaden zugehen. Und auf einmal erwischen Sie sich bei Gedanken wie: »Ohne diese Krise hätte ich niemals diese Kraft in mir entdeckt ... Ohne all den Schmerz wäre ich niemals weich geworden ...« Und obwohl noch nichts wirklich gelöst ist, spüren Sie schon allein dank dieser veränderten Sichtweise wieder Hoffnung und frische Kraft. Und allein der neue Blick auf die Dinge lässt den Glauben in Ihnen aufkeimen, dass es doch gehen könnte. Dass Sie doch noch Erfüllung und Nähe finden können.

Dann ist alles ab jetzt nur noch eine Frage der Übung, wie ich es im zweiten Teil dieses Buches beschreibe. Da braucht es den Mut, in Ihrem Leben Raum freizuschaufeln für sich selbst. Da brauchen Sie Zeit für sich. Da es um nicht weniger geht als darum, Ihr Leben zu verwandeln, am besten täglich, auch wenn Ihnen dieser Vorschlag erst einmal verwegen und völlig unrealisierbar vorkommt. Immer noch ist es für die meisten von uns ganz selbstverständlich, täglich alle Kräfte für unsere Arbeit, für unsere finanzielle Sicherheit und unser Fortkommen einzusetzen. Aber für unsere Beziehung, unser Herz, unsere Seele? Wenn sie überhaupt Platz in unserem Bewusstsein haben, dann höchstens, wenn in unserem Leben etwas aus den Fugen gerät.

Wer stellt sich in normalen Zeiten schon Fragen wie: Wie finde ich Zeit, um meinem Inneren zu lauschen? Wie finde ich Zeit, mit mir selbst zu sein? Aber genau um diese Fragen geht es, wenn Sie wirklich etwas Neues wollen. Wenn Ihr Leben leer geworden ist und Sie sich immer öfter in Gedanken sagen hören: »Das kann doch nicht alles gewesen sein.« Oder sich verzweifelt sagen: »So kann es doch einfach nicht mehr weitergehen.« Dann machen Sie sich klar: Jetzt geht es darum, dass Sie Schritt für Schritt alles in Ihrem Leben nach Ihrem Herz und Ihrer Seele ausrichten, und nicht Ihr Herz und Ihr Wesen opfern, um allen äußeren Ansprüchen gerecht zu werden. Es geht darum, dass Sie sich Zeit für sich selbst nehmen – entgegen allen äußeren Ansprüchen und alten Gewohnheiten. Dass Sie Mut finden zum bewussten, heilsamen Alleinsein.

9. Kapitel
Alleinsein – der einzige Weg zu echter Nähe und Verbindung

Nur wer allein sein kann und gerne mit sich ist, kann auch in Beziehung gehen. Ich glaube, dass nur ein Mensch, der sein Alleinsein akzeptieren und genießen kann, zur Liebe fähig ist. Wer sein Alleinsein erforscht hat, der muss nicht mehr solche Angst vor der Einsamkeit haben. Der braucht die anderen auch nicht mehr so sehr, nur um diese Einsamkeit, dieses innere Loch nicht zu fühlen. Vieles, was wir im Namen der Liebe tun, dient eigentlich dazu, dieses Loch zu stopfen. Wir klammern, wir flirten, immer in der Hoffnung, dass da jemand ist, der uns vor der Einsamkeit rettet. Unser Partner soll bei uns bleiben, damit es nur ja nicht still um uns wird. Damit wir nur ja nicht in Angst, Aggression oder Panik geraten wie die Manager beim Schweigeseminar.

So oft sitzen Menschen in meiner Praxis und sind ganz verzweifelt: »Ich möchte nur eins: dass mein Partner endlich wieder zu mir zurückkommt. Ich leide so sehr. Mein ganzes Leben hat keinen Sinn mehr ohne ihn. Bitte helfen Sie mir, dass er bleibt ... dass sie wieder zurück kommt ...«

Kürzlich war wieder eine Frau da, die mir weinend sagte: »Ich will meinen Mann zurück, ich liebe ihn so sehr.« Als ich sie fragte, was denn passiert sei, versteinerte sie: So oft in den letzten Jahren habe ihr Mann sie zurückgewiesen.

Immer liebloser sei er geworden. Am Ende habe er sie und die Kinder ohne Vorankündigung wegen einer anderen verlassen. All die Jahre habe er kaum Gefühle zeigen können, aber jetzt würde er sich völlig aufgeben für die neue Frau. Es sei einfach unverantwortlich, wie er seine Familie im Stich ließe.

Ich fragte sie: »Wieso wollen Sie solch einen Mann denn überhaupt wieder zurückhaben?« Sie antwortete sofort mit entrüstetem Blick: »Weil ich ihn liebe.« Da konnte ich nicht umhin, sie zu fragen: »Aber Sie haben mir doch jetzt eine Stunde lang erzählt, was Sie alles an ihm nicht mögen, nicht akzeptieren können, verurteilen, ja sogar hassen. Was ist das, was Sie da Liebe nennen?«

»Ich liebe ihn eben. Ich vermisse ihn so sehr. Ich fühle mich so einsam ohne ihn.« Wieder und wieder kam diese Antwort ganz leer und kraftlos daher. So leer und kraftlos wurde es auch, wenn wir versuchten, über ihr eigenes Leben zu reden. Bei jeder Frage – was sie denn gerne täte? Wie sie denn gerne in einer Beziehung leben wolle? Wovon sie denn träume? – gab es Achselzucken und dann nach wenigen Sekunden eine Umleitung auf ihren Mann: Ihr Mann habe sie daran gehindert, in ihren Beruf zurückzugehen. Ihr Mann habe sie nie unterstützt. Jetzt sei er gegangen und habe dafür gesorgt, dass es ihnen schlecht gehe ... Alles in ihrem Leben hing von ihrem Mann ab. Als er ging, war es, als ob man einem Abhängigen die Drogen genommen hätte. Seit er weg war, war sie auf Entzug, musste sie ihre alten Defizite wieder spüren. Ohne ihn war sie wieder auf sich selbst zurückgeworfen, saß in einem großen Haus ganz alleine und war voller Ängste und Nöte.

Wenn wir in einer ähnlichen Situation wie diese Frau stecken, gibt es zwei Dinge zu lernen. Erstens: Unser Partner ist nicht gegangen, weil er ein rücksichtsloser Egoist ist. Auf einer tieferen Ebene *musste* ihr Mann gehen. Diese Frau war von der Liebe gar nicht zu erreichen. Sie war sehr weit weg von sich selbst und völlig gefangen in abhängiger Bedürftigkeit. Wenn wir in Abhängigkeit gefangen sind, dann werden alle Beteiligten immer weiter ausgelaugt, weil die Kraft des einen immer in die unbewussten Löcher des anderen fließt; dort aber nie zu reichen scheint, um sie wirklich zu stopfen. Mit der Zeit stellt sich etwas Eigenartiges ein: Wir kommen in die Nähe unseres Partners, und irgendwie fühlen wir uns dort belastet und entkräftet. Wenn das unbewusst bleibt, dann suchen wir instinktiv Abstand. Wir suchen nach Möglichkeiten, wie wir uns wieder besser fühlen können. Entweder gehen wir weg, oder wir versuchen, am anderen herumzuzerren.

Zweite wichtige Lektion für diese Frau: Das, was sie da fühlt, ist keine Liebe, sondern Angst. Sie hat Angst, die Kraft ihres Mannes zu verlieren. Sie hat Angst vor den eigenen Gefühlen. Sie hat Angst, mit sich zu sein. Damit sie wirklich herausfinden kann, was Liebe ist, gibt es nur einen Weg. Sie muss loslassen von ihrem Mann und erst einmal hinein in den eigenen Schmerz. Es ist gut, dass das innere Loch endlich in ihr Bewusstsein kommt. Das ist ihre große Chance, es anzunehmen und für Heilung zu sorgen.

Wenn unsere Partner für uns überraschend gehen; wenn sie gegen unseren Willen gehen; wenn sie sich uns entziehen; wenn ihre Nichtpräsenz für schmerzendes Vakuum bei uns sorgt, dann ist das unsere ganz große Chance auf Heilung!

Dann ist ein Punkt gekommen, an dem es allen Mut braucht, dass wir uns endlich unserem Inneren stellen. Ich würde so weit gehen zu sagen: Seien Sie dankbar, wenn Sie endlich in die Nähe all dieser Gefühle katapultiert werden. Sie können sich sicher sein, dass diese Gefühle Sie im Zweifel schon ein halbes Leben aus ihren Tiefen fernsteuern. Dass Sie genau die Menschen in Ihr Leben ziehen, die zu diesen Schmerzen passen, sie immer wieder hervorholen und sie sogar noch weiter verstärken durch ihr Verhalten.

Wenn Sie Angst haben, mit sich alleine zu sein, dann werden Sie Partner anziehen, die nicht zur Verfügung stehen, die nie wirklich da sind für sie. So passen Sie beide dann perfekt zusammen, weil Sie beide eine ähnliche Wunde haben. Sie glauben beide, dass Nähe in Beziehung nicht möglich ist. Der eine will endlich bekommen, was er nie hatte, und klammert und giert deshalb sein Leben lang nach Nähe. Und der andere macht einen großen Bogen um alles, was ihn erneut in eine ähnlich schmerzliche Situation bringen könnte wie die des Verlustes, den er einstmals erlebt hat. Er traut sich nie wieder wirklich ran und läuft vor der Nähe immer weg.

Das unbewusste Loch in Ihrem Inneren erschafft quasi Ihre Beziehungswelt. Es hat die wahre Kraft in Ihrem Leben. Das Loch zieht Menschen mit Löchern an. Das Loch überträgt sich auf Ihre Beziehung. Das Loch lässt Sie misstrauisch ins Leben gucken und Sie überall sonst auch nur Löcher sehen. Egal, was Sie tun, wohin Sie schauen, wovon Sie sich abwenden, immer ist da dieses Loch. Es wird immer quälender und aussichtsloser, dass Sie es überall draußen in der Welt, in Ihrer Beziehung und in Ihrem Partner sehen können, nur nicht in Ihnen selbst.

So tun Sie alles, um diesem Loch zu entkommen und den Schmerz nicht zu fühlen. Nur tun Sie damit leider auch alles, was Sie davon abhält, diesen Schmerz zu heilen. Sie suchen immer mehr in der Welt da draußen und können immer weniger erkennen, was da in Ihrem Inneren fehlt. Bis Sie eines Tages von außen einfach nichts mehr bekommen. Wenn Sie sich umschauen und entdecken, dass Sie umgeben sind von einer Welt voller Löcher: von Partnern, die keine Rücksicht nehmen; die nicht da sind; die nicht einfühlsam sind; die Sie verlassen. Von Chefs, die Sie nicht wertschätzen. Von Kollegen und Mitarbeitern, die Sie hintergehen. Von Familienmitgliedern, die Druck ausüben und Forderungen stellen. Dann sehen Sie Ihr eigenes inneres Loch im Spiegel. Dann ist es höchste Zeit, sich zu fragen, ob Sie mit diesem Loch noch länger leben wollen. Ob Sie sich nicht mehr wert sind? Ob Sie nicht etwas Neues für Ihr Leben ersehnen? Ob Sie nicht endlich bereit sind für mehr Anerkennung, Zuwendung, Liebe, Leichtigkeit und Respekt?

Sie sagen: »Ja, klar will ich das. Aber wie soll das gehen? Ich kann doch nicht alle um mich herum auf Knopfdruck verändern.« Nein, das können Sie nicht. Müssen Sie auch nicht. Denn es gibt ein viel einfacheres Mittel, das an diesem Punkt für Männer wie Frauen in Beziehungskrisen wahre Wunder bewirkt: Lassen Sie alle da draußen für den Moment einmal los. Die anderen sind, wie sie sind. Und im Zweifel werden sie auch so bleiben. Lassen Sie sie so sein, wie sie sind, und wenden Sie sich dem Alleinsein zu.

Damit meine ich nicht Einsamkeit und Resignation. Ich meine bewusstes Alleinsein. Wir alle müssten uns viel öfter und regelmäßig Zeit für Stille und Alleinsein nehmen. Nur so schaffen wir Raum, um uns überhaupt wahrzunehmen und zu entdecken. Wer freudig allein sein kann; wer sich selbst genug sein kann, der weiß, wie die Liebe sich tatsächlich anfühlt. Aus dieser Erfahrung kann er Liebe geben und mit anderen teilen. Er steht in Verbindung mit sich, das macht ihn für die anderen anziehend und nährend.

Vielleicht sagen Sie jetzt: »Dieser ganze Appell an die Stille und ans Alleinsein ist gar nicht mein Problem. Ich gebe mir öfter mal Ruhe.« Dann fragen Sie sich ehrlich: Gebe ich mir wirklich mal Ruhe, oder lenke ich mich ab und lasse mich berieseln? Gibt es Zeiten in Ihrem Leben, in denen Sie einfach nur gar nichts tun? Ich meine wirklich gar nichts! Zeiten, in denen Sie es einfach genießen zu sein: »Es ist still. Hier bin ich, und es ist schön, mich zu spüren und mit mir allein zu sein.« Kennen Sie diese sinnliche Erfahrung, ohne Ziel ganz präsent irgendwo auf dem Bett, auf der Couch oder im Gras zu liegen und dieses lebendige Pulsieren in Ihrem Körper zu spüren? Einfach nur still zu sein und wahrzunehmen, wie viel Leben da in Ihnen vibriert? Kennen Sie es, hinaus in die Natur zu gehen und vom Geruch des Waldes oder vom Zwitschern der Vögel ganz eingenommen zu werden?

Oder brauchen Sie einen Dauergeräusch- und Aktivitätspegel, wie er mittlerweile fast überall selbstverständlich ist? Wenn man sich heutzutage in öffentlichen Räumen bewegt, gibt es keinen Moment ohne inszenierte Geräuschkulisse. Im Restaurant, beim Einkaufen, in Fahrstühlen und Hotels – überall wird man beschallt. In vielen Läden laufen auch noch Videos oder der Fernseher. Und im eigenen Leben ist es das Gleiche. Oft kommen Menschen zu mir, die sich nicht nur in einer Beziehungskrise, sondern wie kurz vor dem Nervenzusammenbruch fühlen. Wenn sie mir von ihrem Alltag erzählen, erfahre ich, dass sie mit dem Radiowecker aufwachen, beim Frühstücken und Zähneputzen fernsehen. Danach läuft das Autoradio auf dem Weg zur Arbeit. Dort angekommen reihen sich den ganzen Tag Gespräche und Telefonate aneinander. Der Abend beginnt mit Chatten und Surfen im Internet und endet mit Einschlafen vor dem Fernseher.

Immer gibt's Berieselung. Es ist, als bauten wir uns eine Wand aus Geräuschen und Aktivitäten auf, damit wir uns ja nicht selbst hören und spüren müssen. Auf diesem Wege haben wir aber keinen Kontakt zu uns selbst. Wir sind ohne Beziehung zu unserem inneren Sein. Wir wissen nicht, was es gerade braucht, was es fühlt. Wir tun das mit uns, was so viele Paare tun: Wir leben neben uns selbst her und entfremden uns langsam von uns selbst. Aber wie sollen wir dann mit anderen besser umgehen als mit uns selbst? Wie sollen unsere Beziehungen spontan und lebendig, leicht und gefühlvoll sein, wenn wir nichts davon mit uns selbst praktizieren? Wenn wir mit uns selbst nicht verbunden und nah sein können?

Der Zeitexperte Prof. Seiwert nennt das, was ich meine, »tätiges Nichtstun«. Er meint damit wach sein, aber ganz bei sich sein. Ohne Ziel, Sinn und Zweck. Seiner Meinung nach hat das nichts mit Trägheit zu tun. Es geht nicht darum, die freie Zeit zu verschlafen und damit der inneren Leere und Einsamkeit zu entfliehen. Nicht darum, sich enttäuscht dem Leben zu verschließen. Und es geht auch nicht darum, in Freizeit- und Wellnessaktivitäten neue Befriedigung zu suchen.

Einmal habe ich eine Reportage über einen Marathonläufer gesehen, der als besonders positives Beispiel für jemanden vorgestellt wurde, der seine Sucht überwunden und zu sich gefunden hat. Nachdem dieser Mann früher Alkohol- und drogenabhängig war und komplett die Kontrolle über sein Leben verloren hatte, läuft er heute fast jeden Marathon der Welt zu Bestzeiten. Er trainiert wie besessen in jeder freien Sekunde. Wenn er früher zur Droge gegriffen hat, um sich zu betäuben, trainiert er heute und rennt hunderte Kilometer. Irgendwann sagte er im Film: »Ich muss einfach laufen. Ich kann gar nicht ohne.« Im Verlauf der Reportage machte sich in mir immer mehr die Frage breit: Hat dieser Mann wirklich seine Sucht überwunden, oder hat er nur eine Sucht durch eine andere ersetzt?

Die Entspannung, die es braucht, um uns wieder wahrzunehmen, erreichen wir durch Ruhe und Loslassen. Wir erreichen sie nicht, indem wir Dampf ablassen nach dem Motto: »Am Wochenende geh ich Marathon laufen, mich auspowern oder richtig feiern. Da komm ich wieder runter ...« So wenden wir uns dem, was uns innerlich anspannt, nicht zu, sondern wir sind damit beschäftigt, es möglichst schnell wieder loszuwerden. Da fühlen sich die Betroffenen dann wie ein Tiger im Käfig, wenn sie ihren *ent-spannenden* Freizeitaktivitäten nicht nachgehen können. Das ist ein ähnliches Phänomen, wie wenn jemand sagt, er braucht den Sex, um mal richtig zu entspannen. In beiden Fällen stehen wir innerlich unter Druck und müssen Spannung von innen nach außen abgeben, damit wir uns erleichtert fühlen. Da gibt es nichts, was erblühen kann in uns – was das eigentliche Wesen der Entspannung ist: Entfaltung. Eine Öffnung, die man nicht erzwingen kann.

Die meisten von uns *müssen* aktiv sein. Sie brauchen die Aktivität als Ventil. Sie können gar nicht anders. Sie müssen was tun, sind innerlich ruhelos. Ich kenne viele Menschen, die sich gerne entspannen würden, es aber nicht können. Sie müssen mit einer gewissen Hilflosigkeit erkennen, dass sie alles Mögliche im Griff haben, nur entspannen können sie nicht. Vielleicht merken sie ja auch, dass sie nicht mal mehr da zur Ruhe kommen, wo Entspannung nicht nur erlaubt, sondern sogar gefordert ist. Sie kommen nicht in den Schlaf oder wachen mitten in der Nacht auf. Sie sitzen unruhig bei Tisch oder merken, dass sie am Wochenende oder in ihrer Freizeit überhaupt nicht mehr runterkommen.

Vielleicht haben auch Sie Ihr halbes Leben in dem Glauben verbracht, Sie müssten immer etwas tun. Ein guter Mensch trägt nun mal Verantwortung. Ein erfolgreicher Mensch arbeitet eben viel. Vielleicht waren Sie ganz selbstverständlich ständig angetrieben von Gedanken wie: Dies muss ich noch machen; jene Anstrengung gehört einfach dazu, wenn man etwas erreichen will; ich bin einfach immer aktiv und nicht dazu geschaffen, nur rumzusitzen; es ist doch unsere Pflicht, etwas zu leisten; erfolgreiche Menschen sind schließlich Vorbilder für andere ...

Es gibt unzählige innere Programme, die uns den lieben langen Tag unser Leben lang in Bewegung halten. Im Zweifel sind sie uns so unbewusst, dass wir nicht einmal merken, wie wir von ihnen angetrieben werden. Wenn Ihnen also die Puste ausgeht und Sie nicht mehr alles schaffen; wenn Sie nicht mehr allen Ansprüchen gerecht werden; wenn Ihnen die Dinge entgleiten, dann ist das kein Versagen. Dann ist es die Möglichkeit, den Absprung von alten unbewussten

Programmen zu finden und sich nicht mehr länger antreiben zu lassen. Dann ist das ein Weckruf, endlich zu spüren, wie es wirklich um Sie steht. Jetzt braucht es nicht noch eine Aktion. Jetzt braucht es einen neuen Fokus. Auch wenn es in Ihrem Leben gerade schwierig ist, Ihre Beziehung in Gefahr, Ihr Partner nicht wirklich verbunden mit Ihnen. Lassen Sie den Sturm stürmen und richten Sie den Blick auf kleine Dinge, die Ihnen Ruhe und Frieden bringen.

Am Anfang kann sich das völlig verrückt anfühlen. Sie wissen, Ihre Beziehung steht auf der Kippe, Ihr Partner geht gerade fremd, Sie denken über Scheidung nach – und bei all dem sollen Sie sich entspannen? Ja! Wahrscheinlich wird es zunächst nicht leicht sein, sich kleine Inseln zu schaffen ganz für sich. Am besten fangen Sie mit zehn Minuten morgens früh oder abends vor dem Zubettgehen an. In Zeiten, in denen Sie nicht im Alltagstrott sind, ist es leichter, etwas Neues zu beginnen. Suchen Sie sich zuerst kleine Dinge, die Ihnen Spaß machen. Baden Sie. Legen Sie sich auf die Couch und gucken Sie ein Loch in die Luft. Hören Sie Musik. Machen Sie etwas mit den Händen. Genießen Sie Ihr Hobby – aber tun Sie, was auch immer Sie tun, ganz bewusst und nicht, um etwas zu erreichen. Seien Sie aufmerksam, aber ohne Leistungsdruck bei der Sache. Oder machen Sie es sich gemütlich, folgen Sie einfach nur Ihrem Atem, oder spüren Sie nach, wie es sich in einzelnen Bereichen Ihres Körpers anfühlt. Wenn es innerlich wild und turbulent ist, dann versuchen Sie nicht dagegen anzugehen, sondern wenden Sie sich mit Ihrer Aufmerksamkeit ganz bewusst dem zu, was Sie spüren. Nehmen Sie wahr, was für Gefühle und Gedanken anwesend sind. Lernen Sie sich selbst näher kennen.

Auch wenn Sie anfangs nur wenige Minuten ganz bei sich sein können – wertschätzen Sie sich dafür. Feiern Sie Ihre stillen Momente wie kleine Kostbarkeiten. Lernen Sie die Feinheit dieser kleinen Erfahrungen zu schätzen. Entdecken Sie das befreiende Gefühl, wenn Sie lernen, mitten in allem loszulassen und sich ganz sich selbst zuzuwenden. All Ihre Gedanken, Gefühle und auch Ihre Angst und Ihren Schmerz ganz aufmerksam und liebevoll wahrzunehmen – genauso, wie Sie es sich Ihr halbes Leben lang immer von anderen Menschen gewünscht haben. Erleben Sie, wie es langsam ruhiger in Ihnen wird, während Sie ganz bei sich sind. Wie sich auf einmal etwas Altes lösen kann, das Toben im Kopf nachlässt, die Gefühle wieder fließen und Sie berührt sind von sich selbst.

Ich habe nach einiger Zeit in der Stille eine ganz neue Art von Erfolg kennen gelernt. Immer öfter stellte sich in mir weniger ein Gefühl von Erreichen als eher eins von Befreiung ein. Ein Gefühl, dass ich nicht mehr so abhängig bin von dem, was mein Mann tut oder eben auch nicht tut. Dass ich langsam wieder eigenen Boden unter den Füßen bekomme, auch wenn unsere Beziehung noch in der Schieflage ist. Gleichzeitig stellte sich noch etwas ganz anderes Neues ein. Ich konnte (und musste) feststellen, dass nicht etwa das mich am meisten erfüllt, bei dem ich die Beste oder Schnellste bin. Sondern das, bei dem ich mir nahe und verbunden sein und wieder zu mir finden kann.

Bei mir stellte sich diese befreiende Verbundenheit immer öfter ein, als ich damals begonnen hatte, morgens alleine durch den Wald zu joggen oder zu wandern. In der ersten Zeit war es nicht ganz leicht, den Anspruch herauszunehmen. Meist war ich entweder körperlich schnell aus der Puste oder ich musste weinen, weil ich mich so hilflos mit allem fühlte. Aber langsam lernte ich, den ganzen Druck und alles Tempo rauszunehmen und in der Natur meine Ruhe zu finden. Manchmal lehnte ich mich einfach an einen Baum und spürte seine Kraft. Manchmal setzte ich mich auf eine Wiese und schaute übers Land.

Irgendwann kamen mir morgens bei diesem Ritual neue Einsichten. Manchmal strömten mir die Dinge nur so zu. Das brachte mich auf eine Idee. Mit dem Walkman auf dem Ohr begann ich eine neue Morgenroutine. Ich hatte einige Kassetten, die einen auf kleine innere Bilderreisen führten, in denen man sich mit sich selbst oder seinem Partner verbinden konnte. So widmete ich jeden Morgen in der Natur erst der Stille und dann meiner Beziehung. Ich ging durch den Wald und spürte im Inneren nach, was es in mir und zwischen uns zu heilen gab und wonach ich mich mit meinem Mann sehnte. Wieder und wieder übte ich mich in Vergebung. Wieder und wieder stellte ich mir vor, dass etwas zwischen uns heilen könnte. Immer öfter merkte ich: Ich kann mich tatsächlich bewusst entscheiden, wo es in meinem Leben hingehen soll. Ich bin die Schöpferin meines Lebens. Immer öfter kam ich, auch für meine Familie erkennbar, friedlich aus dem Wald zurück. Und nicht nur das, ich brachte von meinen Touren etwas mit zurück. Ich hatte mich, mein Herz und meine Seele aufgetankt und konnte wieder geben.

Heute bin ich zutiefst davon überzeugt, dass ich dort allmorgendlich allein in der Stille der Natur das Wichtigste für meine Ehe getan habe. Dort habe ich wieder zu mir gefunden, meine Schmerzen angenommen, Vergebung gelernt und von innen heraus ein neues Leben entwickelt. Heute erzähle ich oft, dass ich genauso auch mein Buch *Liebe dich selbst und es ist egal, wen du heiratest* geschrieben habe. Morgen um Morgen nahm ich mir eine halbe Stunde Zeit, um mich im Inneren mit meinem Buch und den Menschen, die es brauchen könnten, zu verbinden. Damals sagte ich morgens nach meiner Rückkehr aus dem Wald oft zu meinem Mann: »Ich habe draußen wieder an meinem Buch gebastelt.«

Auch wenn er sich nie so richtig vorstellen konnte, was ich damit meinte, habe ich mich von seinen skeptischen Blicken nicht abbringen lassen. Begeistert von den Ideen und Visionen, die sich morgens in mir ausbreiteten, habe ich mich da draußen im Wald immer wieder ganz bewusst gefragt: Was möchte ich in diesem Buch geben? Was könnten die anderen Menschen von dem, was ich gelernt habe, gebrauchen? Ja, bis ins letzte Detail, bis zur Farbe des Covers habe ich mir dort im Wald alles vorgestellt und innerlich erschaffen. Es würde hier zu weit führen, diesen für mich nach wie vor faszinierenden Prozess der Entstehung meines letzten Buches zu beschreiben. Aber ich werde dazu sicher noch an anderer Stelle Gelegenheit haben. Nur so viel sei gesagt: Ich glaube nicht – ich weiß, dass man sein Leben von innen heraus erneuern und verwandeln kann. Und dass man von solch einer Reise nach innen alles mitbringen kann, was es für die Heilung seiner selbst und aller um einen herum braucht.

Alles in unserer Welt basiert auf dem Gesetz der Resonanz. Alles, was in Ihrem Leben geschieht, ziehen Sie quasi selbst in Ihr Leben hinein. Sie tun das mit der Kraft Ihrer Gedanken, Ihren inneren Bildern und den Gefühlen, die mit dieser inneren Welt einhergehen. Was immer Sie über Beziehung, über Ihren Partner, vor allem aber über sich selbst glauben, wird sich in Ihrem Leben widerspiegeln. Die größten Lehrer aller Zeiten und viele Wissenschaftler stimmen darin überein, dass unsere Gedanken unsere äußere Welt bestimmen. Dass wir das, was wir denken, dem Gesetz der Resonanz entsprechend in unser Leben ziehen.

An diesen Morgen in der Stille der Natur hatte ich begonnen, etwas Neues in meinem Leben zu erschaffen. Und zwar einfach nur dadurch, dass ich neuen Gedanken und Inspirationen folgte und mich von altem Schmerz und alten begrenzenden Vorstellungen löste. Spätestens in dieser Phase habe ich gelernt, dass wahrer, erfüllender Erfolg seinen Ursprung immer im Kontakt mit sich selbst hat. Dass die Stille der einzig wahre Raum ist, um Neues im Leben zu erschaffen und wichtige Entscheidungen zu treffen. Ich habe die wichtigsten Entscheidungen für mein Leben, für meine Ehe und für meine Arbeit in der Stille getroffen. Aber nicht, indem ich sie getroffen hätte. Sondern eher in dem Sinne, dass ich in meinem Inneren auf sie getroffen bin. Ich konnte in solchen Momenten spüren, wie mir alles einfach zufloss. Und ich ahnte anschließend, wie unbedeutend es ist, wie viele großartige Erlebnisse und Erfolge jemand vorweisen kann; wie viel Arbeit jemand leistest; wie viel Sex jemand hat oder an welche fernen Orte er gereist ist – nichts davon kann so glücklich machen wie die innere Fülle, die einem zufließt, wenn man ganz in der Stille, ganz im Moment und ganz bei sich ankommt. Zu diesem Gefühl kann uns niemand da draußen verhelfen. Anstrengung und Eile nützen uns dabei auch nichts. Unsere ganze hektische Suche zerrt uns nur von dem Moment weg, in dem wir gerade mit uns verbunden sein könnten. Dem Moment, in dem wir entdecken könnten, dass das, wonach wir suchen, schon da ist.

Wenn Sie also jetzt gerade in der Krise stecken, hören Sie auf mit all dem hektischen Herumrudern. Sie stecken deswegen in der Krise, weil Sie vor lauter Herumrudern den Kontakt zu sich selbst und zum Augenblick verloren haben. Wenn Sie jetzt aus dem Schlamassel wieder herauswollen, dann nicht, indem Sie nach Instantlösungen und schneller Abhilfe vom Problem suchen und sich derweil mit aller Macht gegen Ihren inneren Schmerz stellen. Tun Sie lieber endlich das Gegenteil: Nehmen Sie den Druck raus, setzen Sie sich einfach mal auf Ihren Popo, tun Sie einen tiefen Atemzug und lassen Sie sich endlich ein auf Ihre Krise. Lassen Sie sich von Ihren Beschränkungen und Begrenzungen zurück zu sich selbst führen. Haben Sie den Mut, sich auf Ihren Schmerz, auf das Alleinsein und auf die Stille einzulassen.

Aus Erfahrung kann ich Ihnen versichern: Der Schmerz ist nicht das Ende. Wenn wir bereit sind, ihn wirklich zu fühlen, führt er uns direkt hinein in den Augenblick. Jeder Augenblick ist wie ein Tor. Je mehr Bezug wir zu ihm haben, desto eher öffnet sich dieses Tor, desto mehr fühlen wir uns verbunden und erleben wieder Fülle und Lebendigkeit. Wenn wir in der Krise sind, dann sind wir nicht unseren Gefühlen, sondern unseren Vorstellungen gefolgt. Wir haben uns verlaufen und finden den Ausgang aus unserer toten Sackgasse nicht mehr. Wenn wir uns endlich unserem Schmerz stellen, führt uns das zurück in die Lebendigkeit. Er führt uns direkt hin zu diesem Tor. Die Krise ist der erste Wegweiser, und der Schmerz befindet sich direkt am Eingang nach Hause. Der

Schmerz ist voller Energie – blockierter Energie. Wenn wir in ihn hineingehen, kann er sich lösen und uns die in ihm gebundenen Kräfte wieder zufließen lassen.

Also: Seien Sie dankbar für Ihre Krise und lassen Sie sich von ihr zurück zur Liebe und in die Lebendigkeit führen.

Wie das geht? Dazu der zweite Teil.

II. TEIL

Die Krise im Alltag nutzen

1. Kapitel
Das Geheimnis Ihrer Krise: In ihr verbirgt sich die Antwort auf all Ihre Fragen

Die Krise ist nicht Ihr Feind. Sie hält Sie auf, damit Sie endlich innehalten. Damit Sie nicht weiter dem falschen Weg folgen. Damit Sie aufhören, vor sich und den Schmerzen der Vergangenheit wegzulaufen und Ihr eigentliches Wesen im Stich zu lassen. Wenn Sie im Moment in Sachen Beziehung feststecken, dann sollten Sie sich nicht mehr weiter mit aller Kraft gegen diese Blockade stemmen. Jetzt ist es an der Zeit, einen tiefen Atemzug zu nehmen und innerlich – vielleicht zum ersten Mal – mitfühlend *Ja* zu sagen: »Ja! Ich kann nicht mehr. Ich weiß nicht mehr weiter. Meine Beziehung ist vermasselt. Mein Vertrauen dahin. Mein Herz verletzt.« Oder: »Ja! Ich bin alleine. Ich bin frustriert. Niemand ist da für mich. Kein beziehungsfähiges Wesen, kein Partner weit und breit in Sicht.« Hören Sie auf, zu rationalisieren oder vor den traurigen Tatsachen die Augen zu verschließen. Kapitulieren Sie endlich. Stellen Sie sich vor, Sie treten vor die Menge und sagen: »Hört mal alle zu. Ich muss euch was gestehen: Ich tue immer nur so cool und busy. Hinter den Kulissen strample ich mich in Wahrheit aber die ganze Zeit ab. Ich fühle mich so einsam und alleine, so ängstlich und scheu. Eigentlich träume ich aber immer noch von der großen Liebe. Eigentlich halte ich mich für einen völligen Versager, weil ich's einfach nicht hinkriege mit der Beziehung.« Stellen Sie sich vor, wie sich das anfühlen würde. Wenn Sie innerlich einfach mal alle viere von sich streckten und die Krise so annähmen, wie sie ist. Vielleicht können Sie ja spontan das erlösende Gefühl in diesem Vorgang spüren.

Versuchen Sie es doch einmal: Geben Sie sich einen Moment lang Raum zum bei sich Sein. Lassen Sie sich innerlich ein auf das, was da in Sachen Beziehung einfach nicht klappen will. Nähern Sie sich dem Punkt, der so festgefahren ist. An dem Sie immer wieder verzweifeln. Und dann erlauben Sie sich all die Gefühle, die in diesem Anerkennen Ihrer Blockade verborgen sind. Seien Sie ganz wach und achtsam und spüren Sie alles auf, was Sie in Ihrem Inneren entdecken können: Gedanken, Gefühle, Körpersensationen. Wenn Sie sich auf diese Weise nach innen wenden, taucht wahrscheinlich bald schon alles Mögliche auf, was Ihre Zuwendung erfordert: vielleicht Verurteilung, vielleicht Unruhe, vielleicht Angst. Vielleicht Einsamkeit, Wut, Hilflosigkeit oder Ohnmacht. Wenden Sie sich dem, was sich zeigt, einfach einmal zu. So wie eine Mutter einem kleinen Kind, das gestolpert ist und weint. Das Kind muss einfach mal auf den Arm und gehalten werden. Egal, was hochkommt, halten Sie »Ihr Kind« einfach nur im Arm. Egal, welche Gefühle bei dem Gedanken an Ihre Krise in Ihnen aufsteigen, nehmen Sie sie zugewandt und mitfühlend wahr. Fragen Sie nicht nach dem Warum, verurteilen Sie sich nicht.

Wenn Sie mit offenem Herzen und Mitgefühl einfach einmal annehmen, wer und was Sie gerade sind, können Sie entdecken, wie sich auf eigenartige Weise etwas entspannt und der Schmerz nachlässt. Wie allein Ihre bewusste Zuwendung für Beruhigung in Ihrem Inneren sorgt. Sie können entdecken, dass die Wahrheit nicht schmerzt, sondern entspannt. Der Schmerz lag darin, dass Sie sich mit aller Kraft gegen die Realität gestellt haben. Dass Sie weiterhin gestrampelt, gekämpft und kompensiert haben.

Wenn Sie endlich innehalten und wirklich sagen: »Ja, ich bin völlig ohnmächtig, was diese Beziehung angeht. Ja, ich finde einfach nicht den Schlüssel zum Glück. Ja, die Neue meines Ex hat alles, was ich wollte. Ja, mein Partner geht fremd. Ja, meine letzten Beziehungen sind gescheitert. Ja, ich bin einsam. Ja, ich bin abhängig, eifersüchtig, neidisch, voller Schuldgefühle, Wut, Hass. Ja, ich kann nicht mehr. Ja, ich bin kurz vor der Kündigung, der Pleite, dem körperlichen oder seelischen Zusammenbruch ...« Was auch immer es ist, was da so schmerzt. Es schmerzt, weil Sie es verurteilen. Weil Sie es sich oder anderen nicht erlauben. Weil Sie versuchen, es mit allen Mitteln in Schach zu halten.

Wenn Sie ganz bewusst in diesen Schmerz hineingehen und nicht nur darüber nachdenken, dann stellt sich mit der Zeit oft ein Phänomen ein. Es ist, als ob Sie tiefer in sich hineinsacken. Ein intensives Gefühl von Präsenz und Verbundenheit taucht auf. Vielleicht lösen sich endlich die Tränen. Vielleicht fühlen Sie sich auch zum ersten Mal seit langem wieder lebendig und sind überrascht von der Einsicht, dass das große Problem an ihrer Situation nicht Ihre äußere Krise ist, sondern die Tatsache, dass Sie sich so sehr gegen etwas gestellt und verurteilt haben. Dass Sie sich und anderen schon seit geraumer Zeit Ihre innere Wahrheit nicht eingestehen. Vielleicht können Sie spüren, wie die sichere, aber tote Rolle, die

Sie all die Jahre gespielt haben, endlich Risse bekommen darf. Die Annahme der Krise gibt so viel mehr Kraft zur Veränderung als all unsere angestrengten Versuche, den Schmerz und die Angst wegzumachen oder vor ihnen davonzulaufen.

Fühlen Sie in das hinein, was da unter der für andere erkennbaren Oberfläche ist und erkennen Sie an, dass Ihr Leben auf wackligen Füßen steht und Sie verwundbar sind. Dieses Anerkennen sorgt dafür, dass Sie endlich lernen können, Ihren inneren Umständen entsprechend für sich zu sorgen. Vielleicht entdecken Sie, dass Sie sich unsicher fühlen, wenn es um echte Gefühle geht. Dass Sie Angst vor echter Nähe haben. Dass Sie in bestimmten Situationen oder bei bestimmten Menschen überhaupt keine Nähe empfinden oder keine Berührungen zulassen können, es aber von sich erwarten. Dass sich wegen all dieser scheinbaren Unzulänglichkeiten alle möglichen Schuldgefühle bei Ihnen eingeschlichen haben. Dass Sie sich Ihrem Partner einfach nicht verständlich machen können. Dass Ihr Partner und die Menschen um Sie herum vielleicht kaum noch etwas von Ihnen wissen. Dass Sie nur noch wenig spüren können oder sich extrem unruhig und angespannt fühlen. Vielleicht gibt es kein Gefühl der Verliebtheit mehr. Vielleicht finden Sie Ihren Partner sogar abstoßend. Vielleicht ist da Ekel. Vielleicht müssen Sie sich eingestehen, dass Sie so verletzt sind, dass Sie ihn am liebsten los wären oder verachten. Dass Sie keine Ahnung haben, wie sich erfüllender Sex anfühlt. Dass Sie Angst vor Sex haben. Dass Sie Ihre Weiblichkeit oder Männlichkeit verloren haben. Dass Sie Ihren Partner vielleicht schon mehrmals mit jemand anderem betrogen haben. Dass Ihr Partner Sie vielleicht schon mit jemand anderem betrogen hat. Dass Sie die

Hoffnung aufgegeben haben, je den richtigen Partner zu finden. Dass Sie alles auf der Welt geben würden, wenn Sie sich nur endlich irgendwo ganz und gar anvertrauen könnten. Dass Sie gar nicht so klar, kraftvoll und zielorientiert sind, wie Sie sich und andere immer Glauben machen wollten. Dass Sie schüchtern, scheu und ängstlich sind. Dass Sie oft einsam und ohne Lebensfreude sind.

Verstehen Sie als Erstes einen Grundsatz, den ich später noch näher erläutern werde: All diese scheinbaren Unzulänglichkeiten und Schwächen in Ihren heutigen Beziehungen haben ALLE ihren Ursprung in der Vergangenheit. Sie alle erzählen Ihnen Geschichten über Verletzungen, die sich bereits früh, meist in Ihrer Kindheit, in Ihr System eingenistet haben und die sich jetzt nur zeigen. Wenn Ihnen das verrückt vorkommt, dann nehmen Sie es zunächst einfach bis auf Weiteres hin. Vielleicht kann ich Sie ja später noch für diesen Ansatz gewinnen. Wenden Sie sich bis dahin doch einfach einem neuen praktischen Umgang mit dem zu, was Sie so schmerzt. Nehmen Sie es in Ihrem Inneren so wahr, als ob ein verzweifelter Freund in Ihren Armen endlich wagt, Ihnen sein Herz auszuschütten. Verurteilen Sie sich nicht für diese Gefühle. Sie sind deswegen nicht falsch, und Sie haben auch nicht versagt. Jeder von uns ist gefangen in diesem Dilemma. All Ihre Freunde, Verwandten und Bekannten sind es. Die meisten Menschen sind heutzutage verwirrt und orientierungslos in Sachen Beziehung. Die meisten spielen eine Rolle und haben in wichtigen Bereichen den Kontakt zu sich selbst verloren. Den einzigen Unterschied, den es vielleicht gerade zwischen Ihnen und anderen gibt: Einigen gelingt es besser, sich abzulenken oder zu kompensieren, als anderen.

Lassen Sie sich nicht davon täuschen, dass die anderen so wohl organisiert und kontrolliert, scheinbar so perfekt leben. Lassen Sie sich nicht abhalten, sich auf die Wahrheit in Ihrem Leben einzulassen, nur weil keiner um Sie herum etwas Ähnliches tut. Meine Erfahrung ist: Die ersten Schritte muss jeder alleine tun. Im Zweifel wird Ihnen keiner zunicken, wenn Sie anfangen, wieder auf Ihr Herz zu hören, und sich eingestehen, dass Sie auf den alten Wegen nicht weiterkommen. Wenn Sie beginnen, sich als verletzliches Wesen wahrzunehmen, das auf dem alten Weg keine wirkliche Erfüllung gefunden hat, dann werden nur wenige rufen: Ah ja, willkommen im Club. Aber das ist fürs Erste auch gut so, denn Sie brauchen jetzt viel Zeit für sich und für einen neuen Umgang mit Ihrer Krise.

Es gibt aus meiner Erfahrung nur einen Ausweg aus dem ganzen Dilemma: Üben Sie sich in Präsenz im Augenblick. Egal, was auch immer die anderen da draußen tun oder auch nicht tun. Egal, wie unerträglich und aussichtslos Ihnen Ihre Beziehung erscheint. Egal, ob Sie gerade verlassen wurden oder schon lange allein sind. Egal, wie sehr Sie in der Vergangenheit verletzt wurden, und egal, wie aussichtslos Ihnen Ihre Zukunft erscheint. Werden Sie wach, und lernen Sie gewahr zu werden, was Sie im Moment wirklich fühlen. Woran Sie gerade wirklich glauben. Egal, wie schmerzhaft es sich zunächst anfühlt: Die wache Annahme dessen, was gerade ist, ist der einzig wirkliche Schlüssel zur Heilung von Beziehungen.

Die Hingabe an das, was jetzt gerade ist, ist nicht zu verwechseln mit Resignation oder klein beigeben. Die Hingabe, von der ich hier schreibe, bedeutet ein so tiefes Eintauchen in das, was gerade ist, dass es sich verwandeln kann in das, wonach Sie sich immer gesehnt haben. Da kann sich sogar Hass in ein Gefühl von Verbundenheit verwandeln – und zwar nur durch die Tatsache, dass wir annehmen, dass wir ihn in diesem Moment empfinden. Diese Hingabe meint ein spürbares, erfahrbares Annehmen dessen, was ist. Sie ist ein tiefes Eintauchen in den Moment.

Ich weiß, dass das ziemlich schwere Kost für unseren Verstand ist. Und ich weiß, dass man ganze Bücher darüber lesen kann, ohne dass dies einem auch nur den Hauch einer Idee vermittelt, worum es hier geht. Ich weiß, ich kann mir hier die Finger wundschreiben über das Phänomen der inneren Transformation durch Annahme. Ich weiß, man kann es nur mit dem Herzen erfahren. Meist erst dann, wenn man vom Leben und seinen Krisen ausreichend weichgekocht ist. Am Ende können Sie die Kraft der Hingabe nur erfahren, in dem Sie sie praktizieren.

Der Verstand hat keinen Zugang zu dieser Dimension unseres Seins. Es ist nicht zu verstehen, was Hingabe und Präsenz daran ändern sollen, dass Sie sich so unglücklich, so einsam in Ihrer Beziehung oder so festgefahren in Ihrem Leben fühlen. Sie werden die große Verwandlungskraft dieser Haltung nur erfahren können, wenn Sie sich ihr eine Zeit lang vertrauensvoll widmen. Daher zur Einführung in diese so schwer verständliche Welt der inneren Transformation ein Beispiel aus meinem Leben.

Das letzte Buch hat viel Schönes in mein Leben gebracht. Aber es hat auch vieles durcheinandergewirbelt und mein ganzes bisheriges Sein herausgefordert. Der große Erfolg hat meine tiefer liegenden Selbstzweifel und verborgenen Ängste auf den Plan gerufen. Auf einmal war ich *die Bestsellerauto-*

rin. Überall waren Menschen, die mir Zuspruch schenkten und meine Hilfe wünschten. Aber – so viel Licht erhellt selbst die letzten Ecken. Das ist ein interessantes Phänomen, das jeder auch für seine Beziehungen, seine Karriere und den Rest des Lebens verstehen sollte: Wenn wir plötzlich all die Akzeptanz, den Wohlstand und die Anerkennung bekommen, nach der wir uns immer gesehnt haben, dann gehen Teile von uns in den Widerstand. Und zwar genau die Teile, die sich im Verborgenen wertlos fühlen und quasi allergisch reagieren, wenn Zuspruch und Anerkennung in ihre Nähe kommen. In unserem bewussten Erleben fühlt sich das dann ganz seltsam an. Manchmal verstehen wir selbst nicht, warum – aber wir können die Zuwendung irgendwie kaum ertragen. Manchmal scheint es, als ob wir das Schöne absichtlich wieder vermasseln müssen. Oft stehen wir da und verstehen nicht, warum wir mit den Menschen, die uns lieben und diese Liebe zeigen, nicht sein können. Warum wir immer wieder hinter denen herrennen, die uns zappeln lassen.

Das hat folgenden Hintergrund: Innen und Außen stehen immer im Austausch. Innen und Außen suchen immer nach Ausgleich. Wenn auf einmal sehr viel Zuwendung zu uns kommt, dann gerät das System aus dem Gleichgewicht. Dann passt das nicht zu unseren unbewussten Wertlosigkeitsgefühlen und alten Schmerzen. Denn sie brauchen im Außen stets die passende Widerspiegelung von Wertlosigkeit und Schmerz, damit sie unserem Bewusstsein fernbleiben. Ein äußeres Klima von Angst, Anstrengung und Mangel sorgt dafür, dass sie sich heimisch fühlen und uns nicht weiter stören. Ihnen ist es gerade recht, dass unsere Beziehung, unsere Karriere, unsere Gesundheit uns nicht geben, wonach wir uns sehen. Denn dann ist alles zwischen Innen und Außen im Gleichgewicht: außen Mangel. Innen Mangel. Gut ist's.

Wenn jetzt aber plötzlich von außen Fülle, Zuwendung und Liebe auf uns zukommen, dann passt das nicht mehr zu unserem inneren Mangelsystem. Dann kommen uns bisher unbewusste Schmerzen, Mangel- und Wertlosigkeitsgefühle ins Bewusstsein. Es ist ungefähr so, als ob sie immer durch eine Scheibe geschaut hätten und den Eindruck hatten, sie sei klar. Dann scheint auf einmal die Sonne darauf, und die Scheibe ist voller Streifen und Flecken. Hier kämen Sie ja sicher nicht auf die Idee zu sagen: Die Sonne hat meine Scheiben dreckig gemacht. Sie wissen, die Sonne macht Flecken sichtbar, die vorher nur verborgen waren. Jetzt haben Sie die Wahl. Sie können sagen: »Oh je, meine Fenster sind in der Krise.« Oder Sie sagen sich: »Ah ja. Zeit, mal wieder die Fenster zu putzen.«

So schien mit dem letzten Buch die Sonne kräftig auf meine Fenster. Je mehr Öffentlichkeit und Zuspruch ich bekam, desto mehr traten plötzlich ungeahnte, unverständliche und überraschende Ängste und Behinderungen an die Oberfläche. Immer häufiger wachte ich morgens mit verkrampften Händen und einem seltsamen Brennen auf dem Kopf auf. Bis sich eines Tages die Anspannung so steigerte, dass ich morgens meine Finger kaum noch bewegen konnte und meine Haare anfingen auszufallen. Zunächst war der Haarausfall noch nicht beängstigend. Ich nahm ihn zur Kenntnis und dachte: »Ach ja, das ist halt manchmal so bei den Frauen zwischen vierzig und fünfzig …«

Aber dann reagierte mein Körper immer heftiger. Gerade wenn ich schreiben wollte, überkamen mich die Erschöpfungszustände immer öfter. Und als ich mich das erste Mal für zwei Wochen ganz zum Schreiben zurückzog, da fielen mir die Haare büschelweise aus, und ich konnte nachts, geplagt von diffuser Anspannung, kaum schlafen. Kaum hatte ich die Augen auf, starrte ich paralysiert und panisch auf mein Kopfkissen: Wieder war es voller Haare. Ein wahrer Horrortrip war das Haarewaschen. Sobald ich unter der Dusche stand, lief das Wasser nicht wie gewohnt einfach an meinen Haaren runter, es nahm sie gleich mit sich. Und beim Shampoonieren hatte ich büschelweise Haare in der Hand. In der schlimmsten Phase rieselten meine Haare dann auch einfach so am helllichten Tag vom Kopf.

Als ich auf meinem Kopf die ersten lichten Stellen entdeckte, war ich erst einfach erschrocken. Dann wurde ich regelrecht von Angstgefühlen übermannt: Was wäre, wenn ich alle meine Haare verlieren würde? Was wäre, wenn ich ausgerechnet jetzt, wo ich immer öfter in der Öffentlichkeit stand, große kahle Löcher auf dem Kopf bekäme? Ich ließ meine Körperfunktionen untersuchen, lief von Arzt zu Arzt, versuchte es mit Naturheilverfahren, chinesischer Medizin und Homöopathie. Nichts nützte. Nichts wollte mir mein Symptom verschwinden lassen. Es blieb bei mir und machte mich langsam mürbe. Die Haare rieselten, und mit ihnen meine Kraft, mich weiter gegen das, was da auf meinem Kopf geschah, aufzulehnen. Ich hatte mittlerweile einige Monate damit verbracht, entweder ängstlich paralysiert zu sein oder aber immer neue Aktivitäten anzuzetteln, die doch noch für eine wundersame Heilung sorgen sollten.

Als nichts half, ich nur immer erschöpfter wurde, verstand ich langsam, dass ich auf dem Holzweg war. Ich merkte, dass für meinen Körper die gleichen Prinzipien galten, die ich immer wieder auf meine Beziehung angewandt hatte. Wollte ich Veränderung, so blieb mir nichts anderes übrig, als mich der Realität zu stellen. Ich setzte äußerlich Grenzen, verschob schweren Herzens den Abgabetermin des neuen Buches bis auf Weiteres und wurde endlich still. Auch wenn ich mit heftigen Widerständen zu kämpfen hatte, ließ ich mich endlich auf das, was in mir war, ein und gab mich dem Schmerz hin. Ich hatte mittlerweile die ersten Löcher, die ich allerdings noch vor der Außenwelt kaschieren konnte. Ich sah sie ganz bewusst im Spiegel an und begann, so genau ich konnte, wahrzunehmen, was ich dann fühlte. Alles in mir verkrampfte. Da waren Schamgefühle und Schuldgefühle. Da war eine Heidenangst, meine Weiblichkeit und Schönheit zu verlieren. Und da war die Angst, wie eine Versagerin dazustehen.

Ich begann, diese Gefühle mit Bewusstheit wahrzunehmen, wenn sie auftauchten. Ich stellte mich nicht mehr gegen sie. Immer öfter gelang es mir, mich nicht mehr einfach von ihnen in einen dunklen Strudel hinabsaugen zu lassen, sondern ihr Beobachter zu bleiben. So gab es langsam zwei Ebenen in mir: Da war ein Teil, der voller Angst war, und ein anderer, der die Angst beobachten, manchmal sogar annehmen konnte, so wie sie war. In diesem Prozess passierte etwas Faszinierendes. Manchmal, wenn ich durch den Schmerz hindurchging, war es mir, als segelte ich in einen regelrechten Zustand von Glück hinüber. Manchmal fand ich tiefe Ruhe. Manchmal hatte ich verblüffende Einsichten. Ich bekam immer häufiger den Eindruck, dass nicht etwa meine ausfallenden Haare für meine Panik und Verzweiflung sorgten.

Sondern dass vielmehr lang verborgene Panik und Verzweiflung in mir für den Ausfall meiner Haare sorgten.

Wenn die Panik und die Verzweiflung wiederkamen, dann versuchte ich innezuhalten und mich ihnen eher forschend zuzuwenden. Das war natürlich nicht immer von Erfolg gekrönt. Manchmal verlor ich mich auch wieder in Angst oder Selbstangriffen. Aber untendrunter stellte sich ein ganz neues, fast liebevolles, wenn auch sehr fragiles Klima ein. Ich war berührt. Denn es schien sich regelrecht eine Art Kommunikation zwischen meinem Symptom und meinem Bewusstsein zu entwickeln. Ich hatte das Gefühl, die Botschaften langsam immer besser zu verstehen. Da war eine tiefe Traurigkeit. Völlige Resignation. Ein Gefühl, immer wieder übergangen worden zu sein. Das war es, was die ausfallenden Haare mir zu sagen schienen. Dann war da dieses angestrengte Festhalten und Durchziehen um jeden Preis, das in der Spannung und dem Brennen auf der Kopfhaut und in der Verkrampfung der Hände seinen Ausdruck fand.

Manchmal dachte ich: »Was machst du hier? Lass den Quatsch.« Erst recht, weil die Haare einfach weiter vor sich hin rieselten, obwohl ich mich meinem Schmerz so tapfer stellte. Aber manchmal fand ich eben auch endlich Ruhe und nahm das Ganze einfach an. Bis sich eines Tages plötzlich eine unbändige Wut zeigte. Ich wurde regelrecht von ihr übermannt – und auch überrascht. Denn ich hatte nicht die geringste Ahnung davon gehabt, dass dieses Gefühl in mir in diesem Ausmaß lauerte. Ich stand unter der Dusche, sah die Haarbüschel in den Abfluss gleiten und wurde wütend. Ich hatte eine ungeheure Wut auf mich selbst. Darauf, dass ich einfach nichts dagegen machen konnte. Dass ich geschehen lassen musste, dass das mit mir passierte. Dass ich so einer zerstörerischen Kraft ohnmächtig ausgesetzt war. Als es mir gelang, aufmerksam bei diesem Gefühl der Wut zu bleiben, war es, als ob ich in der Zeit zurückstrudelte.

Plötzlich fühlte ich mich klein, und mir kam meine Mutter in den Sinn. Deutlich wie nie spürte ich, dass ich unterschwellig seit geraumer Zeit eine Heidenwut auf sie in mir trug. Es schien, als ob sich diese Wut gegen meine Mutter jahrelang in mir aufgetürmt hätte. Ich merkte so deutlich wie noch nie, dass ich bis zur Nasenspitze angefüllt war mit ungeteilten, unverstandenen und verurteilten Gefühlen. Es kam zurück in mein Bewusstsein, wie oft ich von Kind an vergeblich versucht hatte, mit meiner Mutter mein Inneres zu teilen. Wie oft ich aus einer Diskussion mit ihr voller Schuld- und Versagensgefühle gegangen war, weil sie mich sofort abgewehrt oder stehengelassen hatte. Das alles hatte sich im Lauf der Jahre als Wut in mir aufgestaut. Sobald sich auch nur der leiseste Hauch dieser Wut zeigte, wurde er von meiner Mutter mit Drohungen – »Noch ein Wort, und ich gehe.« – oder Sätzen wie: »So bist du eben, jetzt prügelst du einfach auf deiner Mutter rum« erstickt. Für meine Unsicherheit, meine Traurigkeit, meine Angst und später meine Wut hatte es nie Raum zwischen uns gegeben. Während all diese Wut an die Oberfläche kam, konnte ich spüren, wie oft ich mich von den Ängsten meiner Mutter regiert gefühlt hatte und wie meine Versuche, mich auszuprobieren, diesen Ängsten zum Opfer gefallen waren. Es fühlte sich an wie ein enges Gefängnis, in dem nichts wachsen und sich bewegen konnte.

In den Wochen darauf verstand ich vieles an mir, wie ich es nie vorher verstanden hatte. Und vieles kam zurück in meine

Erinnerung. So auch ein Satz, den ich als Kind viele Male von meiner Mutter gehört hatte und der für mich damals mit Abstand die schlimmste Strafe war, die Gott sich überhaupt für einen Menschen ausgedacht haben konnte. Wenn ich etwas gemacht hatte, was für meine Mutter inakzeptabel war, dann sagte sie: »Du wirst schon sehen, was du davon hast. Dann bin ich eben nicht mehr deine Mutter.« Und dann hatte sie manchmal ein, zwei Tage nicht mehr mit mir gesprochen. Als mir dieser Satz zurück ins Bewusstsein kam, zitterte ich am ganzen Körper. Immer wieder wurde ich von Wutwellen gegen meine Mutter übermannt, die sich abwechselten mit Wellen voller Angst und Traurigkeit. Ich war überrascht und verwirrt, in welchem Ausmaß mich dieser Satz als Kind erschüttert und geängstigt hatte. Aber ich stellte mich alldem, weil ich mit meinem erwachsenen Bewusstsein sehen konnte, wie viel Heilung und Befreiung mir da gerade zufloss.

Irgendwann sagte mir ein Kollege: »Wenn du wirklich Frieden willst, dann musst du das ganze Ausmaß in dir annehmen. Für das Kind, was du damals warst, war dieser Satz lebensbedrohlich.« Eindringlich erinnerte er mich daran, dass ich jetzt nicht in interessierten, aber intellektuellen Betrachtungsweisen steckenbleiben dürfe. Es bestehe nämlich ein Unterschied darin, nur zu wissen, dass nichts beängstigender für ein Kind sei, als seine Mutter zu verlieren, und solche für die kindliche Seele lebensbedrohlichen Gefühle wieder aus der Abspaltung zurückzuholen und sie wirklich zu *fühlen*.

Ich konnte genau verstehen, was er meinte, aber es war mir unmöglich, mich diesem »lebensbedrohlich« tatsächlich fühlbar anzunähern. Mein Verstand wusste schließlich, dass meine Mutter mir damals weder seelische Grausamkeit zufügen noch gar ans Leben wollte. Wir waren Mutter und Kind in einer Zeit, als solche Drohungen in vielen Familien selbstverständlich ausgesprochen wurden. Und in der Gefühle, erst recht unsichere oder »schlechte«, selbstverständlich wegsanktioniert wurden. Aber ich wusste auch: Wollte ich Heilung, so musste ich mich ganz der Welt meines verletzten, kindlichen Teils zuwenden und versuchen, das Ganze aus seiner Sicht der Welt zu sehen und vor allem auf seine Art zu fühlen.

Kleine Kinder erleben die Welt völlig anders als Erwachsene. Kinder erleben ganzheitlich, ohne jede Fähigkeit zur Rationalisierung. »Du wirst schon sehen, was du davon hast. Dann bin ich eben nicht mehr deine Mutter.« Natürlich konnte ich mit meinem Verstand nachvollziehen, dass es kaum etwas Lebensbedrohlicheres für ein Kind geben kann, als seine Mutter zu verlieren. Was ist ohnmachts- und furchteinflößender, als sich immer wieder aufs Neue vor die Wahl gestellt zu sehen: Wenn du nicht tust, was deine Mutter will, dann verlierst du sie.

Einige Male versuchte ich vergeblich, da hineinzugehen und das zu fühlen. Aber mein Verstand war einfach zu stark. Bis schließlich mein Haarausfall eines Morgens wieder für Unterstützung sorgte. Ich wachte voller Spannungen und mit einem brennenden Gefühl auf dem Kopf auf. Das Kopfkissen war über und über voll mit Haaren. Das war stark genug, um meine Gefühle hervorzuholen: Angst, Ohnmacht und wieder diese Wut.

Ich setzte mich hin und begann, die ganze Ladung, so bewusst ich nur konnte, wahrzunehmen. Auf der einen Seite spürte ich die Angst wirklich fast existentiell, alle meine

Haare und meine Weiblichkeit zu verlieren. Auf der anderen Seite war da die ohnmächtige Wut, die sich so zerstörerisch gegen mich selbst richtete. Auf einmal löste sich etwas in mir, und ich konnte das kleine Mädchen von einst in seiner ausweglosen Situation fühlen: Da war diese schreckliche Angst, die Mama zu verlieren. Und da war die ohnmächtige Wut, sich selbst zu verlieren. Dieses Dilemma ist in der Welt eines Kindes wirklich lebensbedrohlich. Als sich diese Erfahrung langsam in mir breitmachte, löste sich ein Heulkrampf, wie ich ihn als Erwachsene nur selten erlebt habe. Ich konnte kaum aufhören, zu weinen und zu schluchzen. Endlich fand das verletzte Kind in mir ungehinderten Ausdruck und eine Würdigung für das, was es fühlte.

Nur wenige Tage danach passierte tatsächlich das Unvorstellbare – mein Haarausfall ließ deutlich nach. Aber bevor Sie sich zu früh freuen: Wenn Sie bereit sind, durch einen solchen inneren Prozess der Annahme zu gehen, geht das draußen im richtigen Leben selten ganz friedlich vonstatten. Meine realen Begegnungen mit meiner Mutter glichen in dieser Zeit einem Ritt über ein Minenfeld und waren für meine Mutter mindestens so unverständlich und bedrohlich, wie ihr Verhalten damals als Kind für mich gewesen war. Es war, als ob ich mich unbeholfen aus einem Gefängnis befreite. Ich führte Gespräche mit ihr, die ich mich vorher nie zu führen gewagt hatte. Die Grenzen in unserer Beziehung wurden völlig neu gesteckt. Und es war eine harte Zeit, in der über unserer Zukunft viele Fragezeichen standen. Aber es war auch befreiend und tat mir gut! Eine innere Ruhe breitete sich aus, und ich konnte regelrecht spüren, wie etwas in mir seine Kraft zurückeroberte.

Natürlich ging es bei alldem nicht darum, meine achtzigjährige Mutter, von der ich wusste, dass sie in ihrem Leben alles für mich getan hatte, was in ihrer Kraft stand, in hohem Bogen aus meinem Leben zu katapultieren. Es ging auch nicht darum, in alten Geschichten zu versinken und Schuldige zu suchen. Aber wenn Sie sich einem solchen Heilungsprozess stellen, dann sorgt er zwangsläufig auch für Transformation und Neuordnung in Ihrem Leben. Das kann unterwegs eine Achterbahnfahrt werden, die für alle Beteiligten eine ziemliche Herausforderung darstellt. Das kann auch dafür sorgen, dass es knirscht und kracht im Gebälk oder Sie sich erst einmal Abstand und Raum verschaffen müssen. Aber im Anschluss an solch eine Rüttelpartie stehen allen Beteiligten meist ganz neue Kräfte und überraschende Geschenke zur Verfügung. In jedem Fall aber können wir aus unserer eigenen Heilung etwas Neues, Heilsames an andere Menschen weitergeben.

PS: In meinem Beispiel hat mich ein körperliches Symptom durch die Krise geführt. Aber natürlich können Sie sich auch von Ihrer Angst vor dem Verlassenwerden, von Ihrer Wut auf Ihren Partner, von Ihren heimlichen und verbotenen Gefühlen für Ihren Geliebten, von Ihrem angepassten Stillhalten und Ihrer verborgenen Sehnsucht nach Weglaufen und Trennung durch den Prozess der Präsenz, Annahme und Transformation leiten lassen.

2. Kapitel
Ihre Krise ist Ihr Spiegel, ob Sie wollen oder nicht

Wenn Ihr Partner oder ein Mensch, der Ihnen nahesteht, Ihnen Schmerzen bereitet, dann gibt es noch einen weiteren Schritt der Integration. Nämlich den, dass Sie erkennen und fühlen, dass Sie alle Vorwürfe, die Sie scheinbar gegen ihn richten, in Wahrheit gegen sich selbst richten.

Wenige Wochen nach meinem eigenen haarigen Rütteln und Schütteln mit mir und meiner Mutter gab mir eine Klientin einen Brief an ihre Mutter zu lesen. Sie hatte eine sehr starke Mutter, die von früh an klare Vorstellungen vom Lebensweg ihrer Tochter hatte. Als diese mutig wie noch nie versuchte, ihren eigenen Weg durch ihre Ehekrise zu finden, hatte sie das Gefühl, dass ihre Mutter ihr an jeder nur erdenklichen Stelle Steine in den Weg legte. Sie beschrieb mir, dass es ihr zunehmend schlecht ginge, wenn ihre Mutter nur in ihre Nähe käme und dass sie nun beschlossen habe, ihr einen Brief zu schreiben. Nachdem dieser Brief und auch das, was er in ihr ausgelöst hatte, in unserer gemeinsamen Arbeit ausreichend Raum bekommen hatte, war sie damit einverstanden, dass ich diesen Brief hier veröffentliche:

Liebe Mama,

als du gestern gegangen bist, ging es mir schlecht. Ich war wütend auf dich und gleichzeitig voller Schuldgefühle, dir wieder nicht gegeben zu haben, was du erwartet hattest. Das ist im Moment eigentlich immer so, wenn ich mit dir Kontakt habe. Und ich möchte gerne, dass sich daran etwas ändert. Ich spüre so schnell, was du alles brauchst. Du müsstest gar nicht so offensichtlich und penetrant immer wieder dafür sorgen, dass ich mitkriege, was du gut und richtig findest. Es ist mir sowieso wie eingebrannt.

Aber du spürst nicht, was ich in meiner schwierigen Zeit in meiner Ehe brauche. Gerade wenn ich froh bin, etwas Klarheit und Abstand zu haben, kommst du wieder und musst mir sagen, was richtig und falsch ist. Dabei dachte ich, nach unserer Aussprache zu meiner Ehekrise hätte sich vieles zwischen uns beruhigt. Ich bin froh, dass die Dinge mal nach all den Jahren rausgekommen sind. Seitdem ist es so, dass ich mich manchmal endlich wirklich freue, dich anzurufen oder dir von etwas zu erzählen. Aber dann ist es ganz oft so, dass ich aus so einem Gespräch mit dir herauskomme und mich wie leergesogen fühle. Noch extremer ist das, wenn du da bist. Ich habe dann das Gefühl, du kommst rein, und von da ab kann ich nicht mehr so sein, wie ich bin. Du kommst rein, und dann geht es sofort los. Es ist, als ob von da ab ein Staubsauger angeworfen wird, der alles in sich hineinzieht. Du brauchst Aufmerksamkeit für alles. Es ist, als ob in dir ein großes Vakuum wäre, das durch andere geschlossen werden soll. Du hörst nicht richtig zu. Du redest und redest. Und wenn endlich einen Moment Ruhe einkehrt, dann ist die Spannung, die von dir ausgeht, kaum auszuhalten.

Aber das Schlimmste sind die Schuldgefühle, die du immer verteilst. Wenn jemand versucht, dich zu bremsen. Wenn ich deine Ratschläge nicht will. Wenn ich mich einfach nur um mich selbst kümmern will, dann beginnst du sofort, Urteile zu verteilen. Oder du sagst: »Ja, meine Meinung ist hier wohl nicht erwünscht. Die Hilfe deiner Mutter willst du ja wohl nicht. Dann muss ich mich wohl damit abfinden, dass meine Tochter mich nicht braucht ...« Eigentlich haben alle nur die Wahl, dein Spiel mitzuspielen, sonst verteilst du Schuldgefühle.

Und das Schlimmste ist dieses ewige so tun, als ob du immer für andere da wärest. Dabei tust du all das »Gute« immer nur für die Anerkennung. Wenn ich ehrlich bin, möchte ich oft nur noch von dir weg, wenn du anfängst mit deinem »Gutes tun«. Für mich ist das immer Druck und kein wirklicher Gefallen. Dann will ich nur noch Abstand. Das ist einfach wie ein automatischer Selbstschutz.

Dabei gibt es in mir gleichzeitig auch Sehnsucht nach dir, und ich möchte gerne nah mit dir sein. Möchte in deiner Nähe Ruhe empfinden und Verständnis. Möchte mich mit dir austauschen und mich mit dir beraten. Aber wenn du da bist, dann kann ich eigentlich nur die Flucht ergreifen, weil ich sonst leergesogen werde. Weil du eigentlich keine Ahnung hast, wer ich bin. Weil du keinen echten Kontakt zulässt. Weil du mich immer nur antreibst und immer irgendetwas forderst. Manchmal stelle ich mir vor, wie es wäre, wenn wir uns gar nicht mehr sähen. Und ich hätte nicht mehr diesen Druck. Ich müsste mich nicht immer verpflichtet oder schuldig fühlen, wäre endlich befreit.

Wir nahmen diesen Brief, um mit ihm den Prozess der Präsenz, Annahme und Transformation zu durchlaufen. Ich ermutigte die Frau, sich Raum für sich selbst zu verschaffen und sich all den auftauchenden Gefühlen aufmerksam und annehmend zu stellen. Dabei konzentrierten wir uns zuerst auf die Schuldgefühle, weil diese sie am heftigsten plagten – nicht nur mit ihrer Mutter, sondern auch in ihrer kriselnden Ehe.

Im Laufe des Prozesses war sie oft überrascht von dem, was sich ihr zeigte. Während vieles an die Oberfläche kam, wurde ihr bewusst, wie selbstausbeuterisch sie mit sich umgegangen war. Irgendwann kam sie zu mir und meinte: »Eigentlich bin ich mit mir selbst genauso umgegangen, wie meine Mutter es damals getan hat. Eigentlich habe auch ich nicht gut für mich gesorgt, meine Gefühle unterdrückt und mich ständig verurteilt.« Dies ist ein wichtiger Schritt auf dem Weg der Annahme: zu erkennen, dass wir mit uns nicht besser umgehen können, als es uns einst widerfahren ist. Dass wir uns auf die gleiche Weise verletzen, wie wir einst verletzt wurden. So lange, bis wir den alten Schmerz zurück in unser Bewusstsein holen und genauso mit ihm umgehen, wie wir es einst gebraucht hätten. Dann endlich kann die Kette unterbrochen werden, die sich oft bereits über Generationen hinweg fortsetzt. Erst wenn wir lernen, uns zum Beispiel genau die Mutter zu werden, die uns als Kind gefehlt hat, heilen wir uns, und – ein kostbarer Nebeneffekt – wir müssen dies alles nicht mehr an unsere Kinder weitergeben.

Aber auch hier besteht ein Unterschied dazwischen, dies alles mit dem Kopf zu erkennen, und es wirklich zu fühlen und durch vollkommene Annahme zu heilen. Einmal bat ich sie, sich doch einmal vorzustellen, wie es wäre, wenn sie alles, was sie in ihrem Brief an ihre Mutter gerichtet hatte, an sich selbst richten würde. Sie möge sich doch einmal vorstellen, dass es in ihr einen Teil gebe, der genauso funktioniere wie ihre Mutter. Im ersten Moment war sie verwirrt und voller Widerstand. Sie sei schließlich diejenige, die hier gerade nach einer Lösung suche und sich so intensiv mit der eigenen Persönlichkeitsentwicklung beschäftige. Wenn sie auch oft mit sich selbst schlecht umgegangen sei, so habe sie doch ein feines Gefühl für andere Menschen.

Das alles stimmte. Aber selbst nicht involviert, konnte ich von außen deutlich sehen, wie sehr etwas in ihr mit dem übergriffigen Verhalten ihrer Mutter in Resonanz ging. Ich erläuterte ihr, wie die Gesetze der Resonanz sowohl in der materiellen als auch in der seelischen Welt funktionieren. *Resonare* bedeutet im lateinischen Ursprung *Zurückklingen*. Wenn Sie auf einem Klavier eine Saite anschlagen, beginnen automatisch alle Saiten mitzuschwingen, die mit ihr einen Oberton, also einen Teil des Gesamttons dieser Saite, gemeinsam haben. Die quasi auf den Klang dieser Saite gleichgestimmt sind. So werden auch Körper und Seele des Menschen ständig von anderen Klängen in Schwingung gesetzt, die auf seiner eigenen Frequenz liegen. Das passiert den ganzen Tag, indem wir Energien, Schwingungen und Stimmungen aufnehmen, für die wir empfänglich sind. Je nach unserem »Gestimmtsein« sind gleichermaßen positive wie negative Beeinflussungen durch andere möglich.

Ich bat die Frau vor diesem Hintergrund einen Blick darauf zu werfen, dass ihre Mutter sie Kraft kostete und herabzog, oft schon durch ihre bloße Anwesenheit. Das war ein sicheres Indiz dafür, dass auf einer tieferen Ebene etwas zwischen den beiden eingestimmt war – in Resonanz ging. Ihre Mutter konnte sie nur deshalb so aufbringen, weil etwas in ihr noch mit ihr mitschwang. Ich bat sie, die ganze Sache doch als Aufforderung zu betrachten, etwas in ihr aufzulösen, das ihr nicht mehr guttat. Diese Betrachtungsweise kann uns immer dann nützlich sein, wenn uns gerade etwas scheinbar von außen quält oder herunterzieht. Alles, was mich ärgern kann, ist eine Botschaft an mich: Ich bin noch resonanzfähig dafür.

Und so bat ich die Frau, es doch trotzdem einfach einmal auszuprobieren und den Brief im Geiste an sich selbst zu richten. Beim nächsten Mal kam sie herein und lächelte. Nach unserer letzten Begegnung habe sie eine Horrornacht hinter sich gebracht. Sie habe den Brief genommen und überall ihren eigenen Namen eingesetzt. Alles in ihr habe gekämpft, als ob es um Leben und Tod ginge. Jedesmal wenn sie sich ein paar Sätze durch- oder gar laut vorgelesen habe mit ihrem eigenen Namen darin, wäre das so gewesen, als ob man sie hätte in die Knie zwingen wollen. Sie habe Magenkrämpfe bekommen und nachts das Bett nassgeschwitzt.

Aber dann irgendwann habe sie spüren können, dass es wahr sei. Dass wirklich all das auch in ihr sei, was da in dem Brief über ihre Mutter stand. Dass auch sie auf eine Weise fast süchtig nach Bestätigung sei. Dass sie selbst ganz oft ihre Grenzen missachte und immer neue Anforderungen an sich habe. Sie könne es gar nicht richtig beschreiben – aber all das sei keine intellektuelle Einsicht gewesen. So nach dem Motto: »Aha, es gibt Parallelen zwischen mir und meiner Mutter.« Sondern es sei eher so gewesen, dass sie etwas von sich entdeckt habe, zu dem sie vorher nie Zugang gehabt habe. »Es war, als wenn sich etwas in mir geöffnet hätte.«

Am nächsten Tag habe sie sich sehr friedlich und mit sich selbst verbunden gefühlt. Aber das Erstaunlichste sei, dass sie seitdem ihre Mutter anders wahrnehme. Immer noch dieselbe Frau, habe sie auf einmal ihre Bedrohlichkeit verloren. »Und ich war irgendwie auch friedlich mit ihr und hatte zum ersten Mal eine Ahnung, was Vergebung wirklich heißt: Man nimmt etwas so sehr in sich an, dass es sich einfach da draußen auflöst.«

Als »kleinen Nebeneffekt« hatte die Frau noch entdeckt, dass es ähnliche Verstrickungen zwischen ihr und ihrem Partner gab wie zwischen ihr und ihrer Mutter. Und – was sie am meisten erschütterte – dass sie sehr oft das Anderssein ihres Mannes nicht gewürdigt habe und über seine Gefühlswelt hinweggegangen sei. »Wir sind zwar noch nicht wieder wirklich nah. Aber es ist seitdem, als ob eine Bombe zwischen uns entschärft worden wäre.«

Es ist gut, dass Sie eine Krise haben. Es ist gut, dass gerade all das hochkommt in Ihrem Leben. Machen Sie es laut, und hören sie Ihrem Drehbuch gut zu, wenn es sich endlich zeigt. »Er kümmert sich nicht um mich. Er lässt mich im Stich. Sie erdrückt mich. Sie nimmt mir jeden Raum.« Diese gegen unsere Partner gerichteten Sätze sind alle ein Ausdruck unserer Innenwelt. Wir fühlen uns schon lange verloren und im Stich gelassen oder in unseren Grenzen bedroht.

Treffen Sie daher eine neue Entscheidung: Ja! Ja, es ist gut, dass all das hochkommt. Warum? Weil dieses ganze Zeug sonst irgendwo unten auf dem Boden Ihres Selbstgefühls herumschwimmt – wie ein riesiger Gasballon, der sich langsam immer weiter füllt. Und für den es enormer Kräfte – Ihrer Lebenskräfte – bedarf, um ihn am Boden zu halten. All Ihr Schaffen, Tun und Sein ist damit beschäftigt, diesen Gasballon unter der Oberfläche zu halten. Sie funktionieren und kontrollieren sich; Sie arbeiten an sich, Ihrer Beziehung und Ihrer Karriere, damit nur ja der Ballon voller Schmerz und Wertlosigkeitsgefühle unten bleibt. Wir ahnen oft gar nicht, dass nicht selten 80 Prozent unserer Kräfte und noch mehr damit beschäftigt sind, scheinbar dunkle Seiten unserer selbst vor uns und der Welt zu verbergen. Aber dieses Unterfangen ist ungefähr so erfolgversprechend wie der Versuch, vor Ihrem Schatten davonzulaufen.

Also hören Sie lieber auf zu rennen. Bleiben Sie stehen, und vertrauen Sie sich der Krise an. Egal, ob Sie sich körperlich, seelisch oder auf einer scheinbar äußerlich existentiellen Ebene manifestiert. So schmerzhaft sie auch scheint, in Wahrheit ist sie ein kostbares Geschenk. Wenn Sie sie bereitwillig annehmen und erforschen, kann sie sich sogar in einen wahren Transformationsturbo verwandeln.

3. Kapitel
Praktisches Krisenmanagement I
Verwandeln Sie Ihren Kämpfer in einen Forscher

Manchmal fragen mich die Menschen, die zu mir kommen, ob ich einen Röntgenblick oder hellseherische Fähigkeiten hätte. Sie können nicht nachvollziehen, wieso ich so schnell so viel von ihrem Leben weiß und so klar erkennen kann, wie es ihnen im Inneren heute geht und einst als Kind ergangen ist. Ich habe natürlich keine hellseherischen Fähigkeiten und auch keinen Röntgenblick. Ich höre nur ganz genau zu, was sie mir von ihrer momentanen Krise erzählen. Und ich bin immer wieder zutiefst fasziniert von der Präzision und Komplexität des Lebens. Wenn man genau hinsieht und sich wirklich auch auf die feineren Ebenen einlässt, dann erzählt unsere momentane Beziehung exakt die Geschichte unserer inneren Welt als Kind in unserer Familie. Und unsere Krise erzählt uns alles über die Schmerzen, die wir seit damals in uns verborgen tragen, über unsere Sehnsüchte, über die Wege unserer Befreiung und Heilung und über die vergessenen Talente, die wir dabei wiederentdecken können.

Wenn mir Menschen von ihrer Krise erzählen, muss ich daher keine geheimnisvollen Fähigkeiten besitzen. Ich muss mich nur wagen, mich ganz einzulassen auf das, was mir gezeigt wird. Ich muss bereit sein, ganz nah ranzugehen, mich von nichts ablenken zu lassen und nichts zu beurteilen. Und ich sollte mich möglichst ohne jede eigene Zielsetzung von ihren Erzählungen und meiner Intuition in ihr Inneres tragen lassen. Meist öffnet sich dann – sofern ich ganz präsent und wach bin – etwas aus dem Verborgenen, das uns gemeinsam in der Sicht auf die Dinge einen Schritt weiterbringt. Damit wäre in ersten, aber entscheidenden Zügen auch der Prozess beschrieben, den jeder Mensch mit sich selbst praktizieren kann, um aus einer Krise Antworten zu entwickeln.

Nehmen wir zum Beispiel das schmerzliche und verletzende Thema Fremdgehen. Wenn wir entdecken, dass unser Partner fremdgeht, bleiben den meisten von uns nur zwei Arten zu reagieren: Entweder machen wir sofort alle Schotten dicht, ziehen uns verletzt und voller Schuldzuweisungen nach innen zurück und erstarren. Oder wir werden aggressiv, drohen und versuchen, mit Kraft und Macht die Realität zu verändern. Beides bringt uns nicht in den Kern der Krise und zu der Frage: Was zeigt sich hier in meinem Leben, damit ich es endlich verstehen, annehmen und heilen kann? Wo verbirgt sich hier die große Möglichkeit für mich, in meinem Leben einen Schritt nach vorne zu tun und mich aus etwas zu befreien, das mich schon lange davon zurückhält, meine Gefühle und meine Gaben zu leben?

Wenn Sie sich also gerade in einer solch existenziell bedrohlichen Beziehungskrise wie zum Beispiel dem Fremdgehen befinden, dann geht es zuerst einmal darum, dass Sie aufhören, sich zu wehren. Sie können etwas nur dann verändern, wenn Sie es annehmen. Egal, was Ihnen da Schwierigkeiten macht. Es zwickt und beißt deshalb, weil es nach Aufmerksamkeit schreit. Es will endlich gesehen und angenommen werden. Annehmen heißt dabei nicht, dass Sie Ihre Angst, Ihren Schmerz, Ihre Krise gut finden sollen. Annehmen heißt auch nicht, vor dem Spiegel zu stehen und mit Hilfe von positivem Denken hundert Mal mit hochgezogenen Mundwinkeln zu sagen: »Ich liebe meine Krise; ich bin dankbar, dass mir alle Haare ausfallen; ich schätze die ewige Nörgelei meiner Frau; ich freue mich über die Affäre meines Mannes; ich genieße die Übergriffigkeit meiner Mutter; mich erfüllt die Kälte und Abwesenheit meines Vaters.« Annehmen heißt: Ich stelle mich dem Schmerz, der Angst, der Krise. Ich gebe den Widerstand und das Urteilen auf und öffne stattdessen mein Herz.

Wenn unser Partner fremdgeht, brodelt es im Zweifel den ganzen Tag unterschwellig in uns. Alles in Ihnen dreht sich unablässig um dieses Thema. Aber meist geschieht das eher so, als ob Sie vom Pferd geritten würden und nicht das Pferd von Ihnen. Immer wieder werden Sie von Gefühlen wie Ohnmacht, Wut und Angst ergriffen. Die Fragen kreisen andauernd in Ihrem Kopf. Aber sie sorgen nicht für Antworten. Sie sorgen nur dafür, dass Sie immer weiter Ihre Kraft, vor allem auch Ihre Anziehungskraft auf Ihren Partner verlieren.

Wenn Sie wirklich etwas in Ihrer Beziehung in Bewegung setzen wollen, dann sollten Sie lernen, das Pferd zu reiten und sich nicht länger von ihm reiten lassen. Aber Achtung! Es geht nicht ums Wegmachen. Sie müssen nun nicht heroisch sagen: »Schluss mit dem Ganzen! Ich lasse mich davon nicht mehr runterziehen!« Das bringt die Ladung in Ihnen nur weiter in den Stau. Der Druck erhöht sich. Und bei der nächsten Gelegenheit, wenn Sie nicht die volle Kontrolle haben, bricht das Ganze wieder über Sie oder jemand anderen herein.

Sie sind in Zeiten der Krise voll von belastenden, bedrohlichen und beängstigenden Gedanken. Stellen Sie sich nicht dagegen, sondern nehmen Sie diese Tatsache erst einmal voll und ganz an. Sie können – und sollen – sich auch weiterhin dem Thema zuwenden. Diesmal nur auf eine neue Art. Es geht darum, dass Sie zum neugierigen Forscher Ihrer selbst werden. Es geht darum, dass Sie Raum schaffen für eine zweite Ebene in Ihnen: die Ebene des Beobachters und Zeugen. Nehmen Sie sich, wann immer Sie können, einen Moment Zeit und üben Sie sich in Bewusstheit und Beobachtung Ihrer Gedanken. Was ist es, was da gerade in mir vor sich geht? Und dann lassen Sie sich nicht wieder ganz hineinziehen, so dass Sie Teil des Spektakels in Ihrem Inneren werden. Lernen Sie, ganz nah und sehr aufmerksam Zeuge all dessen zu werden, was sich in Ihnen abspielt. Gehen Sie in Ihren Gedanken in Kontakt mit der ganzen Geschichte, und nehmen Sie wahr, welche Gedanken am lautesten und hämmerndsten sind. Manchmal hilft es auch, sich diese Gedanken zunächst einmal aufzuschreiben, damit sie uns wirklich deutlich werden.

Vielleicht dreht sich ja alles in Ihrem Kopf um Ihren Partner: »Wo ist er jetzt gerade? Was tut er da wohl? Wieso kümmert er sich nicht um mich? Warum bin ich ihm nur so egal?« Vielleicht haben Sie vor allem Verlustangst: »Hat er eine andere? Was macht sie wohl gerade bei dem anderen? Was tun die beiden da miteinander?« Oder Sie haben Wut: »Dieser rücksichtslose Mistkerl, warum tut er mir das an? Dieser Egoist, der macht einfach, was er will, und lässt mich hier sitzen! Dieses berechnende Weib, sie glaubt, sie hat was Besseres gefunden!« Oder Sie verurteilen: »Warum sucht er sich ausgerechnet so eine billige Schlampe? Warum macht sie alles kaputt wegen so einem erfolglosen Träumer?« Hören Sie all diesen Gedanken bewusst und neugierig zu: »Aha, das ist es also, was ich denke!« Nehmen Sie Ihre Gedanken wahr, entdecken Sie Ihre innere Welt, und üben Sie sich darin, Zeuge zu bleiben. Das heißt: Bleiben Sie präsent! Halten Sie Ihr Bewusstsein darauf fixiert, dass dies *Ihre* Gedanken sind, und ziehen Sie Ihre Energie zurück von dem Geschehen da draußen, das sie ausgelöst hat.

Präsenz ist der erste Schritt, mit dem Sie in diesem Prozess etwas für sich tun. Sie sorgt dafür, dass Sie wieder lernen, bei sich zu bleiben und sich wahrzunehmen. Das sorgt dann langsam dafür, dass Ihnen neues Bewusstsein zukommen kann und damit auf einer tieferen Ebene auch neue Kraft. Wenn Sie jetzt beginnen, sich in Präsenz zu üben, tun Sie es so oft Sie nur können. Es geht am leichtesten, wenn Sie sich Ruhe und einen bewussten Raum für diese Praxis geben. Aber es funktioniert auch beim Bügeln, Autofahren, Rasenmähen oder Spazierengehen. Sie brauchen keine besonderen Umstände zu schaffen. Wann immer Sie in Gedanken sind, üben Sie sich, Beobachter und Zeuge Ihrer Gedanken zu bleiben.

Am Anfang gelingt Ihnen das vielleicht nur wenige Sekunden. Aber es ist schlicht eine Sache der Übung. Mit der Zeit werden Sie erste Veränderungen entdecken. Je mehr Sie präsent bleiben und sich nicht mit hineinziehen lassen, je mehr Sie bereit sind, die eigene innere Welt ganz genau zu erkunden und zu erfahren, desto mehr können Sie über Ihre verborgenen Ängste und Glaubensmuster entdecken. Ihre Gedanken sind wie kostbare Wegweiser in einem Labyrinth, in dem Sie sich vor langer Zeit verirrt haben. Je mehr Sie diese Gedanken so aufmerksam und liebevoll, wie Sie nur können, annehmen, desto mehr werden sie Ihnen den Weg in Ihr Inneres weisen. Wenn Sie ihnen wirklich neugierig zuhören, werden Sie etwas Interessantes entdecken: In Ihrem Inneren gibt es genau solche Vorstellungen und Erfahrungen wie die, die Ihnen jetzt das Leben da draußen widerspiegelt.

Es gibt in Ihnen Teile, die das, was Sie gerade in Ihrer Beziehung erleben, schon lange kennen. Die sich schon früh wie das dritte Rad am Wagen gefühlt haben. Die sich missverstanden und alleingelassen fühlten. Die einst so waren wie das, was Sie jetzt so sehr im Außen verurteilen.

Wenn Sie ein Mann sind – vielleicht müssen Sie jetzt erkennen, dass Sie einstmals genauso verträumt waren, wie der heutige Liebhaber Ihrer Frau es ist. Aber vielleicht war für das Träumen kein Platz in Ihrer Familie. Vielleicht mussten Sie früh Verantwortung übernehmen, und Ihnen blieb nichts anderes übrig, als diesen Wesenszug aus Ihren bewussten Gefilden zu verdrängen.

Wenn Sie eine Frau sind – vielleicht sehnt sich ja insgeheim etwas in Ihnen danach, wieder Ihre einstige lebendige und volle Weiblichkeit zu leben, so wie Sie es jetzt bei der Geliebten Ihres Mannes sehen können?

Hören Sie Ihren Gedanken zu, und entdecken Sie Stück um Stück die Geschichte, die sie Ihnen über Ihre Glaubenssätze und Urteile offenbart. Sie müssen das, was Sie da entdecken, nicht einfach glauben, lassen Sie es einfach mal auf sich wirken. Ein Beispiel: Sie finden heraus, dass die Geliebte Ihres Mannes ihn auf offener Straße leidenschaftlich abküsst. Dass Sie sich sexy und sehr weiblich anzieht und dass die beiden so oft Zärtlichkeiten austauschen, wie sie nur können. Jetzt toben in Ihrem Inneren vielleicht Gedanken wie: »So eine billige Schlampe. Dass die sich nicht zu schade ist. Mein Gott, hat sie denn keinerlei Benehmen und Stolz. Sonst ist sie ja wahrscheinlich zu nichts fähig, als sich meinem Mann einfach an den Hals zu werfen.« Diese Gedanken sorgen auf jeden Fall für Ohmacht und Schmerz in Ihnen. Denn in diesen Gedanken steckt ein Urteil. Ein ziemlich großes, dickes, fettes Urteil!

Wenn wir in eine Krise geraten, dreht sich in unserem Inneren alles um Beurteilungen. Wenn uns etwas wehtut, dann sind irgendwo in uns Schuld und Urteil versteckt – zwei, die wie die beiden Seiten einer Medaille zusammengehören. Vor allem in Sachen Beziehung ist das die goldene Grundregel. Wenn mir scheinbar von einem anderen gerade das Herz rausgerissen wird, dann, weil ich tief in mir etwas vehement verurteile und ablehne. Wenn ich nicht die Beziehung habe, die ich mir wünsche. Wenn ich nicht den Partner habe, den ich mir wünsche. Oder wenn ich gar keinen Partner habe – dann trage ich verborgene Urteile und Schuldgefühle in mir. Auf irgendeiner Ebene will ich keinen Partner in meiner Nähe haben, finde ich Nähe bedrohlich, verurteile ich potentielle Partner. Irgendwo in meinem Bewusstsein vergraben gibt es kraftvolle Glaubenssätze, die all dies vereiteln und verbannen, was ich mir bewusst so sehr wünsche.

Wenn ich nun entdecke: »Oh je! Gegen mich ist das Jüngste Gericht ja ein Kindergeburtstag.« Dann Vorsicht! Hier lauert ein großer Stolperstein auf dem Weg, sich von seiner Krise führen zu lassen. Hier lauert die Gefahr, dass ich wieder aus der Achtsamkeit herausfalle, indem ich einfach nur den Spieß umdrehe. Ich werde mir bewusst, dass ich die ganze Zeit voller Urteile bin. Und beginne nun, mich genau dafür zu verurteilen.

Wenn Sie diesen Mechanismus bei sich selbst erkannt haben, dann ist das ein großer Schritt nach vorne in Ihre innere Wahrheit. Bevor wir damit begonnen haben, die anderen zu verurteilen, haben wir irgendwann einmal zuerst uns selbst verurteilt. Und zwar für genau das, was die anderen gerade tun.

Versetzen wir uns noch einmal in die Lage der Frau aus unserem Beispiel: »So ungeniert, wie die Geliebte meines Mannes da ihre Weiblichkeit ausdrückt, so unkontrolliert, wie sie ihre Körperlichkeit und Zärtlichkeit lebt – so wollte ich das einst in meiner Kindheit auch tun. Nur gab es in meiner Familie Tabus und Grenzen. Ich war ein unbekümmertes kleines Mädchen, das noch eine natürliche und unschuldige Verbindung zwischen Herz und Körper hatte. Aber bald schon merkte ich, dass ich das so unschuldig und natürlich nicht leben durfte. In meinem kindlichen Sein habe ich nicht etwa gedacht: ›Hier in meiner Familie läuft etwas falsch.‹ Als Kind kannte ich nur eine Art, auf die Welt zu schauen, wenn etwas weh tut: ›Sicher bin ich falsch, so wie ich bin.‹«

Das ist die Art, wie Kinder mit Erfahrungen umgehen. Sie beziehen erst einmal alles auf sich selbst. So verstand das Kind aus dem Beispiel nicht, was damals wirklich geschah, und begann etwas an sich zu verurteilen: »Mädchen sein ... zärtlich sein ... körperlich sein ... das ist nicht richtig!« Wenn solche Urteile in uns entstanden sind, dann haben wir sie meist vor uns verdrängt, weil sie so schmerzlich waren. Und in uns hat ein Prozess des Rückzugs und der Abspaltung begonnen.

Unsere so lebenswichtigen Verbindungen wurden unterbrochen. Weil wir auch dies wieder auf uns selbst bezogen, folgten nach den Urteilen nun die Schuldgefühle. Die Frau aus dem Beispiel hatte den Ursprung des Schmerzes schon aus ihrem Bewusstsein verloren, fühlte nur noch das Abgetrenntsein und schlussfolgerte daraus: Ich habe Nähe und Beziehung nicht verdient. Wann immer von nun an ihre natürlichen Impulse nach Körperlichkeit und Nähe doch noch mal hervorlugten, konnten sie nicht mehr frei und natürlich fließen, über ihnen lag ein dunkler Nebel aus Scham.

All das entsteht schon früh in uns. Hat sich aber meist genauso früh unserem Bewusstsein entzogen. Und ohne es zu wissen, bringen wir unglaubliche Kräfte auf, um all das vor uns und der Welt verborgen zu halten. Wir verbrauchen Großteile unserer Lebensenergie in diesen Verdrängungsprozessen. Aber egal, was wir tun, im Kern sind wir immer noch sehr lebendig. Im Kern verbirgt sich unsere Lebensenergie, und die drängt immer danach, wieder frei zu fließen und sich zu verbinden.

So werde ich angetrieben, mich wieder zu verbinden. Ich sehne mich nach einer Partnerschaft voller Liebe und Körperlichkeit. Aber in mir gibt es jede Menge Blockaden, die aus den alten Verurteilungen herrühren. So sende ich mein ganzes Leben lang aus unbewussten Schichten meiner selbst Signale aus, die Spuren dieser Geschichte von einst zeigen. Alle möglichen Gedanken und Projektionen, die nach draußen gerichtet sind, erreichen ebenfalls unbewusst meinen Partner und bestimmen mein Leben. Ich erschaffe die alte Geschichte wieder und wieder neu. Da mir das aber eben nicht bewusst ist, schiebe ich es kurzer Hand auf die Menschen da draußen. So lange, bis ich mich aus vollem Herzen für den Weg zurück entscheide und endlich beginne, mich in Präsenz zu üben und mich meinen SOS-Signalen aus dem Inneren zuzuwenden.

Das ist ein Prozess, der mich in der Wahrnehmung meiner selbst Schicht für Schicht von außen nach innen führt. Wenn ich mich eine Zeit lang darin geübt habe, meine vorherrschenden Gedanken wahrzunehmen und mich zu fragen: »Was erzählen sie mir über mich selbst?« Dann kann ich beginnen, die »Landschaft« meiner Beziehung einmal mit diesem neuen Blick zu betrachten. Wie gesagt: Für mich ist es in meiner Arbeit immer wieder faszinierend, wie präzise unsere heutigen Beziehungen die innere Erfahrungswelt unserer Kindheit widerspiegeln – sofern ich bereit bin, mich mit Präsenz, Urteilsfreiheit und Neugierde einmal in meiner Beziehung umzuschauen.

Einmal kam eine Frau zu mir, deren Mann arbeitete regelmäßig in einem anderen Land. Seit Jahren träumte er davon, in diesem Land ein neues Leben zu beginnen. Er hatte keine guten Erinnerungen an seine Kindheit hier in Deutschland. Seine Eltern waren streng und hatten wenig Einfühlungsvermögen für das Wesen ihres Sohnes. Erst, als er ab der fünften Klasse in ein Internat geschickt wurde, fühlte er sich zum ersten Mal frei. Auch wenn er erst große Angst hatte, von zu Hause weggehen zu müssen. Später kam er nie wieder wirklich zurück, und bis heute hat er nur wenig Kontakt zu seinen Eltern. Seine Karriere begann er in einer internationalen Firma, so dass er früh im Ausland arbeiten konnte. Durch einen »Zufall« lernte er seine Frau kennen, die immer noch in seinem einstigen Heimatort wohnte. Ihr zuliebe kaufte er dort ein Haus für die neue Familie, war selbst aber die meiste Zeit nicht da. In sein inneres System wurde bereits früh ein Programm eingebrannt, das hieß: Zu Hause ist eng, zu Hause herrscht Druck, zu Hause bin ich überfordert, zu Hause tut's weh. Nur, wenn ich weg bin von zu Hause, kann ich mich entfalten.

Seine Frau hatte offenbar eine komplett entgegengesetzte Erfahrung gemacht. In ihrer Familie hieß es immer: »Wir gehören zusammen. Hier hilft einer dem anderen.« Vor allem, als der Vater krank wurde und nicht mehr richtig für die Familie sorgen konnte. Fast jede wichtige Entscheidung in ihrem Leben traf sie in Abstimmung mit ihren Eltern und war sehr stolz auf diese Familienbande, von denen sie nie losgelassen hatte. Bei der Heirat sorgte sie dafür, dass das neue Heim gleich um die Ecke ihres Elternhauses lag. Ihr Programm lautete: »Ich muss immer zu Hause sein, da habe ich Kontakt, da gehöre ich hin, da bin ich nicht allein.«

Die beiden verbrachten jahrelang die Ferien in seinem Traumland. Und immer versuchte er, sie zu überzeugen, wie schön es doch sein könnte, wenn sie und die Kinder hier mit ihm leben würden. Aber selbst diese kleinen Versuche, sie in den wenigen Wochen der Ferien für das Neue zu begeistern, gestalteten sich schwierig. Sie blieb sehr verschlossen und war meist froh, wenn es wieder nach Hause ging. Umgekehrt war es kaum besser. Auch ihre Versuche scheiterten, ihren Mann zu überreden, beruflich in Deutschland Wurzeln zu schlagen, ihn in Kontakt mit ihrer Familie zu bringen oder ihm zu zeigen: »Schau mal, zu Hause bei der Familie zu sein, das kann auch schön sein!« Die beiden entfernten sich mit der Zeit innerlich immer weiter voneinander.

Nach einer langen Zeit des sich gegenseitig nicht Erreichens, der Vermutungen, des Misstrauens und viel gegenseitiger Ablehnung der jeweiligen Lebensbedürfnisse fand sie heraus, dass er in dem anderen Land eine Geliebte hatte. Seine Geschäftsreisen waren immer länger geworden, die gemeinsamen Urlaube immer kürzer. Aber auch sie hatte ein kleines Geheimnis. Obwohl er das nicht wollte, aß sie, sobald er weg war, fast täglich mit den Kindern bei ihren Eltern zu Mittag. Ließ die Kinder auch oft dort übernachten, wenn sie einmal weg wollte, und steckte ihren Eltern regelmäßig heimlich Geld zu.

Auf den ersten Blick klingt ihr »Geheimnis« viel harmloser als seines. Aber was das innere Gleichgewicht der Beziehung angeht, hat sie ihn genauso hintergangen wie er sie. Beide auf ihre Art sind Sklaven ihrer Familiensysteme. Beide sind mit ihrer Vergangenheit stärker verbunden geblieben als mit der Gegenwart. Er blieb bis heute auf der Flucht vor der Familie und war doch gleichzeitig immer angetrieben von großer Sehnsucht nach Familie. Sie hat sich selbst nach der Ehe nie wirklich von ihren Eltern abgenabelt. Dieser Zusammenhang war den beiden allerdings nie bewusst. Er fühlte sich von seiner Frau eingeengt, festgehalten und ständig unter Druck gesetzt. Dabei hatte er das Gefühl, dass sie ihn überhaupt nicht sieht und in seinem Wesen nicht würdigt. Sie fühlte sich allein und im Stich gelassen, nie wirklich umsorgt und schließlich auch noch betrogen.

Diese Beziehung hatte beide wieder exakt in die emotionalen Welten ihrer Kindheit gebracht. Er erlebte wieder Druck und Eingesperrtsein, dem er erneut versuchte zu entkommen – diesmal, indem er mit einer anderen Frau in der

Ferne entfloh, so wie er damals ja auch tatsächlich von der schmerzlichen Familiensituation weggehen konnte. Sie erlebte erneut, wie ein Mann Frau und Kindern nicht mehr zur Verfügung steht, genauso wie der Vater einstmals durch die Krankheit und später durch seine Bitterkeit nicht mehr zur Verfügung stand. Sie hatte nur nie bewusst gewagt, sich aus der Einsamkeit und Abhängigkeit in ihrer Familie zu lösen. Sie hatte all diese Gefühle komplett vor sich verdrängt. Sie wurde jetzt vom Leben dazu gezwungen, sich diesen Gefühlen zu stellen. Genauso wie er sich jetzt all seinen einstigen unbewussten Schuldgefühlen gegenübersah, weil er die Familie verlassen hatte.

Solche Zusammenhänge sehen wir natürlich kaum, wenn wir mitten in einer Beziehungskrise stecken. Als die Frau zu mir kam, konnte sie nur sehen: »Mein Mann betrügt mich; mein Mann hat eine andere. Was tut er mir und den Kindern an!«

Um überhaupt in die Nähe der unterschwelligen Verstrickungen zu kommen, in denen wir während einer Krise verfangen sind, ist es also zunächst wichtig, die Fragen, Ängste und Gefühle, die da in einem toben, ins Bewusstsein zu holen. Und sich die Frage zu stellen, was ist das für eine Geschichte, die mir meine Krise da gerade über meine inneren Verletzungen erzählt. Auch hier kann ich Ihnen nur den Tipp geben: Vielleicht schreiben Sie all das, was in Ihnen los ist, auf. So befördern Sie es nach draußen und können es klarer sehen.

Ziel bei der Sache ist, dass Sie etwas emotionalen Abstand zu der ganzen Geschichte da draußen bekommen. Dass Sie sich aus dieser neuen Haltung heraus aber trotzdem intensiv der Krise zuwenden. Diesmal nur mit dem Ziel, mehr über sich selbst zu erfahren. Wenn Sie so öfter mal in eine forschende Haltung gehen können, werden Sie langsam aus Ihrer Krise lernen können. Sie bekommen neuen Halt und mehr Verständnis für sich selbst. Vor allem aber werden sie feststellen, dass Sie sich weniger hilflos und dem Leben ausgesetzt fühlen.

4. Kapitel
Praktisches Krisenmanagement II
Machen Sie den Feind zu Ihrem Kind

Wenn Sie in der forschenden Haltung etwas geübter sind, schlage ich vor, dass Sie sich einmal in der nächsten Haltung versuchen. Das ist die annehmende Haltung, die Sie wieder mit verdrängten Teilen Ihrer selbst rückverbindet und damit dafür sorgt, dass Sie langsam Ihre Mitte wiederfinden können. Ich nenne diesen Schritt: Machen Sie den Feind zum Kind. Dieser Schritt ist für uns überall dort wichtig, wo unser Leben von Urteilen beherrscht und eingeschränkt wird. Um diese Haltung zu erfahren, stellen Sie sich den Menschen vor, der Ihnen gerade am meisten Probleme bereitet. Gehen Sie innerlich mit ihm in Kontakt und öffnen Sie sich dafür, mit diesem Menschen einen inneren Prozess zu durchlaufen. Ich nenne diesen Prozess »Den Feind zum eigenen Kind machen«.

Der Hintergrund für diesen Prozess ist folgender: Das, was da draußen für uns so bedrohlich und beängstigend, so ablehnens- und verurteilenswert erscheint, fehlt uns in unserem Inneren, damit wir uns ganz fühlen. Durch unser Urteil nehmen wir es uns sozusagen selbst weg.

Nehmen wir zur Veranschaulichung noch einmal das Beispiel der Frau, deren Mann sich immer mehr in seinem Leben ohne sie in einem anderen Land eingerichtet hatte. Und der dort schließlich auch zu einer anderen Frau eine Beziehung eingegangen war. Die Ehefrau aus unserem Beispiel fühlte sich immer unsicherer und einsamer in der Beziehung. Sie spürte, wie Ihre Ehe auseinanderbrach, aber statt dieser Wahrheit ins Auge zu schauen und mit Ihrem Mann nach neuen Wegen zu suchen, tat sie alles, um den äußeren Schein zu wahren. Sie hatte Angst, Ihren Mann zu konfrontieren. Sie hatte Angst, er könne sie verlassen. Sie könne ihre Familie, ihre Sicherheit und ihren Lebensstandard verlieren.

So suchten sich all ihre weggedrückten Ängste und Vermutungen auf anderem Weg Raum. Ständig in Angst und voller intuitiver Ahnungen hatte sie hinter seinem Rücken detektivisch Beweise gesammelt. Immer wieder kontrollierte sie nachts sein Handy, wenn er zu Hause war. In seiner Abwesenheit durchforstete sie Bankauszüge, Post und Schränke. Alles in ihr suchte nach der Wahrheit. Alles in ihr wollte verstehen und endlich Gewissheit. Aber ihre Angst, die Familienbande zu verlieren, war so groß, dass sie sich nichts von alledem erlaubte.

Irgendwann fand sie dann heraus, dass es tatsächlich eine andere gab, und wer diese andere Frau war. Wieder wagte sie es nicht, ihren Mann zu konfrontieren. Stattdessen begann sie, anonym die andere Frau anzurufen. Irgendwann kam ihr Mann dahinter, was dazu führte, dass sie in wilden Attacken begann, die andere Frau zu beschimpfen und zu bedrohen. Als sie zum ersten Mal zu mir kam, war sie voller Hass und konnte überhaupt nicht mehr aufhören, über »diese Person« zu schimpfen. Endlose Verurteilungen brachen aus ihr hervor und wechselten sich ab mit ängstlichen Fantasien, dass ihr Mann sie verlassen und ihr alles, vielleicht sogar die gemeinsamen Kinder, wegnehmen könne.

Es war fast unmöglich, auch nur in die Nähe meiner Klientin zu kommen, so verbarrikadiert war sie hinter einer Mauer aus Angst und Urteilen. Nur ganz langsam fand sie etwas Mut und Vertrauen, sich dieser schmerzlichen Geschichte auf eine neue Art zu nähern. Zögerlich begann sie, die andere Frau forschend zu betrachten. Ich fragte sie, was denn diese andere Frau in ihren Augen verkörpere. Was sie in der Fantasie meiner Klientin ausstrahle, dass sich ihr Mann in diese Frau verliebt habe. Was die Geliebte vielleicht mit ihrem Mann teile, das sie nicht mit ihm teile. Langsam konnte die Frau immer klarer erkennen, dass diese Frau alles lebte, was sie selbst im Laufe der Ehe aufgegeben hatte, und all das mit ihrem Mann teilte, wogegen sie sich immer geweigert hatte.

Die Geliebte stammte aus dem Traumland ihres Mannes. Sie war kinderlos, berufstätig und frei. Die betrogene Ehefrau hatte ihren Beruf aufgegeben, fand kaum Grenzen ihren Kindern gegenüber und lebte ihr Leben selten über den Radius ihres Elternhauses hinaus. Die andere Frau war beruflich viel unterwegs und teilte große Teile ihres Lebens ganz selbstverständlich mit dem ihres Liebhabers. So musste sich meine Klientin eingestehen, dass die Geliebte ihres Mannes vieles lebte, was sie aufgegeben hatte.

Aber nicht nur das: Über all die Freiheit und Unabhängigkeit, die die andere Frau ihr spiegelte, hatte sie selbst ein tiefes Urteil verhängt. Sie erlaubte sich nicht, in Freiheit zu leben; ihren Mann zu konfrontieren; sich von ihrer Familie abzunabeln; sich von der alten Heimat und den alten Prägungen zu lösen. In ihren Augen war das alles unrealistisch und verantwortungslos. Erst recht seit sie Kinder hatte, hatte sie ihren eigenen Weg gänzlich aus den Augen verloren. Alles in ihrem Leben drehte sich um ihre Kinder und um ihre Eltern. Aber wenn wir darüber redeten, war immer eine deutliche Überforderung spürbar und oft ein fast mechanistischer, pflichtbewusster Umgang mit den Bedürfnissen ihrer Kinder. Kaum etwas schien bei ihr zu Hause ausgelassen zu sein und dieser Frau einfach nur Freude zu machen.

So war es fast zwangsläufig, dass irgendwann das Leben ihre Kontrolle sprengte und ihre versteinerten Urteile herausforderte. Langsam konnten wir einen veränderten Blick auf die ganze Sache werfen: nämlich dass ihr Mann und die andere Frau etwas lebten, wonach sie sich sehnte, das ihr aber über alle Maßen bedrohlich für ihre familiäre Sicherheit vorkam. Und eines Tages fragte ich sie, ob sie bereit sei zu der Übung, »den Feind zum eigenen Kind zu machen«. Sie nickte halb bockig, halb ängstlich. Und so bat ich sie, sich vor ihrem inneren Auge einmal die Geliebte ihres Mannes vorzustellen.

Damit die Kraft dieser Übung vielleicht schon beim Lesen für Sie spürbar wird, können Sie sich ja vielleicht auch einen Menschen vorstellen, der Ihnen Schwierigkeiten macht. Der Sie verletzt hat, den Sie nicht mögen, dessen Verhalten Sie verurteilen. Tun Sie mit dieser Person das, was damals auch meine Klientin mit der Geliebten ihres Mannes tat. Setzen Sie sich hin, und lassen Sie sich innerlich ein auf diese Person. Wie sieht sie aus? Was strahlt sie aus? Was an ihr verurteilen Sie so sehr? Welches Verhalten von ihr können Sie partout nicht billigen?

Nun schauen sie dieser Person in Ihrer Vorstellung in die Augen. Öffnen Sie Ihr Herz, und schauen Sie diese Person an, als ob sie Ihnen etwas über Sie selbst zeigt, das Sie längst vergessen haben. Stellen Sie sich vor, sie sei ein vergessenes Ich aus Ihrer eigenen Vergangenheit, das einstmals verbannt worden ist. Es trägt eine alte Sehnsucht von Ihnen, aber auch eine alte Verletzung in sich. Es gibt eine alte Verbindung zwischen Ihnen beiden. Sie wissen nicht mehr, warum Sie getrennt wurden. Sie wissen nur, dass jede Verbindung lange unterbrochen ist. Dass es seit Ewigkeiten kaum Kommunikation und gemeinsame Erfahrungen gibt.

Nun kommt dieses alte Ich plötzlich zurück in Ihr Leben. Fragen Sie sich: Was lebt dieses Ich da? Und was bekommt es, was ich nicht bekomme? Nehmen Sie wahr, dass dieses Ich etwas erreicht, was Sie sich selbst wünschen. Es bekommt zum Beispiel Zuwendung und Aufmerksamkeit von Ihrem Partner. Nun spüren Sie ehrlich nach, wie groß Ihre eigene Sehnsucht ist, genau dies zu bekommen.

Und nun hören Sie all Ihren Urteilen zu, die Sie über dieses Ich in sich tragen. Hören Sie sich zu, wie Sie sein Verhalten verdammen. Und nun stellen Sie sich vor, dass etwas in Ihnen einstmals genauso ungehemmt seine Bedürfnisse gelebt hat wie die Person, die Ihnen heute solche Probleme macht. Stellen Sie sich vor, dass Sie einstmals genau diese Ablehnung für Ihr Verhalten erfahren haben, wie Sie sie jetzt gegen die andere Person vorbringen.

Und nun fragen Sie sich: Wenn ich wüsste, wie alt ich war, als ich diese Erfahrung zum ersten Mal gemacht habe? Suchen Sie jetzt bitte nicht mit Ihrem Verstand nach einer Antwort. Der Verstand hat wahrscheinlich keinen Zugang zu alldem. Schauen Sie einfach, ob Ihnen irgendeine Zahl in den Sinn kommt. Oder ob irgendein inneres Bild oder eine Erinnerung auftaucht. Fragen Sie sich: Was mag wohl mit diesem

Teil von mir einstmals passiert sein? Wer hat sein Verhalten so wenig annehmen können? Wer hat es so wenig anerkannt, dass es sich selbst so sehr verurteilt und zurückgezogen hat? Was hat dem Kind, das ich einstmals war, so sehr gefehlt, dass es aufgehört hat, sich so zu zeigen, wie es ist?

Während Sie sich das vorstellen, bitte ich Sie, Ihre Gefühle wahrzunehmen. Verändern sich Ihre Gefühle, wenn Sie sich fragen: Was fehlt diesem Kind, das alleine und abgetrennt von meinem Bewusstsein, meinem Verständnis und meiner Zuwendung aufgewachsen ist? Spüren Sie nach, was mit Ihren Gefühlen passiert. Stellen Sie sich vor, Sie wären nun die Mutter, die nach einer langen Trennung ihr Kind wiederfindet. Erkennen Sie seine Bedürftigkeit? Erkennen Sie seine darunter liegende Lebendigkeit? Erkennen Sie seine Versuche, endlich das zu bekommen, was ihm so sehr fehlt? Erkennen Sie die Bedürftigkeit des anderen? Erkennen Sie seine Unschuld? Erkennen Sie Ihre eigene Bedürftigkeit? Ihre eigene Unschuld? Erkennen Sie, dass es an der Zeit ist, dass sich etwas in Ihnen wieder öffnen kann? Dass es darum geht, das Leben wieder zu befreien, das Gefangener eines Urteils geworden ist? Dass Ihr Feind von heute Ihnen den Weg zu dem unschuldigen Kind weist, das einstmals in Ihnen gelebt hat?

Ich habe es unzählige Male in meiner Arbeit erlebt, dass die Geliebten der Partner in den Augen der Ehepartner »billige Schlampen« und »sexgierige, rücksichtslose Egotypen« waren. Ganz zu schweigen davon, wenn Prostitution oder Pornosucht eine Rolle spielten. Die Urteile derer, die sich von ihren Partnern hintergangen fühlten, waren gnadenlos. Und die darunter liegende Ohnmacht und Verzweiflung nicht minder gewaltig.

Aber wie oft mussten die Betrogenen mit mir gemeinsam entdecken, dass sie selbst sich lange in der Ehe verraten hatten. Wie sehr in ihnen Sexualität und Herz getrennt waren. Wie lange sie nur aus Sicherheitsgründen oder wegen finanzieller Abhängigkeit bei ihren Partnern geblieben waren. Und wie sehr sie sich schließlich nach einem Ausbruch aus alldem sehnten. Wie sehr sie davon träumten, einmal all den Druck und die funktionalisierte Leere hinter sich zu lassen. Wie sehr sie sich wünschten, sich wieder zu spüren und wirklich verbunden zu fühlen.

So war es auch bei der Frau, deren Mann sich ins Land seiner Träume abgesetzt hatte. Es war eine große Aufgabe für sie, die Geliebte ihres Mannes in sich zu entdecken. Ihr Herz wieder für sich und all das Versteinerte und Abgespaltene in sich zu öffnen. All das an sich selbst wieder anzunehmen, was so lange nicht sein durfte. Es gab in ihrem Leben, genauso wie in unser aller Leben, viele Gründe, warum sie nicht leicht und locker sein durfte. Warum wir uns nicht wie anziehende, attraktive Frauen oder Männer fühlen und zeigen. Warum wir Angst vor unserer eigenen Weiblichkeit und Männlichkeit haben. Warum dies alles nur noch verzerrt oder kompensiert in unserem Leben Raum findet.

Aber wenn wir aus diesem Gefängnis einen Ausweg suchen, dann muss er uns nach innen und nicht nach außen führen. Dann gilt es in dem Feind im Außen den Teil zu erkennen, zu dem wir in uns selbst den Kontakt verloren haben. Und den es gilt, wieder anzunehmen und zu integrieren. Ansonsten gilt: Was du bekämpfst, bleibt bestehen; was du annimmst, kann heilen.

5. Kapitel
Praktisches Krisenmanagement III
Schmerzen verbrennen

Die Erforschung und die Annahme unserer Gedanken kann uns eine Menge Frieden in unser Leben bringen, und beides kann für ganz neue Nähe zu unserem Partner führen. Was aber auf diesem Weg fast zwangsläufig dazugehört: Alte verdrängte Emotionen und Körperempfindungen tauchen auf und bringen unser Leben aus den Fugen. Ich habe Ihnen bereits geschildert, wie das bei mir vonstatten ging, als ich mich meinem Haarausfall auf diese neue Weise zugewandt habe. Ich wurde Tage und Wochen lang von Wutattacken heimgesucht, die ich so bewusst überhaupt noch nie erlebt hatte.

Unser Geist, unsere Emotionen und unser Körper sind in sich fest verwoben. Auf jeder dieser Ebenen findet unser Wesen seinen Ausdruck. Wenn wir unsere Gedanken in Bewegung setzen, dann bewegt sich auch etwas in unseren Emotionen und in unserem Körper. Es geht quasi eine Bewegung durch uns, die sich nur auf unterschiedliche Arten manifestiert.

Wenn ich nun beginne, mich von alten Urteilen zu befreien, kann das dazu führen, dass sich auch unser Körper versucht zu befreien. So ein tiefer seelischer Prozess kann sich in handfesten, unerwarteten körperlichen Beschwerden manifestieren. Genauso können sich plötzlich Schichten von bisher versteinerten Gefühlen wieder ihren Weg ins Leben bahnen. Alles ist Energie. Schmerz ist einfach nur blockierte Lebensenergie. Wenn ich beginne, mich wieder zu öffnen, dann setze ich damit auf vielen Ebenen in mir die Dinge wieder in Bewegung. Das sollten wir einfach wissen, wenn es gerade auf einer Ebene in unserem Leben knirscht. Da ist es ziemlich wahrscheinlich, dass es auf anderen Ebenen gleich mitknirscht oder dass eine Ebene auf die andere folgt.

Wenn Sie sich also Ihrer Krise und Ihren versteckten Gedanken, Ängsten und Urteilen widmen und überraschend von Emotionen, Körperempfindungen oder Krankheiten überfallen werden, dann drängen Sie all dies nicht weg. Versuchen Sie nicht nur schnell das Symptom loszuwerden. Meine Erfahrung ist: Das klappt sowieso nur selten. Und meist führt es zu etwas, das man als Symptomverschiebung bezeichnet. Man macht ein Symptom weg, dafür taucht dann bald ein anderes mit ähnlicher Botschaft wieder auf. Gut kann man das immer sehen beim Thema Rauchen. Viele, die mit dem Rauchen aufhören, brauchen erst mal Essen als Ersatzbefriedigung.

Also, wenn etwas auftaucht, das zwickt und zwackt, dann will es Aufmerksamkeit. Dann suchen Sie nicht einfach nur schnelle Abhilfe, und beschränken Sie sich nicht nur auf akute Schmerzlinderung. Wenden Sie sich dem Symptom zu, so wie ich es damals mit meinem Haarausfall getan habe. Und seien Sie sich sicher, dass es bei diesem Unterfangen jede Menge Widerstand in Ihnen geben wird. Dass alles in Ihnen sagt: »Aber das halte ich nicht aus. Daran ist der andere schuld ...« Auch gilt es, immer wieder den Weg zurück in die wachsame Präsenz zu suchen und sich daran zu erinnern, dass körperliche und emotionale Schmerzen immer schon von einem gewissen Grad an Unbewusstheit zeugen. Einfach weil wir meist nicht mehr im Geringsten wissen, was einstmals im Ursprung in unserem Geist war, das sich nun nur noch als emotionaler oder körperlicher Schmerz ausdrücken kann.

Ich ahne, dass hier einige Leser die Augen verdrehen werden und finden, dass das alles zu weit geht, was ich da an kausalen Verbindungen zwischen Körper, Geist und Emotion herstelle. Wenn Sie in das Thema der Transformation von körperlichem und emotionalem Schmerz tiefer eintauchen wollen, kann ich Ihnen empfehlen, die Bücher von Clemens Kuby oder Brandon Bays zu lesen. Der eine hatte es mit einer Querschnittslähmung zu tun, die andere mit einem als unheilbar diagnostizieren Krebs. Beide sind heute in der Welt unterwegs und berichten von der unglaublichen Heilkraft, die sie gefunden haben, als sie sich ihren als ausweglos diagnostizierten Krankheiten kompromisslos zugewendet haben.

Ich selbst habe meine existentiellen Erfahrungen eher auf seelischem Gebiet. Daher fühle ich mich da auch berufener und krisenlösungsversierter. Und deshalb möchte ich Ihnen hier auch nur einen kleinen, schlichten Prozess zeigen, den ich auf meinem Weg entdeckt habe. Der aber in seinen Grundzügen allem gleicht, was ich je an Einschneidendem gelesen und erfahren habe. Ich nenne ihn *Schmerzen verbrennen*.

Egal, ob es emotionale oder körperliche Schmerzen sind, die gerade Ihr Leben beeinträchtigen. Wenden Sie sich ihnen voll und ganz forschend und annehmend zu. Auch wenn es Ihnen vielleicht albern vorkommt, fragen Sie sich immer wieder: Was macht dieser Schmerz mit mir? Was drückt er aus? Woran hindert er mich? Was bewirkt er in meinem Leben? Denken Sie daran, der Schmerz will aufmerksam machen. Er will verstanden und angenommen werden. Manchmal kommt einem beim Fragen und Forschen sofort etwas in den Sinn. Manchmal dauert es eine Weile, bis sich langsam etwas zusammenpuzzelt, das irgendwie bei Ihnen einklickt. Es geht auf jeden Fall mehr um dieses Einklicken als darum, etwas mit dem Kopf zu verstehen. Im Zweifel sagt der Kopf sowieso: »Lass den Quatsch!«

Wiederholen Sie diesen forschenden Zugang immer wieder, wenn Sie von Emotionen und Körperempfindungen übermannt werden. Und dann gehen Sie eine Ebene tiefer. Lassen Sie sich ganz auf die Empfindung ein. Gehen Sie ganz hinein. Frauen, die Kinder geboren haben, erinnern sich vielleicht daran, dass die Hebamme immer wieder gesagt hat: »Nicht gegen die Wehe gehen, sondern ganz in sie hineingehen.«

Bei emotionalen Wehen gilt das gleiche Prinzip. Versetzen Sie sich in folgende Situation: Sie warten ganz unruhig zu Hause. Ihr Partner sollte längst da sein. Ihr Gedankenkarussell fängt an, sich zu drehen. Sie steigern sich in Verlust- und Einsamkeitsfantasien und Vorstellungen darüber, dass Sie hintergangen werden könnten. Sie bekommen Angst. Ihr Herz schlägt schnell. Ihr Körper verkrampft. Jetzt gilt es, ganz in diese Gefühle hineinzugehen. Nehmen Sie alles, so gut Sie können, von Ihrem Partner weg, und fühlen Sie die Angst, den Druck, die Enge im Herzen. Lassen Sie sich ganz bewusst ein. Spüren Sie sich selbst.

Egal ob Magenkrampf, Spannung im Nacken, Wutattacke, Angst, Panik, Ohnmacht oder Eifersucht, fühlen Sie den

Schmerz, der darin liegt. Nehmen Sie die Haltung des aufmerksamen Zeugen ein. Bleiben Sie ganz wach und lassen Sie sich ein. Wenn Sie wirklich reingehen, fühlt sich das manchmal regelrecht an, als ob Sie etwas innerlich verbrennen.

Nehmen wir zum Beispiel die Eifersucht. Versuchen Sie zu lokalisieren, wo Sie die Eifersucht in Ihrem Körper spüren können. Angst macht uns oft so eine Enge in der Brust oder einen Krampf im Bauch. Die Wut macht uns ein hitziges Spannungsgefühl unter der Haut. Die Eifersucht ist oft eine Mischung aus mehrerem. Wichtig ist, dass Sie ganz genau Ihr Gefühl in Ihrem Körper lokalisieren. Ich kann Ihnen nur Beispiele nennen. Das Entscheidende ist, dass Sie selbst hineinspüren. Gehen Sie tiefer und tiefer hinein, und dann nehmen Sie das Gefühl mit aller Aufmerksamkeit wahr. Wichtig ist: Urteilen Sie nicht. Versuchen Sie auch nicht, das Phänomen analytisch benennen zu wollen. Nehmen Sie nur wahr.

Ich meine ein Wahrnehmen ungefähr von dieser Art: Irgendwo in Ihrer Wohnung macht es ein Geräusch. Sie können aber nicht genau sagen, wo. Sie wissen nur, das ist ein Geräusch, das da jetzt eigentlich nicht sein sollte. Dann setzen Sie sich hin, und dann hören Sie ganz genau, oder dann schauen Sie ganz genau. Sie sind in einer ganz offenen Haltung, um etwas entdecken zu wollen, um etwas lokalisieren zu wollen. So eine Haltung meine ich.

In Ihnen tobt vielleicht etwas. In Ihnen rast Ihr Herz oder Sie fühlen Not in sich. Jetzt braucht es eine zweite wahrnehmende Ebene in Ihnen, die sich diesem Schmerz (der aller Wahrscheinlichkeit schon sehr lange in Ihnen ist) jetzt in diesem Moment wahrnehmend und Anteil nehmend, aber eben nicht analysierend und beurteilend zuwendet. Wenn Sie wirklich offen und ganz präsent bleiben, dann ist es oft so, dass sich darunter liegende Gefühle öffnen. Dass etwas in Bewegung kommt. Vielleicht fängt eine Empfindung an, sich zu verändern, oder Sie stellen fest: »Es ist nicht nur eng in meiner Brust. Es ist auch noch angespannt im Bauch. Dann gehen Sie mit der Bewegung weiter. Die Empfindungen sind Ihr Anführer. Sie folgen dem, was in Ihnen ist. Manchmal kommen plötzlich Gedanken hoch. Dann hören Sie wachsam den Gedanken zu.

Das Wichtige ist nur, dass Sie sich nicht mit hineinziehen lassen von dem, was da in Ihnen los ist. Behalten Sie die beiden Ebenen: Hier ist der Schmerz. Und da ist der Beobachter. Manchmal braucht es nur ein paar präsente Minuten dieses Umgehens mit einer Empfindung, und Sie merken, wie sich langsam etwas anfängt zu lösen. Oder plötzlich kommen Tränen, und es befreit sich etwas. Oder auf einmal kommt eine alte Geschichte wieder hoch, und es fühlt sich an, als ob ein Korken von der Flasche springt und endlich wieder etwas in Fluss kommt. Was auch immer es ist, lassen Sie es laufen. Wohnen Sie dem Ganzen bei, und nehmen sie es mit offenem Herzen an. Dann können Sie dem beiwohnen, was ich Schmerz verbrennen nenne. Das braucht ein bisschen Übung. Aber als ich zum ersten Mal dieses Gefühl in mir hatte, dass da etwas in mir regelrecht verbrennt und sich am Ende dieser fast alchimistischen Transformation eher so anfühlt, als ob mir eine neue Kraft zuwächst, war ich demütig und ganz bewegt von diesem kleinen Wunder.

Ich kenne persönlich nichts, was kraftvoller ist als diese aktive, »verbrennende« Wahrnehmung dessen, was in Ihnen ist.

Ich habe in meinem Leben alles Mögliche studiert und ausprobiert an Heilungswegen und Heilungsmethoden. Heute kann ich nur sagen, dass ich immer weniger daran glaube, dass es irgendwelche wundersamen Techniken und großartige Heiler braucht. Sicher kann es ein großes Geschenk auf dem Weg der Heilung sein, einem Menschen zu begegnen, der sich wirklich mit liebevoller und wachsamer Präsenz voll und ganz unserem Schmerz zuwendet. Dann kann er uns einen Raum öffnen. Aber nur wir selbst können entscheiden, ob wir auch eintreten.

Ich kann für mich nur sagen, dass ich immer mehr erkenne, wie präzise alles in unserem Leben wirkt. Ob die letzten Beispiele oder mein eigener Haarausfall – jeder Mensch hat genau die Krise, die er zur Heilung benötigt. Jeder trägt den perfekten Prozess für sein persönliches Wachstum in sich. Wenn wir bereit sind, uns dieser Führung anzuvertrauen, können wir unterwegs Menschen treffen, die uns dabei helfen, diesen Prozess zu entschlüsseln und unsere eigenen Kräfte wiederzuentdecken. Aber wir müssen nicht mehr länger nach übermächtigen Heilungsspezialisten auf der Suche sein. Wir brauchen keine besonderen Techniken zu erlernen. Wir brauchen die Kräfte, die in der Schöpfung überall am Werk sind, nicht in andere und deren besondere Fähigkeiten zu projizieren. Sie wirken immer, zu jeder Zeit, allumfassend in uns selbst. Der Weg, sie zu entdecken, ist von unglaublicher Schlichtheit: Wir müssen uns einfach nur voll und ganz auf uns einlassen. Und er ist von größter Präzision: Jede Blockade zeigt uns genau, wohin wir den Kurswechsel vollziehen müssen, um unsere fehlenden Teile wiederzuentdecken. Und er ist doch wie ein Mysterium: Durch unsere

Hinwendung verwandeln sich Schmerzen in Lebensfreude. Verwandelt sich Angst in Liebe. Und unsere Schwäche sich in Stärke.

PS: Ich weiß, dass sich solche eher umsetzungsorientierten Prozesse, wie hier in den letzten drei Kapiteln beschrieben, eher zäh lesen lassen. Für mich persönlich war es immer leichter, wenn ich über eine Kassette oder eine CD durch solche Prozesse hindurchgeführt wurde und die Möglichkeit hatte, alles mit einer anleitenden Stimme regelmäßig wiederholen zu können. Daher habe ich mich zusammen mit meinem Mann entschieden, für alle, denen hier solch eine konkrete Führung fehlt, einige Prozesse durch die Krise auf einer CD zu diesem Buch anzuleiten.

6. Kapitel
Die Erfüllung unserer Wünsche – nichts fürchten und verurteilen wir mehr

Auf den letzten Seiten hat sich alles ganz offensichtlich um verdrängten Schmerz gedreht, der uns durch unsere Partner, ihre Geliebten, unseren Körper und unsere Emotionen ins Bewusstsein gebracht wurde. Was ist aber, wenn Sie gerade irgendwo in einer Nische Ihres Lebens das absolute Glück empfinden, aber das Gefühl haben, dieses Glück darf nicht sein? Wenn Sie sich zum Beispiel in der Rolle desjenigen in Ihrer Beziehung wiederfinden, der einen Geliebten hat und dort vieles erlebt, wovon er immer geträumt hat?

Es gibt etwas, das wir mehr fürchten als jede Verletzung, als jeden Misserfolg, als jeden Schicksalsschlag – und das ist der Erfolg; die Erfüllung unserer Wünsche und Träume. Vielleicht schütteln Sie jetzt den Kopf. Aber erinnern Sie sich an mein eigenes Beispiel. Oft habe ich es in meiner Arbeit erlebt: Die meisten haben große Angst, das zu bekommen, wonach sie sich sehnen, weil es nicht unseren inneren Gefühlen von Einsamkeit und Wertlosigkeit entspricht.

Dieser für unseren Verstand wieder so schwer verdauliche, unbewusste Mechanismus ist der Hauptgrund dafür, dass Menschen fremdgehen. Sie glauben nicht daran, dass sie zu Hause in ihrem nahen und vertrauten Umfeld das leben dürfen, wonach sie sich wirklich sehnen.

Hierzu möchte ich Ihnen die Geschichte einer Frau erzählen, die über Jahre hinweg von ihrem Liebhaber nicht lassen konnte. Ein Teil von ihr war immer wieder voller Schuldgefühle ihrem Mann und den Kindern gegenüber. Aber ein anderer Teil von ihr brauchte die Begegnungen mit ihrem Liebhaber so sehr, dass all ihre Versuche, sich von ihm zu befreien, nichts nützten. Immer wieder versprach sie sich, ihn nur noch dieses eine letzte Mal zu sehen, um dann kurze Zeit später wieder rückfällig zu werden.

In ihrer Ehe lebte sie ganz nach ihren Vorstellungen vom Leben. Im Laufe der Jahre hatte sie alle möglichen Ziele verwirklicht. Sie hatte ihr Wunschkind bekommen, lebte in einem Haus ganz nach ihren Vorstellungen und war auch im Berufsleben sehr engagiert. Gemeinsam mit ihrem Mann lebte sie das, was man ein gesellschaftliches Leben nennen würde. So sehr sie sich auch im Laufe der Zeit all ihre äußeren Vorstellungen vom Leben erfüllte, nichts schien sie wirklich zu befriedigen, nichts schien auszureichen. Rastlos und getrieben fand sie auch keinen Weg, mit ihrem Mann ein vertrauensvolles, von Nähe geprägtes Eheleben aufzubauen. Als sie mir von ihrer Ehe erzählte, schien es, als ob sie in ihrem Mann eine Art Konkurrenten sähe, mit dem man um die begrenzten Möglichkeiten des Lebens wetteifern müsse. Gleichzeitig schien ihr ihr Mann aber nie zu reichen. Immer fehlte ihm in ihren Augen etwas. Er war zu normal, zu durchschnittlich, zu bodenständig, zu verschlossen, zu …

Ganz anders dagegen ihr Geliebter. Dieser Mann lebte sein Leben. War überzeugter Junggeselle, liebte Extremsportarten, war künstlerisch talentiert und verkörperte für sie ihren Traum eines einfühlsamen und leidenschaftlichen Liebhabers. Ihm zeigte sie ihr Herz und ihre Seele. Mit ihm lebte sie ihre Sexualität. Sie beschrieb ihn kurz als ihren Seelenverwandten. Die Verbindung zu ihm sei seelisch und körperlich so tief, dass sie mit ihm zum ersten Mal in ihrem Leben eine spirituelle Dimension entdeckt habe. Immer wieder hatte sie über Trennung nachgedacht. Das Problem war nur: Dieser Mann wollte keine feste Bindung und kein Alltagsleben.

Vielleicht kennen Sie ja diesen Zustand auch: Irgendwo in einem eher abgetrennten Bereich Ihres Lebens erleben Sie, was schön ist, was Sie erfüllt, was Sie nährt, sättigt und befriedigt. Aber dieser Bereich ist eher wie eine geheime Nische. Unterschwellig haben Sie stets das Gefühl: In meiner Ehe, in meinem alltäglichen Leben, mit meinem Mann, mit meiner Familie geht das nicht. Keiner versteht mich dort wirklich. Mit niemandem dort kann ich das teilen.

Wenn das so ist, möchte ich Sie einmal darum bitten, sich an irgendetwas zu erinnern, das so erfüllend für Sie war, dass Sie sich danach sehnen. Etwas, von dem Sie sich nicht mehr vorstellen können, wie es je in Ihrem Alltagsleben Platz finden könnte. Machen Sie es in Ihrem Inneren ruhig groß und deutlich. Fühlen Sie sich ganz in die Gefühle hinein, die dazugehören. Und nun stellen Sie sich vor, Sie seien ein Romanautor oder Drehbuchschreiber, der eine passende Figur entwickelt, die ein Leben lebt, in dem Ihre idealen Gefühle und Erfahrungen ganz selbstverständlicher Teil sind. Modellieren Sie Ihre Traumfrau oder Ihren Traummann. Wohlgemerkt nicht eine Figur, die Ihren idealen Partner verkörpert, sondern Ihr Ideal von Ihnen selbst. Eine Person, die das erlebt, was Sie immer nur in kleinen, geheimen Ausschnitten erleben. Eine Figur, die ihren Alltag in so einer Lebensenergie lebt und gestaltet, wie Sie es in Ihren Nischen erleben oder erlebt haben. Eine Figur, die sich so erfüllt, so leicht, so abenteuerlich, so spirituell, so inspiriert oder berührt fühlt wie die Frau hier in unserem Beispiel, wenn sie sich mit ihrem Geliebten trifft. Lassen Sie sich ganz ein auf Ihre Szenerie, und fragen Sie sich: Wie lebt so ein Mensch, der das aus eigener Kraft ins Leben bringt, wovon Sie träumen?

Einmal bat ich die Frau, die von ihrem Liebhaber nicht lassen konnte, sich solch einen inneren Film vorzustellen. Als sie langsam aus ihren Bildern wieder auftauchte, war sie sehr bewegt. Sie erzählte mir, dass ihr klar geworden sei, dass man nur in einem Leben, in dem man sich zeigt, auch seine Träume verwirklichen könne. Sie musste sich eingestehen, dass die Frau in ihrem inneren Film deutlich risikobereiter war. Dass ihr Leben sich wenig um Konventionen kümmerte. Dass diese Frau sehr auf sich selbst vertraute. Ein bisschen wie eine Abenteurerin war, aber auch sehr stille und zurückgezogene Seiten in sich trüge.

Ich bat sie, die Frau aus ihrem Film doch einmal auf ihr wirkliches Alltagsleben schauen zu lassen. Meine Klientin schüttelte sofort heftig den Kopf: »Die würde nur sagen: ›Um Himmelswillen, so ein Leben würde ich nie führen wollen. Denn wenn ich so ein Leben lebe, dann fühle ich mich leblos und vollkommen eingeengt.‹« Ich fragte sie, ob sie bereit sei, ihren Mann, ihren Sohn, ihre Freunde, ihre Familie endlich mit sich zu konfrontieren? Ob sie bereit sei, innezuhalten und sich auch im Alltagsleben mehr zu spüren und auszudrücken? Ob sie bereit sei, sich verletzlich zu machen? Sie sah mich nur traurig an und sagte: »Ich glaube, das schaffe ich nicht.«

Nach dieser Sitzung habe ich sie nicht mehr wiedergesehen. Aber ich weiß aus eigener Erfahrung und aus der Arbeit mit vielen Menschen, dass es gar nicht um das »Schaffen« geht. Unser angepasstes Leben verbraucht unendlich viel mehr von unserer Kraft als ein Leben, das unserem Wesen entspricht. Die meisten von uns, die bereit sind, sich auf diese innere Reise zu ihrem Ideal einzulassen, müssen feststellen: Das Letzte, wozu ihr Ideal in der Lage wäre, ist, ihr reales Leben zu leben. Das würde eine fast übermenschliche Kontrolle und Einengung bedeuten.

Die Frau, die von ihrem Liebhaber nicht lassen konnte, hätte sich eingestehen müssen, dass sie sich in ihrer Ehe nie wirklich gezeigt hatte. Sie hatte sich aus Angst vor Verletzung in einen aussichtslosen Konkurrenzkampf mit ihrem Ehemann verwickelt. Sie hatte einen Großteil ihrer Kräfte in diesem Kampf gebunden. Sie fand keine Erfüllung in dem Lebenskonzept ihres Mannes. Aber statt ihrem eigenen Weg des Herzens zu folgen, versuchte sie, ihren Mann zu besiegen. Da ihr das nie wirklich gelang, fühlte sie sich mit den Jahren immer abhängiger von ihm und seinem bodenständigen Leben. Wofür sie ihn insgeheim verurteilte.

Statt immer wieder wegzulaufen, hätte sie Risikobereitschaft entwickeln müssen. Unter Umständen auch die Bereitschaft, sich von anderen verurteilen und ablehnen zu lassen, nicht verstanden zu werden. Sie hätte aus dem eingefahrenen System austreten müssen, um ihr eigenes aufzubauen. Das hätte sicher für die ganze Familie und für ihre finanzielle und gesellschaftliche Sicherheit Konsequenzen gehabt. Es hätte ihren Mut gebraucht zu zeigen, dass dieses neue, ihrem Wesen entsprechende Leben Kraft hat. Den Mut, sich vielleicht vor ihren Sohn und ihren Mann zu stellen und zu sagen: »Wisst ihr was? Ich will so nicht mehr. Ich möchte jetzt einmal dieses oder jenes ausprobieren. Das hat für euch Konsequenzen.«

Die Frau des Liebhabers ist lebendig. Sie lebt irgendwo versteckt in uns allen und sehnt sich danach, endlich ins Leben zu kommen. Aber auch hier gilt: Es geht nicht um die anderen. Wenn Sie sie wirklich auf die Welt bringen wollen, dann ziehen Sie Ihre ganze Aufmerksamkeit weg von Ihrem Ehepartner, aber auch weg von Ihrem Geliebten, und kommen Sie ganz bei sich an. Setzen Sie sich hin, und geben Sie sich, so oft Sie nur können, bewussten Raum, sich Ihrer inneren Gefühlswelt zu widmen. Da gibt es diese Lebendigkeit und Verbundenheit. Spüren Sie ihr nach, in dem Sie sich an Situationen erinnern, in denen diese Kräfte wach wurden. Aber bleiben Sie wachsamer Zeuge und entkoppeln Sie diese Gefühle genauso von ihren Auslösern, wie Sie es mit Ihren Ängsten und Urteilen tun sollten. Es ist Ihre Lebendigkeit. Ihre Verbundenheit. Sie gehört nicht zu Ihrem Geliebten und auch nicht zu den besonderen Erfahrungen.

Spüren Sie diesen herrlichen Gefühlen nach, und dann seien Sie aufmerksam: Irgendwo in Ihnen lauern Scham- und Schuldgefühle, die Ihnen suggerieren, dass Sie diese Gefühle nicht leben dürfen. Sonst wären sie nicht so in einer Nische oder in der Vergangenheit eingesperrt. Etwas in Ihnen hat irgendwann den Glauben verloren. Etwas kennt diese wunderbaren Gefühle nur im Konflikt mit den Bedürfnissen anderer. Stellen Sie sich Ihr Elternhaus vor, und fragen Sie sich: Wie frei dürfte die Figur aus meinem Drehbuch sich dort entfalten? Im Zweifel finden Sie in Ihrer Vergangenheit nur wenig Unterstützung für Ihr inneres Wesen. Deshalb ist es jetzt wichtig, dass Sie sich ihm widmen und Ihre Lebenskraft aus der kleinen Nische herausholen. Machen Sie die Tür auf, und lassen Sie Ihr inneres Wesen mit all seiner Lebendigkeit, Leidenschaft und Verbundenheit aus seinem Exil mitten ins Leben schreiten.

Spüren Sie mutig nach, wo es in Ihrem Leben Kurskorrekturen braucht. Und erlauben Sie sich Ihre kleinen oder großen Lebensvisionen. Alles ist erlaubt. Geben Sie sich innerlich wieder Raum für Erfolg. Spüren Sie Ihren lebendigen Gefühlen so oft nach, wie Sie nur können. Das bedeutet allerdings unausweichlich, dass Ihre Ängste, Widerstände und Urteile, die Ihren Erfolg vereiteln wollen, mit hochkommen werden. Drücken Sie sie nicht weg, sondern geben Sie auch ihnen Raum und nehmen Sie sie an. So lernen Sie sich besser kennen und erfahren, wie verrückt wir Menschen uns oft selbst beschränken. Aber dadurch, dass nun Bewusstsein in alldem ist, können die Ängste und Widerstände Sie nicht mehr unerkannt bestimmen. Können Sie sie dafür aber langsam integrieren und transformieren.

Wenn Sie sich diesem Prozess wirklich widmen, kann es sich eine Zeit lang in Ihnen wie im Krieg anfühlen. Als ob alle möglichen Fraktionen miteinander im Kampf stünden. Bleiben Sie wachsamer Zeuge, und folgen Sie in kleinen Schritten Ihren Visionen. Fragen Sie sich immer: Was braucht es jetzt im Alltag? Was erfüllt mich wirklich? Was ist schon lange leer und nur noch Automatismus?

Dieser innere Prozess wird sich zwangsläufig in Ihrem äußeren Leben widerspiegeln, wie alles andere auch. So können Sie fast sicher sein, dass es in Ihrer vertrauten Umgebung mindestens so viel Kampf und Widerstand geben wird, wie Sie in Ihrem Inneren entdecken. Vor allem Ihr Partner kann Ihnen da der Alptraum eines Spiegels sein. Vielleicht sehen Sie jetzt nur noch deutlicher, wie viel er in seinem Leben verdrängt. Wie oft er den leichteren Weg nimmt und an Altem festhält. Gerade wir Frauen sehen in solch einer Phase unseres Lebens besonders deutlich, wie sehr das von männlichen Kräften dominierte Leben von Abhängigkeit und Macht bestimmt ist. Nicht vergessen: Unsere eigene männliche Seite hat unser zarte Lebendigkeit so lange in Schach gehalten!

Wenn Ihnen Ihr Partner jetzt nur noch unerträglicher erscheint, dann lassen Sie doch mal Ihr neues Ich aus dem Film ran. Es wird im Zweifel nicht mehr das tun, was Sie getan hätten. Es wird vielleicht nicht mehr mit Ihrem Partner kämpfen und auch nicht vor seiner Schwerfälligkeit resignieren. Es kennt Ihren eigenen alten Schmerz, vertraut aber vielleicht schon mehr auf Ihre Fähigkeiten und Talente und wird deshalb vorangehen und sich nicht so sehr mit Ihrem Partner verwickeln.

Wenn Sie bei Ihren Träumen und Visionen bleiben und sich für deren Verwirklichung öffnen, dann werden Sie auch im Alltagsleben auf neue Möglichkeiten und neue Unterstützung stoßen. In dem Maße, wie Sie Ihrem Weg folgen, müssen alle anderen um Sie herum sich auch bewegen. Und je mehr Sie sich auf Ihre inneren Kräfte konzentrieren, desto mehr strahlen diese auf andere ab. Manchmal werden Sie verblüfft sein, was plötzlich mit Ihren Nächsten passiert, wenn Sie bei sich bleiben. Genauso kann das Wunder geschehen, dass Sie den anderen wieder mit neuen Augen sehen.

Dies alles kann Ihnen passieren. Aber mit ziemlicher Sicherheit wird Ihnen unterwegs eines immer wieder passieren: Sie werden heruntergezogen von Ihren alten Schuld- und Wertlosigkeitsgefühlen: »Bin ich ein Egoist, wenn ich das jetzt für mich tue? Kann ich das überhaupt?« Nehmen Sie all das an, auch das ganze Gezappel der anderen um Sie herum, die sich jetzt unsicher und verletzlich fühlen. Denen geht es wie Ihnen.

Verstehen Sie, dass jetzt alle eine Chance haben, sich zu entwickeln. Dass im Zweifel auch die anderen bisher nicht ihre Kräfte gelebt haben. Dass sie genauso eingesperrt sind wie Sie. Und dass in ihnen genauso viel Lebendigkeit und Verbundenheit schlummern wie in Ihnen. Sie haben jetzt die Chance, sich zu entwickeln und sich selbst in Ihren Kräften zu entdecken. Wenn die da jetzt also alle zappeln: Ihre Kinder, Ihre Ehepartner, Ihre Geliebten, Ihre Eltern, Ihre Freunde, dann machen Sie sich bewusst, dass jeder Mensch für sein eigenes Leben verantwortlich ist. Aus Erfahrung weiß ich, dass es noch immer, wenn jemand so einen Schritt getan hat, wie ich ihn gerade vorschlage, am Ende für alle Beteiligten gut war. Auch wenn es unterwegs ziemlich geknirscht hat. Am Ende ist allen – nicht immer freiwillig – Bewusstsein zugewachsen. Jeder hat die Freiheit, seinen Weg zu gehen; die Kraft, sich selbst und alte Muster zu überwinden. Wenn Sie Ihr eigenes, neues Selbstwertgefühl wirklich spüren – im Sinne von sich selbst spüren, sich von sich selbst geführt fühlen –, dann wünschen Sie irgendwann dieses Ergebnis auch jedem anderen. Und dann fällt es Ihnen leichter, die anderen eine Zeit lang in diesem Sinne zappeln zu lassen.

7. Kapitel
Widerstände – Lassen Sie sich nicht beirren!

Widerstand ist sozusagen Teil dieses Weges. Niemand sollte ihn innen wie außen unterschätzen, wenn es gilt, sich die eigenen Schattenseiten bewusst zu machen, zu integrieren und voranzugehen. Dabei geht es nicht nur um die großen Krisen. Fast jedem von uns ist es absolut in Fleisch und Blut übergegangen, im ganz normalen Alltagsleben ständig nach draußen zu projizieren. Seien Sie doch einfach die nächsten Tage einmal aufmerksam, wenn Sie Menschen auf der Straße, im Supermarkt oder im Büro bei ganz normalen Durchschnittsunterhaltungen zuhören. Fast immer wird über andere geredet. Fast immer gibt es irgendetwas zu beanstanden. Die Tatsache, dass wir alle uns über so vieles aufregen, was in der Welt geschieht, ist nicht etwa ein Beweis für unser Gutmenschsein. Es ist ein Hinweis darauf, wie gründlich wir alles, was wir in unserem Inneren nicht ansehen wollen, vergraben haben. Gleichgültig, ob uns etwas in unseren Beziehungen oder in den Nachrichten aus der Welt aufregt, beides weist auf Unbewusstes hin. Das ist nicht leicht zu erkennen und schon gar nicht leicht anzunehmen, sonst hätten wir all die Schuldgefühle und Urteile, die uns munter zum Projizieren antreiben, ja gar nicht erst in unser Unterbewusstsein versenkt.

In jedem Menschen gibt es alles. In jedem von uns gibt es eine Bandbreite innerer Schattenfiguren, die von George Bush bis Saddam Hussein über die komplette Bandbreite reicht. In uns allen gibt es Gedankeninhalte, für die wir uns schämen. Und die wir dann einfach kurzerhand hinter einer Wand der Verleugnung verschwinden lassen. Wir alle leben in der Angst zu entdecken, was in unserem Geist verborgen ist. Aber genau diese Angst führt dazu, dass wir immer härter und vehementer nach draußen auf die Welt und unsere Partner projizieren. Die Angst hält uns ab, uns in unserem tiefsten, vollkommenen, unschuldigen Sein zu entdecken. Die ganze Folterkammer aus Scham, Schuld, Projektion und Urteil findet nur in unserem Geist statt. Wenn wir durch aktive Annahme und Vergebung langsam hinter diesen Wahnsinn steigen, können wir die schlichte Wahrheit entdecken: Wir sind unschuldig, und unsere Partner auch.

Die ersten Schritte hin zu dieser Erfahrung und damit zur Selbstakzeptanz sind keineswegs angenehm. Es ist nicht schön, was Sie da entdecken. Sie werden unterwegs immer wieder Ihren ganzen Mut brauchen, um weiterzugehen. Vor allem aber müssen Sie wachsam bleiben. Denn gerade wenn Sie vielleicht in Sachen Annahme bereit sind, einen echten Schritt nach vorne zu wagen, kommt es häufig vor, dass sich in Ihrem Inneren ein wahres Monster aufzubäumen scheint. Vielleicht beginnt gerade etwas in Ihnen einzuweichen, und Sie finden langsam die Bereitschaft, mit einem neuen, forschenden, vielleicht sogar annehmenden Blick auf Ihren Partner zu schauen. Und gerade dann scheint er alles falsch zu machen. Scheint er Sie schlimmer zu verletzen denn je.

In dieser Zeit, in der Sie beginnen, sich zu öffnen, gibt es nur eins, was Sie sicher durch die Schluchten an den gefährlichen Monstern vorbeitragen kann: Bleiben Sie wachsam, und üben Sie sich darin, Beobachter und einfühlsamer Zeuge zu sein. Die wichtigste Übung in dieser Zeit ist es, immer wieder einen Schritt von den Geschehnissen zurückzutreten und die eigenen Gedanken beobachten zu lernen. Sie sorgen oft in Lichtgeschwindigkeit dafür, dass wir uns wieder in Urteilen verlieren und vergessen, dass die Welt da draußen unser Spiegel ist.

Wachsame Präsenz und Hingabe an das, was ist, sind nicht einfach Krisenmanagementtechniken. Sie sollten zu einer Lebenshaltung im ganz normalen Alltagsgeschehen werden. Damit wir uns wirklich dauerhaft verbunden fühlen, braucht es regelmäßige Begegnungen mit uns selbst. Damit wir die richtige Führung durch unser Leben finden, braucht es regelmäßigen Kontakt mit unserer Seele. Und dazu braucht es regelmäßig Zeit in der Stille.

Fangen Sie klein an, und machen Sie keinen Anspruch daraus, dem Sie auf Dauer nicht gerecht werden können. Wenn Sie gleich Ihr ganzes Leben verändern wollen, dann entsteht Druck, und die Wahrscheinlichkeit ist groß, dass Sie wieder in alte Gewohnheiten fallen und sich mit neuen Schuldgefühlen plagen, wieder einmal versagt zu haben.

Nehmen Sie sich immer wieder die Zeit, in der Sie einfach nichts tun, nichts lesen und sich nicht ablenken, sondern einfach dasitzen und wahrnehmen. Verfolgen Sie den Prozess der Stille und des Achtsamseins, so wie ich es in den Kapiteln 8 und 9 des ersten Teils dieses Buches schon erläutert habe.

Wenn Sie diese Haltung in Ihr Leben integrieren und immer öfter lernen, bei sich zu bleiben, dann kann es gut sein, dass sich Ihr Leben ziemlich drastisch ändert. Dass Sie weniger Interesse haben an äußeren Aktivitäten. Dass Sie präsenter mit anderen werden und schneller spüren, was mit den Menschen jenseits Ihrer Rolle los ist. Dass Sie mehr Zeit alleine verbringen wollen. Dass »Rumhängen« und das Genießen des Augenblicks einen immer größeren Stellenwert bekommt. Dass alte Ziele ihre Bedeutung verlieren. Dass einfache Dinge Sie glücklich machen. Dass Sie manchmal nicht wissen, wie Sie sich mitteilen sollen in dem, was Sie gerade so bewegt, weil da nichts offensichtlich Großartiges und Beredenswertes ist. Dass Sie sich scheuer und ungeschützter fühlen als früher. Dass Sie weniger argumentative Positionen haben als früher. Dass Ihnen alte Bezugssysteme weniger bedeuten. Aber vor allem anderen können Sie eins immer öfter erfahren: dass Sie völlig grundlos Liebe spüren und dass Sie mit den Menschen, die bereit dazu sind, tiefer in Verbindung gehen können, als Sie es sich je vorstellen konnten.

Wenn Sie auf diesem Weg ein Stück weitergehen, ist die stille Verbundenheit irgendwann der schönste Zustand überhaupt. Dann werden Sie erleben, dass Sie sich auf nichts mehr freuen als auf diese Stille, dieses tiefe, lebendige Bei-sich-Ankommen und Mit-sich-Sein. Dort, einfach so in der Tiefe des Moments, warten die schönste Verbindung und die großartigste Liebesgeschichte überhaupt. Lassen Sie sich auf diesem Weg nicht in die Irre führen von Ihrem suchenden, unruhigen und gierigen Alltagsbewusstsein, das Sie die ganze Zeit so an- und umtreibt und von genau diesem Augenblick abhält, in dem alles da ist. Das Alltagsbewusstsein ist wie ein Film, der über Ihrer Stille liegt. Um an diesen vollen und erfüllenden inneren Ort zu kommen, braucht es keine weite

Reise. Es braucht nur die Bereitschaft, sich dem Alltagsbewusstsein mit ganzer Präsenz zuzuwenden und durch die unruhige Oberfläche hindurchzusegeln hinein in die volle Stille.

Es ist wichtig, dass Sie Ihre eigene Form finden, wie Sie auf angenehme Art mit sich in Stille sein können. Ob Sie fünf Minuten wach im Sessel sitzen, auf dem Bett liegen oder in den Garten gehen – wichtig ist nur: Hören Sie auf sich. Überfordern Sie sich nicht. Fangen Sie klein an. Und vor allem: Lassen Sie sich von den ersten inneren Erfahrungen nicht ablenken oder gar abschrecken. Wenn sich die Stille erst mal ganz unruhig, angespannt und kaum auszuhalten anfühlt, dann haben Sie nicht etwa etwas falsch gemacht.

Ich habe es gleich zu Beginn dieses Buches ja schon beschrieben: Für die meisten Menschen ist der unmittelbare, uneingeschränkte Kontakt zu sich selbst ganz ohne Ablenkung und Beschäftigung anfänglich wie der Eintritt in die Hölle. Kaum kommen wir bei uns an, ist alles unruhig. Wir fühlen uns getrieben oder werden sofort hundemüde. Überall spannt es und zwickt es, und tausend Gedanken scheinen uns gleichzeitig durch den Kopf zu schießen. Wenn Sie dieser Unruhe jetzt folgen und sich sagen: »Nur weg hier von diesem grässlichen Gefühl. Schnell was tun, damit das aufhört.« Dann sind Sie dieser Hölle nicht etwa entkommen. Sie sind nur wieder ihr unbewusster Sklave geworden und zum Ausagieren, Kompensieren oder Verdrängen all dieser inneren Unruhe gezwungen.

Wenn Sie aber in der Stille bleiben, dann werden Sie entdecken, wie sehr Sie innerlich von allem Möglichen an- und umgetrieben werden. Es wird Ihnen manchmal vorkommen, als ob sich wieder zu spüren hieße, sich einem Folterknecht in die Arme zu werfen. Als ob sich nur Masochisten freiwillig nach Zeiten des Alleinseins sehnten. Als ob Wahrnehmung ohne jede Ablenkung, ohne andere Menschen, ohne etwas zu tun, ohne Buch, Radio und Fernseher eine Strafe wären.

Ich versichere Ihnen, das ist nur der Einstieg. Diese Unruhe löst sich mit der Zeit auf, wenn Sie sich wirklich auf sie einlassen. Egal, welche Gefühle da hochkommen – das Geheimnis ist: Bleiben Sie einfach dabei. Drängen Sie diese Gefühle nicht weg, beurteilen oder analysieren Sie sie nicht, aber lassen Sie sich auch nicht von ihnen vereinnahmen. Nehmen Sie sie wahr, und nehmen Sie sie an. Dann beginnen Sie sich zu öffnen und zu verändern. Sie werden fließender und verlieren langsam Ihre Unruhe.

Wenn Sie sich in diesem Vorgehen eine Zeit lang geübt haben, dann können Sie diese Praxis auch viel leichter in den oben beschriebenen Krisensituationen anwenden. Irgendwann verstehen Sie gar nicht mehr, wie Sie sich so lange gegen alles stellen konnten, was das Leben so bringt. Es wird Ihnen mit der Zeit zur zweiten Natur, mit Ihren Blockaden, Ängsten, Schmerzen, Urteilen – kurz mit allem, was Sie davon abhält, in der Liebe zu sein – so umzugehen.

Sicher werden Sie unterwegs an sich zweifeln und das Gefühl haben, wieder vollkommen von einer Geschichte aufgesogen zu werden. Sie werden mit sich hadern. Sie werden sich wieder verführen lassen, da draußen nach Schuldigen für Ihr Dilemma zu suchen. Aber auch das ist zu etwas gut: Sobald Sie wieder Abstand gewinnen, können Sie mit der Zeit eine ziemlich ernüchternde Entdeckung machen: »Egal, was in meinem Leben passiert, wenn ich mich reinziehen lasse, reagiere ich immer wieder gleich. Über jede Erfahrung stülpe ich die gleichen Urteile und Bewertungen. Jedes Erlebnis bringt die gleichen Gedankengänge in Aktion. Alles Mögliche führt mich zu immer wieder ähnlichen Schlüssen und weckt in mir ähnliche Gefühle.«

Manches müssen Sie sich hunderte Male anschauen, so tief ist es in Ihnen verwurzelt. Aber manchmal fühlt es sich plötzlich aus heiterem Himmel ganz friedlich und still in Ihnen an, ohne dass Sie genau sagen könnten, warum. Und dann auf einmal merken Sie, dass Sie das, was Ihr Partner tut, nicht mehr so stark bewerten und beurteilen. Auf einmal öffnet sich etwas, beginnt Liebe zu fließen. Aus meiner Erfahrung kann diese aufrichtige Präsenz und Annahme dessen, was ist, Partnerschaft von innen transformieren, wie kaum etwas sonst. Denn nur mit Hilfe von Präsenz lernen wir auszusteigen – aus unserer eigenen Unbewusstheit und aus unseren eigenen Urteilen und damit aus der Abhängigkeit und den Verwicklungen mit anderen.

Manchmal werden Sie unterwegs bockig werden. Alles in Ihnen wird sich auflehnen. Ihr Ego schreit dann nach Futter. Es fühlt sich einen Moment lang entspannter und leichter an, wenn man alles wieder nach draußen entladen kann. Wenn man einen klaren Feind hat, der schuld ist. Wenn man sich dagegen in Präsenz übt, kommt man sich erst mal vor wie im Stau. Nichts kann raus, alles bleibt drin. Das drückt, sollte Sie aber nicht weiter verwirren. Wenn Sie diesem Prozess beiwohnen und merken, wie es in Ihrem Inneren heftiger und lauter wird und alles Sie da wieder reinziehen will, dann atmen Sie am besten ein paarmal tief durch und spüren Ihre Füße auf dem Boden. Und üben Sie sich weiter in der großen

Kunst, sich selbst einfach nur beizuwohnen mit aller Anteilnahme und Nähe, die Ihnen möglich ist.

Trotzdem werden Sie immer mal wieder von einer emotionalen Ladung weggezerrt werden. Machen Sie sich deswegen nur nicht fertig. Machen Sie sich möglichst auch keine Vorwürfe, wenn Sie gerade wieder mitten in all Ihren Gedanken und Gefühlen gefangen sind. Belohnen Sie sich lieber dafür, dass Sie dieses Wegdriften überhaupt als solches erkennen. Dass Sie wissen, dass Sie die entscheidenden Antworten und Veränderungen nur im Inneren finden können. Das hier ist ein Weg, der Sie immer wieder herausfordern wird. Aber wenn Sie sich wieder und wieder in Präsenz üben, wird sich Ihnen ein kleines Wunder offenbaren: Sie können wirklich erleben, wie sehr unser Erleben von unserem Bewusstsein und unseren verborgenen inneren Glaubensmustern geprägt wird. Sie werden erleben, dass die Welt da draußen tatsächlich das ist, was wir von ihr glauben.

Während Ihrer Übungen werden vielleicht Gedanken an die Oberfläche Ihres Bewusstseins kommen, von denen Sie sich nie hätten vorstellen können, dass ein integrer Mensch sie haben könnte. Sie urteilen, ringen und schämen sich vielleicht. Sie sind entsetzt, und aus heiterem Himmel fahren die Gefühle Achterbahn in Ihnen. Aber wenn Sie dabeibleiben und auch die unglaublichsten Gedanken annehmen, dann passiert manchmal das Wunder. Etwas in Ihnen entlädt sich danach vielleicht ungewöhnlich heftig. So wie bei mir, als ich erkannte, wie groß meine lange fest gehaltene Wut auf meine Mutter war. Danach kam ein Heulkrampf über mich wie selten zuvor. Aber danach wurden neue Gefühle in mir lebendig. Es lässt sich nur schwer beschreiben, aber es war, als ob ich die Welt neu wahrnähme. Etwas in mir hatte sich geöffnet.

Am deutlichsten hat mir dieses Phänomen der veränderten Wahrnehmung einmal eine ziemlich überforderte Mutter geschildert. Die Frau hatte fünf Wunschkinder. Sie war als Mutter zu Hause, so wie sie es immer gewollt hatte. Und sie lebte auch so, wie sie es sich immer vorgestellt hatte: in einem Haus mitten in der Stadt mit viel Leben drumherum. Aber mit der Zeit bekam sie Depressionen. Sie konnte kaum noch aus dem Haus gehen, ohne von Angstattacken überfallen zu werden. Sie kapselte sich immer weiter ab, und auch ihr Mann konnte sie nicht mehr erreichen. Sie blieb nur noch mit den Kindern zu Hause.

Die Frau begann dann, sich in Präsenz zu üben. Täglich, wenn die Kinder im Bett waren, zog sie sich in die Stille zurück und begann wahrzunehmen, was da in ihr war. »Manchmal hatte ich das Gefühl, ich würde lieber sterben, als weiter diese Angst zu spüren.« Aber dann raffte sie sich auf und blieb doch wieder dabei. Das ging über Monate so. Eines Tages erzählte sie mir, etwas Grauenvolles sei passiert. Auf einmal habe sie den Gedanken gehabt, dass sie am liebsten ihre Kinder umbringen wolle. Sie habe eine solche Wut gehabt auf ihr Muttersein. Auf dieses ewige Geben und sich immer um andere kümmern. Sie habe sich innerlich zugehört, wie sie immer wieder zornig gedacht habe: »Ich könnte euch umbringen dafür, dass ihr mich hier so festhaltet und mich nicht in Ruhe lasst.«

In den Tagen danach sei sie voller Schamgefühle gewesen. Aber sie sei trotzdem dabeigeblieben, habe sich weiter zugehört, wie zornig und aggressiv gegen ihre Kinder sie auch innerlich war. Sie habe alle Gefühle angenommen, die hochgekommen seien: Sehnsucht nach Freiheit und nach Frausein. Und sie habe sich immer weniger dafür verurteilt. Langsam habe der Zorn nachgelassen, und dann auf einmal habe sie plötzlich alles wie durch eine neue Brille gesehen: »Ich spürte, dass das Leben, das ich bisher geführt hatte, gar nicht meins war. Es war ein eigenartiges Gefühl. Da war eine neue Lebendigkeit in mir. Eine neue Nähe zum Leben. Auf einmal merkte ich, wie ich mich aufgegeben hatte für die Kinder. Vorher konnte ich das nicht im Geringsten fühlen. Aber jetzt stand da auf einmal eine Tür weit offen. Ich entdeckte, dass ich all das lebte, was meine Mutter in ihrer wehleidigen Selbstaufgabe gelebt hatte. Ich hatte mich nie selbst gefühlt. Es war ein verrücktes Gefühl, als ob eine andere Frau in mir geboren worden wäre.«

Die Frau fand einen neuen Umgang mit ihren Kindern. Sie setzte Grenzen und gab den Kindern neuen Halt durch Klarheit, wo sie sich früher aufgeopfert hatte. Sie fand auch die Zeit, wieder öfter etwas mit ihrem Mann zu unternehmen. Das alles konnte passieren, weil von innen heraus ein Teil von ihr wieder ins Leben gekommen war. Einfach dadurch, dass sie sich voll und ganz sich selbst zugewendet hatte und sich selbst auch mit allem angenommen hatte, was ihr so verurteilenswert erschienen war.

Wenn Sie sich in Präsenz üben und eine innere Haltung einnehmen wie etwa: »Ich will wissen, wer ich bin und was ich tatsächlich glaube«, dann können Sie erleben, wie sich die Welt durch Ihre Wahrnehmung und nicht durch Ihre Kontrolle verändert. Die Menschen tun vielleicht immer noch das, was sie immer getan haben. Aber Sie fühlen sich nicht mehr verletzt. Oder die Menschen verändern auf einmal ihr Verhalten, obwohl Sie nicht darum gekämpft haben. Oder Menschen treten in Ihr Leben, die völlig andere, Ihnen förderliche Verhaltensweisen an den Tag legen.

Präsenz lehrt uns, wie die Welt wirklich funktioniert. Wir müssen nichts verändern, um Liebe zu finden. Aber alles verändert sich, wenn wir uns unserer Liebe zuwenden.

8. Kapitel
Emotionen sind keine Gefühle, Emotionen sind Beziehungskiller

Bisher habe ich immer nur von *Gefühlen* gesprochen, in den unterschiedlichsten Zusammenhängen, und habe es so benutzt, wie die meisten von uns dieses Wort benutzen. Aber eigentlich ist das ein schludriger Umgang damit. Wenn wir auf Dauer unmittelbarer und lebendiger leben wollen, ist es wichtig, den Unterschied zwischen *Gefühlen* und *Emotionen* zu kennen. In uns gibt es Gefühle, und in uns gibt es Emotionen, und das ist keineswegs das Gleiche. Die Erläuterungen von Diana Richardson haben mir den Unterschied am ehesten deutlich gemacht. Sie hat ein ganzes Buch zu diesem Thema geschrieben, das ich jedem empfehlen kann, der sich selbst besser verstehen will.

Grundsätzlich gilt: Emotionen haben ihre Wurzeln in der Vergangenheit. Und Gefühle beleben uns in der Gegenwart. Wenn man genauer hinschaut, dann entstammen beide völlig verschiedenen Quellen.

Nur allzu oft wird in unserer Gesellschaft die Liebe mit großen Emotionen gleichgesetzt: mit großer Leidenschaft, herzzerreißenden Ereignissen und großen Dramen. Aber das ist die Liebe nicht. Die Liebe ist vor allem eins: annehmend und unmittelbar. Sie ist eine sehr feine, aber kraftvolle Empfindung der Verbundenheit. Aber ich merke schon, wenn ich versuche, die Liebe zu beschreiben, dann reichen die Worte nicht. Am Ende kann sie jeder nur selbst erfahren. Aber wer sie erfahren hat, der weiß, wie sehr sie sich von dem unterscheidet, was wir ihr gemeinhin andichten.

Unsere Gefühle sind lebendig und entspringen dem momentanen Augenblick. Gefühle finden im Hier und Jetzt statt, sie haben keine Geschichte und mit romantischer Verklärung nichts zu tun. Sie sind ein Ausdruck unserer inneren Verbundenheit und unseres Seins. Gefühle sind Ausdruck der Liebe.

Emotionen sind angestaute Gefühle, die wir in der Vergangenheit nicht ausgedrückt haben. So wie ich oben in meinem Beispiel über meinen Haarausfall gezeigt habe. Da gab es in mir eine Ladung an unausgedrückter Wut, die sich plötzlich im Inneren gegen mich richtete und mich extrem emotional machte. Emotionen sind wie Viren, die uns und unsere Beziehungen befallen. Sie schwächen das Immunsystem jeder Partnerschaft und sind in ihrer Wirkung immer destruktiv. Sie ziehen uns in die Vergangenheit und vergiften damit unsere Gegenwart.

Mit der Erlaubnis von Diana Richardson möchte ich Ihnen hier zwei ihrer Auflistungen einfügen, die Sie den Unterschied zwischen Emotionen und Gefühlen erkennen lassen:

Emotionen erkennt man:

1. an dem Gefühl, vom anderen abgetrennt oder ihm entfremdet zu sein, so als stünde eine Mauer zwischen Ihnen.

2. Der Augenkontakt wird schwierig. Sie vermeiden, dem anderen in die Augen zu schauen, blicken woanders hin.

Oder der andere erscheint Ihnen weit weg zu sein, oder Sie sehen ihn nur verschwommen.

3. Sie geben Ihrem Partner die Schuld an der Situation oder am eigenen Unglück.

4. Sie benutzen Sätze wie »Nie machst du ...« oder »Immer machst du ...« Sie sprechen über Ihren Partner und nicht über sich.

5. Sie ziehen sich zurück und verschließen sich.

6. Ihr Körper ist zusammengezogen. Sie fühlen sich wie gelähmt, wie taub – manchmal treten Schmerzen auf.

7. Ihr Gesichtsfeld verengt sich und ist umwölkt.

8. Sie fühlen sich erschöpft, haben wenig Energie und möchten am liebsten schlafen.

9. Sie sind auf der Hut, in Abwehrstellung.

10. Sie fühlen sich alleingelassen und abgelehnt.

11. Sie fühlen sich einsam und unvollständig.

12. Sie sind selbstgerecht, nach dem Motto: »Ich habe Recht und ich weigere mich so lange einzulenken, bis du zugibst, dass ich Recht habe.«

13. Sie fühlen sich falsch verstanden und haben das Gefühl, dass alles, was Sie tun, für selbstverständlich gehalten wird.

14. Sie lieben es zu streiten, zu diskutieren, zu kämpfen und den anderen zu provozieren.

15. Ihre Gedanken drehen sich im Kreis. Sie sind voller Negativität und haben Zweifel.

16. Was auch immer auftaucht, es folgt denselben Mustern, und Themen wiederholen sich.

17. Sie fühlen sich hilflos und als Opfer der Situation.

18. Ihre Zukunft erscheint hoffnungslos und deprimierend.

19. Sie sind angespannt und kratzbürstig. Ihr Partner kann Ihnen nichts recht machen.

20. Der emotionale Zustand kann einige Tage bestehen bleiben, bevor er sich löst und wieder Harmonie einkehrt.

21. Sie wollen, dass Ihr Partner sich ändert.

22. Sie wollen sich rächen, indem Sie etwas Unfreundliches und Liebloses tun oder sagen.

23. Sie reagieren aus dem Ego.

24. Unbewusste Reaktionen. Sie verstehen nicht, warum Sie so reagieren.

25. Sie beziehen sich auf etwas Vergangenes.

Die Liste ist lang. Aber ich bin mir sicher, dass jeder, wenn er erst einmal das Prinzip verstanden hat, dieser Liste noch ein paar emotionale Highlights aus dem eigenen Musterkoffer hinzufügen kann. Und wer wirklich ehrlich einsteigt, wird bemerken, dass wir oft nicht nur von einem dieser Symptome verblendet werden, sondern gleich von einer ganzen Reihe davon eingenommen sind. Wichtig ist zu verstehen, dass wir, wann immer wir bei etwas sind, das da oben auf dieser Liste steht, nicht bei unserem Partner sind, sondern uns unbewusst in der Vergangenheit aufhalten. Deshalb ist es für jede Beziehung auf Dauer das A und O, dass wir uns auf die Lauer legen und gewillt sind herauszufinden, wann wir emotional sind und damit keine klare Sicht mehr auf eine Situation oder einen Menschen haben. Zu verstehen, dass wir, sobald wir emotional sind, nicht in der Gegenwart, sondern vielmehr von alten ungelebten Gefühlen in der Vergangenheit übermannt sind.

Unsere Emotionen sind sozusagen angesammelte, ungelebte Vergangenheit. Versteinerungen all unserer nicht ausgedrückten Gefühle, die sich im Lauf der Zeit in uns angestaut haben. Emotionen sind entstanden, wann immer wir in der Vergangenheit Gefühle, die in uns waren, nicht unmittelbar ins Leben gebracht haben. Wann immer wir Gefühle unterdrückt, hinuntergeschluckt oder in uns hineingefressen haben. Als wir nicht das gezeigt haben, was wir in diesem Augenblick gefühlt haben. So sind sie in uns geblieben und leben dort unterdrückt, aber als aufgeladenes Spannungsfeld in uns weiter und warten auf passende Gelegenheiten. Sie gieren förmlich danach, dass sich die schmerzlichen Situationen von einst wiederholen, damit sie endlich rausdürfen. Sobald in unserem jetzigen Leben etwas geschieht, das dem emotionalen Kontext einer vergangenen Situation ähnelt, in der die Gefühle nicht gezeigt wurden, kommen unsere Emotionen ans Tageslicht. Das sind ihre großen Chancen, endlich gelebt zu werden.

Das Problem ist nur: Emotionen, die unter Umständen jahre- und jahrzehntelang unverdaut eingesperrt auf dem

Boden unseres Bewusstseins rumwabern, sind gestaucht, gedrückt und verwahrlost wie eine wilde Meute Gefangener. Es braucht eine unglaubliche Kontrolle von uns, um diese Meute im Zaum zu halten. Aber da ihre ursprüngliche Kraft zutiefst lebendig war, lassen sie keine Chance ungenutzt, um dennoch auszubrechen. Die übliche Art, sich ihren Weg in die Freiheit zu bahnen, ist unterschwellig: Wir sind verzickt, nörglerisch, rechthaberisch und streitsüchtig. Wir sind reizbar, leicht erregbar – und das bei immer nichtigeren Anlässen. Wir werden misstrauisch, verbittert und voller Groll. Wir sind innerlich getrieben, unruhig und verspannt.

Gelebte Gefühle sind das Einzige, was unser Leben wieder lebendig macht. Alles in uns ist darauf angelegt, unmittelbar zu fühlen. Deswegen ist es auf dem Weg zurück in die Lebendigkeit so wichtig, sich in Präsenz zu üben. Wenn also gerade etwas in uns aufwallt, uns zu fragen: Ist das in mir jetzt gerade ein Gefühl oder eine Ladung alte aufgestaute Emotion? Wenn wir es als Emotion entlarven (siehe Liste oben), dann geht es jetzt nicht darum, es zu verurteilen. Es geht um bewusste Annahme. Wenn die Emotionen kommen, dann bleiben Sie dabei. Nehmen Sie sie genau wahr, aber lassen Sie sich nicht ganz hineinziehen. Wenn Sie sich ihnen eine Zeit lang mit Aufmerksamkeit und Mitgefühl zuwenden, verschaffen Sie der wilden Meute langsam wieder einen natürlichen Ausdruck. Dann können sich die verwahrlosten und gestauchten Gefangenen wieder zurückverwandeln in das, was sie einst einmal waren: in unsere lebendigen, fließenden, unmittelbaren Gefühle, den wahren Ausdruck unserer selbst.

Annehmende Präsenz bringt uns zurück in die Partnerschaft. Diana Richardson praktiziert in ihren Seminaren mit

Paaren ausgiebig das Wiederankommen in der Gegenwart und das Sein im Augenblick. Wenn sie Paare im Anschluss an diese Übungen bittet, die tiefsten Empfindungen des Augenblicks ehrlich auszudrücken, dann ist jeder Widerstand und jedes Empfinden von Abgetrenntsein verflogen. In die Präsenz, in die Rückverbindung zu den eigenen unmittelbaren Gefühlen passt dann auch keine der emotionalen Erfahrungen der obigen Liste mehr. Wenn die Paare gebeten werden, jedem der emotionalen Symptome eine Gefühlserfahrung zuzuordnen, sieht alles gleich ganz anders aus:

Gefühle erkennt man:

1. Statt abgetrennt und ohne Verbindung zum anderen zu sein, fühle ich mich verbunden und dem Partner nah.

2. Zuvor war es schwierig, dem Partner in die Augen zu schauen – jetzt ist Augenkontakt leicht.

3. Statt dem anderen Vorwürfe zu machen, erkenne ich mich an, so wie ich bin, und zeige meine innersten Gefühle.

4. Ich spreche nicht über den Partner und sage nicht »Nie machst du …« oder »Immer machst du …«, sondern ich sage: »Ich fühle …« und spreche über mich selbst.

5. Ich bin nicht zurückgezogen und verschlossen, sondern offen und verletzlich.

6. Statt dass der Körper sich zusammenzieht und sich wie gelähmt anfühlt, entspannt er sich, dehnt er sich aus und fühlt sich lebendig an.

7. Die enge, negative, umwölkte Zukunftsperspektive wird zu einer weiten und klaren Sicht und zu einer positiven Zukunftsperspektive.

Je mehr wir Präsenz praktizieren, je mehr wir lernen, Zeuge unseres eigenen Erlebens zu sein, desto mehr lernen wir, Abstand von unseren emotionalen Mustern zu nehmen. Wir sind im wahrsten Sinne des Wortes nicht mehr so ferngesteuert von unserer ungelebten, weggedrängten, aber doch übermächtigen Vergangenheit. Wir sind viel eher in der Lage, unsere Gefühle wahrzunehmen und anderen gegenüber auch wirklich unmittelbar auszudrücken. Manches wird unbequemer und ungeschminkter, aber alles wird lebendiger und echter.

www.arkana-verlag.de

Body, Mind + Spirit

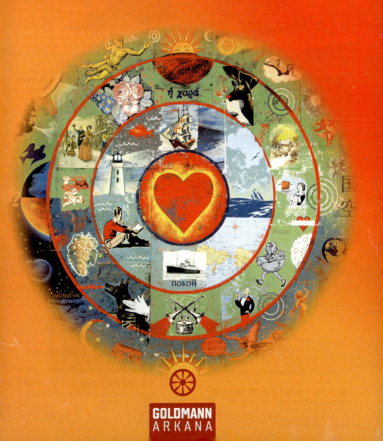

GOLDMANN ARKANA

Eva-Maria Zurhorst
Liebe dich selbst und es ist egal, wen du heiratest
33722 / € 18,90 [D] / 19,50 [A] / sFr 33,90*
[Klappenbroschur, 400 Seiten]

„Eva-Maria Zurhorst will Ehen retten. Die meisten Scheidungen sind überflüssig, glaubt sie, und könnten durch ein bisschen Arbeit am eigenen Ego verhindert werden. Das Beste ist jedoch, dass man sich nach der Lektüre nie wieder auf die Suche nach ‚dem Richtigen' machen muss: ‚Liebe dich selbst und es ist egal, wen du heiratest' lautet Zurhorsts Botschaft. Irgendwie merkwürdig, oder?" *STERN*

Eva-Maria Zurhorst & Wolfram Zurhorst
Liebe dich selbst und freu dich auf die nächste Krise
33754 / € 18,95 [D] / 19,50 [A] / sFr 33,90*
[Klappenbroschur, 384 Seiten]

Eine Flut von Leserbriefen hat das Thema für dieses Buch klar formuliert: „Ja, ich glaube auch, dass Trennung nicht die Lösung ist. Aber wie geht der Weg im Alltag ganz konkret?" Wie gewohnt offen, persönlich und berührend zeigt Eva-Maria Zurhorst diesmal zusammen mit ihrem Mann Wolfram die nächsten Schritte aus der Beziehungskrise, hinein in das Abenteuer Ehe-Alltag.

Eva-Maria Zurhorst
Liebe dich selbst und es ist egal, wen du heiratest
33934 / 6 CDs
€ 22,95 [D] / € 22,95 [A] / sFr 42,90*

Eva-Maria Zurhorst & Wolfram Zurhorst
Liebe dich selbst und freu dich auf die nächste Krise
33935 / 6 CDs
€ 22,95 [D] / € 22,95 [A] / sFr 42,90*

Arkana Classics Klassische Weisheitstexte in modernen Ausgaben

Laotse
Tao Te King
Eine zeitgemäße Version für westliche Leser
21628 / € 6,- [D] / € 6,20 [A] / sFr 11,90*

Das Tao Te King oder Buch des Weges zählt zu den grundlegenden Werken der traditionellen chinesischen Philosophie. Diese authentische und dabei gut verständliche Fassung ist auch für Einsteiger in die taoistische Denkweise ideal!

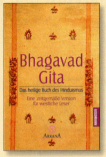

Jack Hawley (Hg.)
Bhagavadgita
Das heilige Buch des Hinduismus
Eine zeitgemäße Version für westliche Leser
21607 / € 8,90 [D] / € 9,20 [A] / sFr 16,90*

Die Bhagavadgita gilt als das grundlegende mystisch-spirituelle Werk der Inder. Entstanden vor Tausenden von Jahren, diskutiert und kommentiert die Gita grundlegende Seinsfragen wie Liebe, Freundschaft, Tod, Sinn und Ziel des Lebens und Wiedergeburt.

Die Upanischaden
Eingeleitet und übersetzt von Eknath Easwaran
21826 / € 12,- [D] / € 12,40 [A] / sFr 22,90*

Eknath Easwarans unserem Sprachempfinden entgegenkommende Übersetzung erlaubt einen leichten Zugang zu diesem philosophischen Menschheitserbe. Die hier behandelten Fragen nach Gott, der Seele, dem Ursprung und der Bestimmung des Menschen beschäftigen uns heute noch ebenso wie vor 2500 Jahren. Auch für moderne westliche Leser eine überaus lohnende Lektüre.

Hajo Banzhaf
Gut beraten mit den archetypischen Bildern des Tarot

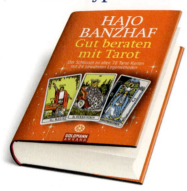

Hajo Banzhaf
Gut beraten mit Tarot
Set / Buch (gebunden, 288 Seiten)
Und 78 Rider Waite Tarotkarten
33748 / € 21,95 [D] / € 22,60 [A] / sFr 38,90*

Mit 24 bewährten Legemustern, übersichtlich nach Schwierigkeitsgraden und thematischen Schwerpunkten angeordnet, bietet dieses Praxisbuch für eine große Bandbreite von Lebensfragen und -lagen die passende Tarotsitzung an. Es bietet stichwortartige Deutungen zu allen 78 Karten des Rider Waite Tarots. Die individuelle Legung in Verbindung mit den Karteninterpretationen gibt Rat in der Liebe, Beruf oder Entscheidungen.

› Hajo Banzhaf ist einer der renommiertesten deutschsprachigen Esoteriker.
› Klarheit, Seriosität und übersichtliche Präsentation sind die Markenzeichen von Hajo Banzhaf.

Hajo Banzhaf
Symbolik und Bedeutung der Zahlen
33760 / € 19,95 [D] / € 20,60 [A] / sFr 34,90*
[gebunden, Halbleinen, 256 Seiten]

Zahlen drücken nicht nur Mengen aus, sie sind auch Symbol für Qualitäten. Hajo Banzhaf integriert alle wichtigen Quellen dieses verborgenen Wissens, von Bibel, Tarot und Astrologie bis zu den antiken Philosophen und der modernen Tiefenpsychologie: das Weltwissen um die Qualität der Zahlen in einem Band!

9. Kapitel
Eine ganz normale Kindheit ... für eine Kinderseele fast immer eine Folter

> Ein Vater muss sein Kind fragen können:
> Verstehe ich dich gut genug?
> Tue ich dir weh,
> weil ich dich nicht ausreichend verstehe?
>
> Eine Mutter muss ihr Kind fragen können:
> Glaubst du, dass ich dich verstehe?
> Sag es mir, damit ich dich richtig lieben kann.
>
> Das ist die Sprache der Liebe.
>
> *Thich Nhat Hanh*

Heutzutage gibt es einige wenige Erwachsene in einer Welt voller Großgewordener. Als ich diesen Satz kürzlich zum ersten Mal hörte, habe ich einen Moment gebraucht, um ihn wirklich zu verstehen. Aber dann rückte er vieles in Sachen Partnerschaft, aber auch in der grundsätzlichen Betrachtung unserer Gesellschaft für mich in ein neues Licht. In allen früheren Kulturen gehörten Initiationsrituale zu den zentralen und gesellschaftlich bedeutendsten Ereignissen. Kinder mussten bis zu ihrem Erwachsensein ganz selbstverständlich Reifeprüfungen ablegen. Bei der Initiation ging es immer um eine zweite Geburt. Der junge Mensch musste in den Riten bewusst und aus eigener Kraft die Abnabelung vollziehen. Vor allem mussten sich die Initiationskandidaten in Grenzgebiete des Lebens, in »Todesnähe« begeben, um diese kennenzulernen, an ihnen zu wachsen und aus ihnen mit neuen Kräften wiedergeboren zu werden. Initiation drehte sich im Kern um Sterben und Wiedergeborenwerden. Um das Loslassen alter Sicherheiten und das Erfahren der eigenen Stärke. In diesem Prozess mussten die Heranwachsenden Schattenseiten des menschlichen Seins erfahren, Schmerz, Leid, Angst, Wahnsinn – und all diese Erfahrungen in ihr Bewusstsein integrieren und mit zurückbringen in ihr neues Leben. Dies waren keine Spiele. Es ging darum, dass die Kinder ihre geschützte heile Welt verlassen mussten, um dann durch Grenzerfahrungen in eine bewusste Welt erneut hineingeboren zu werden. So konnte aus einem Kind ein Erwachsener werden, der die Abgründe des Lebens, aber auch seine eigenen Kräfte kannte.

In unserer heutigen Gesellschaft hat die Initiation keinerlei Bedeutung mehr. Kinder müssen nicht lernen, sich in bestimmten Entwicklungsphasen mit ihren Ängsten zu konfrontieren und über sie hinauszuwachsen. Sie müssen nicht lernen, sich abzunabeln und sich wirklich von ihren Eltern zu lösen. Wie sollte das auch funktionieren in einer Gesellschaft, die fast krankhaft mit der Kompensation und Verdrängung von Angst und Schmerz beschäftigt ist. Wie sollen Eltern ihre Kinder ermutigen, sich ihren dunklen und unbewussten Seiten zu stellen, wenn sie selbst ständig davor davonlaufen? So leben wir heute in einer Welt voller unabgenabelter Kinder in groß gewordenen Körpern. Kinder, die immer noch in all ihrem Tun und Handeln nach Hilfe, Aufmerksamkeit und Zuwendung rufen. Kinder, die vor Schmerz und Angst schreien. Kinder, die aber nicht wirklich gehört und verstanden werden, weil sie in den Körpern von Großgewordenen leben, die nie initiiert und mit all ihrem Schmerz konfrontiert wurden und die nie gelernt haben, diesen Schmerz anzunehmen und zu transzendieren.

Hier liegt die große Chance der Ehe. Wenn Sie bereit sind, diese beiden Tatsachen anzuerkennen, nämlich erstens: Ich bin nur »groß geworden«, aber noch nicht erwachsen.

Zweitens: Meinem Partner geht es genauso. Wir rufen beide den ganzen Tag wie verlorene Kinder nach Zuwendung und Hilfe.

Drittens: Wir brauchen Initiation. Wir brauchen die Möglichkeit, das Dunkle anzunehmen und durch es hindurchgeführt zu werden, um dann endlich eine erwachsene Partnerschaft zu führen.

Dann können Sie Ihre Ehe neu entdecken. Sie ist der Raum der Initiation. Genau dazu ist die Ehe da. Unsere Partnerschaft ist der geschützte Raum, in dem wir uns gegenseitig durch die schwere Zeit der Neugeburt hindurchführen. Jeder von uns sieht das Kind im anderen und erkennt das Ziel an, endlich in einem wahren Sinne erwachsen zu werden, indem wir an unserem Schmerz wachsen und nicht vor ihm weglaufen.

Vielleicht können Sie ja jetzt Ihren Partner mit neuen Augen sehen. Vielleicht können Sie sehen, welcher Schatz in Ihrer Ehekrise verborgen liegt. Vielleicht sehen Sie endlich in dem momentanen Spektakel in Ihrem Leben die Chance zur Initiation. Vielleicht konnten meine Worte ja dazu beitragen, dass Sie den heilenden Raum spüren können, der sich da vor Ihnen auftut. Vielleicht konnten meine Worte dazu beitragen, dass sich um Sie ein neuer Kokon spinnt. Einer, der das Getose da draußen abdämpft, damit Sie sich wieder nach innen und der Kraft des Augenblicks zuwenden können. Einer, der Ihnen genug Geborgenheit und Sicherheit vermittelt, damit Sie sich Ihren Wunden der Vergangenheit mit Annahme und Gewahrsein zuwenden können.

Ich kann es gar nicht oft genug sagen: Alles, was zwischen uns und unserem Partner steht, sind alte Wunden, von denen die meisten (vielleicht erinnern Sie sich an die 96 Prozent) uns selbst nicht einmal bewusst sind. Daher ist es wichtig, dass wir uns aktiv auf eine neue, im Alltag praktizierte Haltung einlassen: Sobald es wehtut, wird in mir ein alter Schmerz aktiviert. Ich werde sozusagen vom alten Schmerz in mir in Besitz genommen.

Wenn ich von altem Schmerz rede, dann gehen seine Wurzeln oft wirklich weit zurück in unserem Leben. Von frühester Kindheit an haben die meisten von uns alle möglichen Gefühle unterdrückt. Ein Großteil unserer Emotionalität kommt daher, dass wir schon in unserer Ursprungsfamilie unsere tatsächlichen Gefühle in ihrer großen Bandbreite nicht ausdrücken konnten oder durften. In den ersten prägenden Jahren unseres Lebens wurde kaum einer von uns dazu ermutigt, seinen wahren Gefühlen authentisch Ausdruck zu verleihen. Kaum jemand wurde darin bestärkt, zu seiner inneren Wirklichkeit zu stehen. Stattdessen wurde uns beigebracht, wie man sich richtig benimmt, womit man unauffällig bleibt und wie man sich anpasst und es allen recht macht. Unsere Eltern, unsere Lehrer, unsere Gesellschaft, alle haben uns dahin erzogen, dass wir funktionieren und keine großen Ausschläge zeigen. So mussten die meisten von uns unzählige Male so tun, als ob wir gewisse Gefühle nicht hätten. Wir mussten unsere Tränen unterdrücken, unsere Schreie der Wut, unsere wilde Freude, unsere Lust und Leidenschaft. Wenn wir nicht gehorchten, dann wussten unsere Eltern, wie sie auf mehr oder weniger offensichtliche Weise unsere Schuldgefühle wecken konnten, wenn wir etwas »Falsches« taten.

Für die überlebenswichtige Liebe ihrer Eltern sind Kinder bereit, alles zu tun. So haben die meisten von uns sich bereits in den ersten Lebensjahren in den ihnen vorgegebenen Rahmen eingepasst, alle unerlaubten Gefühle ins Reich des Unbewussten verbannt und schleichend die Fähigkeit verloren, sich selbst auszudrücken. Wenn man heutzutage durch die Straßen geht, wirkt es deshalb auch so, als bewege man sich in einer angepassten Welt voller verkümmerter, grauer Männchen. Die meisten von uns wissen gar nicht mehr, dass es auch ein anderes Leben als das in der Norm und im Trend geben könnte. Sie erlauben sich höchstens irgendwelche – meist geheimen – Nischen, in denen sie unerlaubte Gefühle ausleben. Bis heute geschieht es in den meisten von uns absolut automatisch, dass wir unsere Gefühle hinter unzähligen Kontrollmechanismen verbarrikadiert halten und nur herauslassen, was unserer Meinung nach gerade erlaubt, angemessen oder zielführend ist.

Je länger ich mit Menschen arbeite, umso mehr komme ich zu der traurigen Erkenntnis, dass eine sogenannte »normale« Kindererziehung für eine zarte Kinderseele eher einer Folter gleicht. Kinder sind vollkommen offen, unschuldig und weich. Sie sind wie der Fluss, der sich seinen Weg um all die Felsen herum sucht. Alles im Kind ist lebendig und im

Fluss. Kinder sind noch ganz in ihrem Gefühl. Denken Sie an ein schreiendes oder ein lachendes Baby. Wenn ein Baby weint oder lacht, dann tut es das mit seinem ganzen Sein. Der ganze Körper lacht oder weint. Das Baby *ist* sozusagen Lachen oder Weinen.

Und dann kommt die Erziehung. Damit meine ich nicht die elterliche Klarheit, Grenzen zu setzen und Anlagen herauszufordern, die Erziehung, die erkennt, dass ein Nein dem Kind Halt und Sicherheit gibt und manchmal das Beste für sein Wachstum ist. Ich meine die Erziehung, die dafür sorgt, dass alle lebendigen Gefühle reglementiert werden. Die nicht sieht, wer dieses kleine Wesen ist, sondern aus diesem Wesen hervorformen will, was in den Vorstellungen der Eltern später für Anerkennung und Unabhängigkeit sorgt.

Diese Erziehung führt dazu, dass aus den von ihr geprägten Kindern Erwachsene werden, die rechnen, schreiben und funktionieren können, die aber unfähig sind, sich einem anderen Menschen zu geben. Die entmutigt von Partner zu Partner rennen, weil sie sich nach nichts mehr als nach Nähe und Lebendigkeit sehnen. Die aber selbst schon lange nicht mehr wissen, wie sich die eigene Lebendigkeit anfühlt. Sie sind wie abgeschnitten von der eigenen natürlichen inneren Steuerung. Diese Orientierungslosigkeit und Verunsicherung wirkt bis tief hinein in unsere Wahrnehmung, in unseren Körper, ja in unser Nervensystem. Es gibt so viel Angst vor Verrat, Verletzung und Überforderung in uns, dass wir vor allem in Situationen, in denen es einfach nur um uns geht, oft nicht mehr richtig funktionieren können. Wir haben Angst vor den Wellen des Meeres, Angst vor der Höhe der Berge, können in nahen Situationen keine Liebe mehr fühlen, können uns nicht mehr vergnügen und nicht mehr kreativ ausdrücken.

All dies zeigt nicht, dass wir falsch sind oder den falschen Partner haben. Dies zeigt, dass wir in unserem Urvertrauen verletzt sind. Deshalb ist es so wichtig, dass wir lernen, gerade in solchen Situationen nicht davonzulaufen, zu erstarren oder uns zu schämen. Um Veränderung zu erfahren, müssen wir uns diesen Ängsten und Erstarrungen wieder zuwenden und ihnen mitfühlend begegnen. Dafür braucht es Geduld und Einfühlungsvermögen. In welchem Ausmaß? Ich glaube, die meisten von uns müssen bei diesem Lernprozess bei Null anfangen. Es braucht großen Mut, um eine vergangene Traumatisierung wirklich ganz anzunehmen und zu transformieren. Die meisten von uns brauchen den extremen Druck einer Krise, um sich dem Schmerz des einstigen Kindes zu stellen. Hierzu möchte ich Ihnen einen kleinen Auszug aus einem Brief wiedergeben, den eine Frau schrieb, die bereits mehrere Trennungen und Scheidungen hinter sich hatte und erneut vor dem Aus einer vielversprechenden Beziehung stand. Sie war alleine mit ihrer Mutter aufgewachsen, die nie mit ihrem Vater zusammengelebt und seine Existenz weitgehend aus dem Leben ausgeklammert hatte.

Vielleicht gelingt es Ihnen ja, diese Zeilen, die sie über ihre aktuellen Erfahrungen schrieb, nicht nur mit dem Blick auf die Trennung der erwachsenen Frau zu lesen, sondern auch auf das Kind, das einst den Kontakt zu seinem Vater verlor.

... Seit er mich verlassen hat, überschlagen sich meine Ängste und Traurigkeitsgefühle geradezu. Das ging los mit dem Gefühl: »Ich kann sein, wie ich will, ihr lasst mich ja sowieso alle

alleine und im Stich. Ich scheine euch ja nichts wert zu sein.«
Und ging dann über in Gefühle von: »Was habe ich euch eigentlich angetan, dass ihr so zu mir seid, dass ihr mich so behandelt?«

Es entstand dabei – das wurde mir erst nach und nach klar – ein so unsagbar tiefes Verlassenheitsgefühl, dass ich in diesen Angst- und Trauerschüben glaubte, darin zu versinken. Das Gefühl, das mich fast zum Schreien vor innerem Schmerz gebracht hätte, war der Gedanke: »Bei mir ist niemandes Zuhause, und so wird es immer sein und bleiben.« Das zieht sich wie ein roter Faden durch mein Leben. Mir lief dabei auch mein erster Mann ständig über die Bettdecke. Am Schluss dachte ich immer: »Wenn der Mann, der mich liebt und den ich liebe und mit dem ich bis ans Ende meiner Tage einschlafen möchte, bei mir nicht sein Zuhause findet, ist eh alles verloren, und ich kann mich jetzt gleich hinlegen und sterben.«

Die Wurzeln dieser Not stammen aus ferner Vergangenheit. Das überwältigende Gefühl von Verlassenheit ist sicher sehr früh in der Seele dieser Frau entstanden. In einer Zeit, in der sie nur wehrlos hinnehmen konnte, dass der Mann ihres Lebens – ihr Vater – nicht da war. Da sie nie mit ihrem Vater gelebt hat, handelt es sich eher um eine seelische als um eine reale Erfahrung des Verlassenwerdens. Wenn Kinder ganz klein sind, dann hinterlässt jede Erfahrung von Stress ein inneres Gefühl von Verlassensein. Selbst wenn ein Vater die schwangere Mutter verlässt, entsteht ein »Loch« im unbewussten kindlichen Sein, das dazu führt, dass das Kind mit einem unerklärlichen Mangelgefühl aufwächst, das es nur auf sich selbst beziehen kann: »*Ich kann sein, wie ich will, ihr lasst mich ja sowieso alle alleine und im Stich. Ich scheine euch ja nichts wert zu sein.«* So wurde sicher auch diese Frau als kleines Mädchen übermannt von Verlassenheits- und Einsamkeitsgefühlen, ohne jede Möglichkeit, diese zu rationalisieren oder zu relativieren. In den tiefsten Schichten ihres Seins haben sich Glaubenssätze eingeprägt wie: »*Wenn der Mann, der mich liebt und den ich liebe und mit dem ich bis ans Ende meiner Tage einschlafen möchte, bei mir nicht sein Zuhause findet, ist eh alles verloren, und ich kann mich jetzt gleich hinlegen und sterben.*«

Vielleicht können Sie erahnen, wie viel Mut, Hingabe und geduldige, liebevolle Präsenz es braucht, wenn diese Frau sich hier und heute ihrem lange eingefrorenen kindlichen Erleben wieder öffnet, es von ihrem momentanen Partner entkoppelt und es durch Präsenz und Annahme langsam heilt und in neue Lebenskraft transformiert. Aus diesem Prozess der Initiation sollten wir unseren erwachsenen Verstand tunlichst raushalten. Im Zweifel kann er nur Schaden anrichten, da er mit seinen rationalen Betrachtungen nie verstehen wird, was wir als Kind gefühlt haben und wie präsent dieses Gefühl auf unbewussten Ebenen noch in uns wirkt.

Der Versuch, unser einstiges kindliches Sein zu verstehen, muss sich nicht immer auf einzelne große Dramen beziehen. Traumatisierung zieht sich auf zahllose Weise durch unser kindliches Heranreifen. Kinder versuchen unbewusst oft den Schmerz ihrer Eltern zu tragen. Sie inhalieren sozusagen den Druck, die Erwartungen, die Ängste und Frustrationen, die in der Familie anwesend sind. Ziemlich geschwächt wird unser Heranreifen oft auch aufgrund von familiären Rollen, die uns als Kind aufgezwungen wurden: zum Beispiel, wenn wir zur emotionalen Stütze von Papa oder Mama werden mussten. Oder wenn von uns erwartet wurde, in die Fußstapfen unserer Eltern zu treten. Sobald wir eine Rolle spielen müssen, die nicht unserer Natur entspricht, verlieren wir die Verbindung zu unseren eigenen natürlichen Wurzeln. Das führt in einem Kind schnell zu Schuldgefühlen. Wir werden orientierungslos und glauben deshalb, wir hätten etwas falsch gemacht. Wenn sich diese Erfahrungen häufig wiederholen, dann entsteht Scham. Scham ist sozusagen eine Verhärtung von Schuld. Wir glauben nicht mehr nur, etwas falsch gemacht zu haben. Wir glauben, falsch zu sein.

Die frühen emotionalen Verhärtungsprozesse verlaufen sehr komplex: Sobald wir als Kinder merken, dass wir den – oft unausgesprochenen, aber energetisch anwesenden – Anforderungen unserer Eltern nicht entsprechen, entstehen Schuldgefühle in uns. Wenn wir zum Beispiel ins Bett machen, zornig werden, schüchtern sind, geschieht das automatisch und ist der natürliche Ausdruck unseres Inneren. Gleichzeitig merken wir aber an den Reaktionen der Umwelt, dass wir etwas tun, das von den Eltern nicht gutgeheißen wird. Also reagieren wir mit Scham. So ein unangenehmes Gefühl wird natürlich auch sofort unterdrückt und landet auf dem großen Haufen mit all den anderen unerlaubten Gefühlen. So bröckelt immer mehr von unserem lebendigen Wesen ab und verschwindet eingefroren im Unbewussten. Dieser starre Klumpen unausgedrückter Lebenskraft setzt sich dann mit der Zeit im Körper fest, schließt sich innerhalb des Systems auf zellulärer Ebene ein und verhärtet sich zu einer Energieblockade im Körper. Spannungen, Hyperaktivität oder Krankheiten folgen. Auf psychischer Ebene wächst im

Kind ein dumpfes Grundgefühl von seelischer und körperlicher Verlassenheit.

Manchmal wird die Ladung für ein Kind aber einfach zu groß, oder es kann einer Dauerspannung nicht mehr standhalten. Wenn Druck, Angst, Schuld, Einsamkeit oder Zorn in einem Kind überwältigend werden, dann »steigt es aus«. Bei zu starker Reizüberflutung blendet es sie einfach aus dem Bewusstsein. Das ist einer unserer psychischen Verteidigungsmechanismen, eine Art mentaler Schutz, ohne den wir in manchen Situationen in der kindlichen Weichheit und Offenheit sonst verrückt werden könnten. Dieser Schutz ist – Gott sei Dank und leider – so wirksam, dass manchmal keinerlei Erinnerung an die auslösenden Gefühle oder Ereignisse zurückbleibt. Sie sind einfach vollkommen aus dem Bewusstsein gelöscht. Manchmal tagelang, bis der Schock nachlässt – manchmal für den Rest des Lebens. Unsere frühe Selbstrettung durch inneren Ausstieg hat allerdings oft traurige Spätfolgen: Wenn wir uns dann als Erwachsene in unseren Beziehungen nach Lebendigkeit, Nähe und Gefühl sehnen, können wir vieles nur noch dumpf, wie durch einen Nebel erleben. Oder wir sind gezwungen, alles mögliche Lebenswerte aus unserem Leben auszugrenzen, weil wir aus für unser Bewusstsein unerklärlichen Gründen darauf mit Angst, Ekel oder gar frühkindlicher Panik reagieren.

So kam ein Mann zu mir, der gerade auf seine zweite Scheidung zusteuerte. Er war mittlerweile ganz verzweifelt über sich selbst, weil er sich immer wieder dabei beobachten musste, wie er wegen Kleinigkeiten in vernichtende Wutausbrüche geriet, für die er sich hinterher schämte. Aber so sehr er von der Wut übermannt wurde, so wenig konnte er hinterher mit seiner Scham und seiner Traurigkeit auf seine Partnerin zugehen. Auch sonst war er bei der kleinsten Störung des Zusammenlebens vollkommen blockiert, irgendwelche Gefühle zu zeigen. Im Laufe unserer Arbeit erinnerte er sich, wie er als kleiner Junge mehrmals weinend nach Hause gekommen war, nachdem ihn die Nachbarjungen verprügelt hatten. Die ersten Male schickte der Vater ihn immer wortlos auf sein Zimmer zum »Abkühlen«. Schließlich empfing er ihn gleich mit noch einer Ohrfeige: »Die ist dafür, dass du auch noch wie ein Weichling heulst.« Von diesem Tag an hat er seinem Vater nicht mehr gezeigt, wenn es ihm schlecht ging. Am Anfang unserer Gespräche war es für ihn vollkommen normal, dass er als Kind tagelang alleine in seinem Zimmer verbracht hatte, ohne mit jemandem zu sprechen. Es brauchte viel Zeit, bis er langsam erkennen konnte, wie viel Einsamkeit, Hilflosigkeit, Ohnmacht und Wut in ihm angestaut sein musste. Langsam konnte er für sich Mitgefühl entwickeln und verstehen, warum seine Fähigkeit, Gefühle zu zeigen oder in Beziehung mit ihnen umzugehen, so gestört war.

Hartherzigkeit und übermäßige Strenge können nachvollziehbar bei Kindern zu Verletzungen führen. Nicht ganz so offensichtlich erkennbar sind andere Störungen im Familiensystem. Extrem belastend für ein Kind können narzisstische Eltern sein. Eltern, die das Wesen ihrer Kinder nicht erkennen und daher auch nicht für ein entsprechendes Wachstumsklima sorgen können. Eltern, die andauernd Vorträge halten und Ratschläge geben. Eltern, die völlig damit beschäftigt sind, alles in ihrem Leben, also auch ihre Kinder, so zu kontrollieren und zu formen, dass es ihre eigenen Wunden schließt. Eltern, die nicht in der Lage sind, die Begabungen und natürlichen Interessen des Kindes zu sehen, sondern es missbrauchen, in dem sie es drängen, die Defizite auszugleichen, die sie in ihrem eigenen Leben erleben. Solche Eltern wirken im Inneren eines noch offenen und formbaren Kindes mindestens so sehr wie erdbebenartige Erschütterungen, wie Eltern, die ihren Kindern körperliche Gewalt zufügen. All diese Verletzungen führen dazu, dass das Kind sich immer mehr nach innen an einen sicheren und unerreichbaren Ort zurückzieht und in seinem natürlichen Wesen kaum noch zu erkennen ist.

Ein Buch, das all diese Zusammenhänge anschaulich erläutert, heißt *Vertrauen ist gut, Selbstvertrauen ist besser*. Dr. Thomas Trobe und seine Frau, Gitte Demant Trobe, haben es geschrieben. Ich kann es nur jedem empfehlen, der die Hintergründe seines erwachsenen Verhaltens besser verstehen will. In diesem Buch fand ich eine kleine Tabelle mit den unausgesprochenen Regeln gestörter Familien: *Nicht über Probleme sprechen, keine Gefühle zeigen, unrealistische Erwartungen an Kinder stellen, die Bedürfnisse anderer über die eigenen stellen, den Status quo unangetastet lassen, nicht über Sex sprechen, nicht verantwortungslos oder verspielt sein und sich selbst nicht vertrauen.* Solche meist unausgesprochenen Familienregeln sorgen beim Kind für Schamgefühle und für den völligen Verlust einer natürlichen inneren Steuerung und Verbundenheit.

Vielleicht stöhnen Sie schon heftig und denken: »Wann hört sie denn endlich mit diesen Horrorszenarios aus der Kindheit auf. Danach ist ja jeder auf irgendeine Art traumatisiert. Da wird ja alles und jedes gleich zum Drama.« Mir geht es nicht darum, die Vergangenheit heraufzubeschwören, schwarzzumalen und für alles verantwortlich zu machen. Mir geht es darum, Ihnen eine Brücke zu bauen, sich heute in manchem leichter und verständnisvoller anzunehmen. Wenn Sie Ihr Verhalten hier und heute besser verstehen lernen, fällt es leichter, Scham, Verleugnung und Selbsthass überhaupt ins Bewusstsein zurückkehren zu lassen und durch Mitgefühl endlich aufzugeben. Wenn Sie wissen, wie Erfahrungen auf Ihr kindliches Sein gewirkt haben, können Sie sich selbst wieder offener und näher begegnen und müssen keine Angst mehr vor dem haben, was Sie in einer ehrlichen Begegnung mit sich entdecken.

Halb bewusst spüren Sie, dass Sie reizbar, verbittert, verzickt oder leblos sind. Sie merken, dass Sie oft nichts fühlen oder über die Maßen aufbrausend sein können. Dass Sie manchmal bei »Kinderkram« panisch werden. Dass Sie wie ein Kleinkind nach ständiger Aufmerksamkeit dürsten. Dass sie bockig und innerlich wütend werden, wenn die Dinge nicht so laufen, wie Sie es gerne hätten. Aber wie oft verurteilen Sie sich insgeheim dafür und drücken all das schnell weg? Wie wenig sind Sie in Ihrem alltäglichen Sein damit vertraut, dass da ein verletzter kindlicher Anteil am Werk ist? Wie wenig wissen Sie von diesem Anteil? Wie wenig sind Sie sich bewusst, wie er fühlt, und wie Situationen auf ihn wirken aus seiner kindlichen Perspektive? Wie sehr sind Sie bereit, sich einzugestehen, dass dieser Teil in vielen wichtigen Bereichen Ihres Lebens die Führung übernimmt und Sie nur beschämt oder hilflos zuschauen können?

Dieser Teil in Ihnen lebt nicht in der Gegenwart. Er kann keinerlei Schlussfolgerungen ziehen, die auf Ihrem erwachsenen Erfahrungsschatz beruhen. Aber es sendet ständig Botschaften aus der Vergangenheit in die Gegenwart, die im Zweifel Ihrem Bewusstsein und auch dem Ihrer Mitmenschen komplett entgehen, die aber trotzdem in alles Mögliche hineinwirken. Was da geschieht, können Sie wahrscheinlich besser bei anderen Menschen wahrnehmen als bei sich selbst. Viele um uns herum zeigen äußere Stärke, aber gleichzeitig geht etwas Leeres, Bedürftiges von diesen Menschen aus. Oft erkennen wir das im Zusammenhang mit Vorgesetzten und Autoritätspersonen. Dann denken wir: »Er ist der Chef. Er hat die Macht und die Fachkompetenz. Aber persönlich kann ich ihn einfach nicht ernst nehmen. Mir kommt er oft wie ein kleiner Junge vor ...«

Wenn wir beginnen, uns besser kennenzulernen, indem wir unsere Emotionen immer wachsamer wahrnehmen, dann muss fast jeder von uns unterwegs einmal zu dem Punkt kommen, an dem er sich eingesteht, dass es jede Menge Defizite in ihm gibt. Dabei geht es nicht darum, im Selbstmitleid stecken zu bleiben und dafür die eigene Verletzung als Vorwand zu nehmen. Genauso wenig hilfreich ist es, sich immer tiefer in den Schmerzen der Vergangenheit zu vergraben. Nach dem Motto: »Wenn ich dieses noch heile und jenes noch aufgearbeitet habe, dann ...« Noch weniger kann es hier darum gehen, unsere Eltern für all das zu verurteilen, was in uns heute erstarrt und blockiert ist. Unsere Eltern haben getan, was sie tun konnten. Sie haben allesamt ihre eigene Geschichte mit Kränkungen, Missverständnissen und Verletzungen. Eltern können uns nichts geben, was sie selbst nicht bekommen haben. Und seien Sie sich sicher: Wenn Ihnen etwas von Ihren Eltern fehlte in Ihrer Kindheit, dann hat es Ihren Eltern in ihrer Kindheit erst recht gefehlt. Und ich bin mir sicher, dass wiederum unsere Kinder zu so vielen neuen Bewusstseinsebenen Zugang haben, die uns noch verschlossen sind. So hätten sie sicher später tausend gute Gründe, uns der Folter an ihrer Seele anzuklagen.

Ich schreibe nicht ein ganzes Buch mit dem Ziel, Ihnen nahezubringen, dass Ihr Partner nicht schuld ist an Ihrem Unglück, um dann am Ende dieses Plädoyers einen neuen Schuldigen vorzustellen: unsere Eltern. Sie sollen jetzt dafür verantwortlich sein, dass wir in unseren erwachsenen Beziehungen keine Erfüllung finden? Nein. Ich schreibe das hier, um dem verletzten Kind in uns eine Stimme zu geben. Um in uns Erwachsenen wieder Einfühlung und Verständnis für unsere innere, fragile Welt zu schaffen. Und um in uns ein Bewusstsein dafür zu wecken, endlich die Prioritäten in unserem Leben neu zu setzen. Wenn wir wissen, wie es in unserem Inneren aussieht, dann können wir wieder besser für uns sorgen. Dann können wir uns endlich einen Raum schaffen, in dem wir heilen und wieder lebendig werden. Mit der Zeit wächst dann langsam auch Mitgefühl und Verständnis für die anderen. Unsere Partner, unsere Eltern, unsere Chefs – sie alle sind genauso versteinert und von sich selbst entfernt wie wir. Wenn sie uns nicht geben, was wir brauchen, dann weil sie selbst mehr nicht haben.

Aber Achtung! Da ist er auch schon wieder – der schmale Grat, von dem ich eben sprach: So wenig, wie das Verurteilen unserer Eltern uns hilft, so wenig ist es dienlich, immer einen Mantel von Verständnis um sie zu legen und einfach Puderzucker drüberzustreuen nach dem Motto: »Bei uns zu Hause war und ist einfach immer alles prima …« Genauso wenig geht es darum, übergriffiges oder missbräuchliches Verhalten unserer Eltern weiter zu tolerieren. Um den Schmerz von damals zu erlösen, braucht es eine Anerkennung dessen, was damals unser Erleben war. Und da sind viele Dinge, die unsere Eltern getan oder von uns verlangt haben, für unsere Kinderseele nun mal bedrohlich, beängstigend und zerstörerisch gewesen. Es gilt, dies heute voll und ganz zu würdigen und zu fühlen. Das kann im heutigen Umgang mit unseren Eltern dazu führen, dass neue Grenzen gesteckt werden und wir uns von den Familiengewohnheiten lösen, die uns nicht mehr gut tun. Da kann es mal ordentlich krachen, damit sich ungesunde, alte Bindungen und Abhängigkeiten lösen. Aber mit etwas Abstand ist die Chance groß, dass die Beziehung zu unseren Eltern wieder neue, echte Kraft bekommt. So wie der Himmel klar wird nach einem kräftigen Gewitter.

Egal, ob unsere Eltern noch leben oder nicht. Egal, ob wir sie kennen oder nicht. Egal, ob wir mit ihnen Kontakt wollen oder nicht – sie sind unser Fundament in dieser Welt. Ich kenne viele in meiner Praxis, die versuchen alles, um dieser Tatsache ein Schnippchen zu schlagen: »Ich brauche meine Eltern nicht ... Ich rede nur noch mit meiner Mutter, aber mein Vater ist für mich indiskutabel ... Ich verachte meine leiblichen Eltern und fühle mich dafür meinen Adoptiveltern verbunden ... Mein Vater ist nicht mein Vater. Der neue Mann meiner Mutter hat viel mehr für mich getan als mein leiblicher Vater ...«

Ich sage in solchen Fällen immer das Gleiche: »Wenn heute ein Arzt Ihre Gene untersuchen würde, würde er dort nichts über Ihren Stiefvater, Ihre Adoptiveltern oder die Pflegemutter finden. Und ob Ihre Eltern tot sind oder Sie sie verurteilen, Sie sind trotzdem aus ihrer Verbindung entstanden. Wenn Sie diese Verbindung zwischen den beiden und zu Ihnen leugnen, dann verleugnen Sie Teile von sich selbst. Wo das Verleugnen uns hinführt, habe ich ja schon ausführlich genug beschrieben. Ich bemühe in diesem Kontext in Sachen Eltern gerne ein Bild: Wir sind ein Baum, und unsere Eltern sind die beiden Wurzeln dieses Baumes. Wenn Sie sich von einer oder gar beiden Wurzeln abschneiden, dann muss ich Ihnen kaum vor Augen führen, was mit diesem Baum geschieht.

Deshalb bleibt uns allen nichts anderes übrig, als unsere Eltern anzunehmen, so wie sie sind. Das kann unterwegs ein verdammt schmerzlicher Prozess sein. Manchmal scheint das übermenschliche Kräfte von uns zu fordern. Erst recht, wenn unsere Eltern uns körperlich oder seelisch misshandelt, weggegeben oder verlassen haben. Bloß weil wir vor ihnen wegrennen, sie verurteilen, so tun, als ob es sie nicht gäbe, oder versuchen, sie durch neue, bessere zu ersetzen, werden wir unseren inneren Schmerz nicht los. Ganz im Gegenteil, so fühlen wir uns immer noch wie hilflose Kinder, die nichts ausrichten können auf dieser Welt. Dann bleibt uns nur eins: Unsere Partner und unsere Kinder müssen dran glauben. Wenn wir uns auf unsere Eltern nicht einlassen können, können wir uns am Ende auch nicht wirklich tief auf unsere Kinder einlassen. Wir sind unten ohne Wurzeln und können deshalb oben nicht blühen.

Jede Generation gibt, was sie geben kann. Unsere Eltern konnten nur das an uns weitergeben, was in ihnen war – all das Erlöste, aber auch all ihre Wunden. Ich habe mittlerweile eine kleine Ahnung, was die Wunden meiner Eltern angeht.

So weiß ich, dass sie in vielem über sich hinausgewachsen sind, was meine Erziehung anging. Aber ich weiß auch, dass sie mir all die Wunden weitergegeben haben, denen sie sich nicht gestellt haben. Viele systemische Ansätze gehen davon aus, dass in uns allen mindestens drei Generationen unserer Vorfahren nachwirken. Wollen wir weiter kommen als sie, müssen wir ihr Sein würdigen. Das Großartigste, das Sie deshalb für Ihr Kind tun können, ist sich selbst wieder mit Ihren Wurzeln zu verbinden.

Das heißt nicht – und da sind wir schon wieder bei dem schmalen Grat –, dass wir irgendetwas gut finden müssen, das unsere Eltern getan haben. Es geht nur darum, dass wir uns die alten missbräuchlichen Geschichten und leeren Rollenmodelle in unseren Familien bewusst machen, um uns dann von ihnen abzunabeln. Dann finden wir natürliche Kraft, für Abstand zu sorgen, wenn uns Nähe nicht guttut. Dann können wir langsam lernen, unser Herz offenzuhalten, auch wenn die Menschen um uns herum nicht so sind, wie wir sie uns erträumen. So erobern wir unser natürliches Fundament zurück, das wir einst verloren hatten. Von dort müssen wir Menschen nicht mehr idealisieren. Wir können sie richtig einschätzen und damit gut für uns sorgen. Wir können dem unmittelbaren Moment entsprechend handeln und klare Grenzen setzen aus einem unmittelbaren Gefühl für unsere Bedürfnisse. Wir können die Realität so annehmen, wie sie ist, und dann entscheiden, was wir mit ihr tun: Wir können uns öffnen, wenn wir uns angenommen fühlen, und wir können bei uns bleiben, wenn wir das für angebracht halten.

10. Kapitel
Das Eva Prinzip
Oder: ein Loblied auf die Weiblichkeit

Da mein Mann ja später noch ausführlich zu Wort kommt, ist es wohl in Ordnung, wenn ich mir hier ein Zwiegespräch mit meinen Geschlechtsgenossinnen erlaube und ein Frauenkapitel einschiebe. Ich weiß, dass die meisten Frauen immer behaupten würden, dass sie viel näher an ihren Gefühlen sind als die Männer. Aber ist das wirklich wahr? Haben wir uns nicht genauso verloren wie die Männer? Haben wir uns nicht auch völlig verfangen in der männlichen Art, mit der Welt umzugehen?

Wenn Sie noch einmal an die Unterteilung von Diana Richardson zwischen Gefühlen und Emotionen denken – sind wir nicht oft genauso weit von unseren Gefühlen entfernt wie die Männer? Sind wir nicht in Wahrheit allzu oft zutiefst emotional, wenn wir gerade glauben, voller Gefühl zu sein? Sind wir nicht in Wahrheit von Emotionalität total verseucht? Schauen Sie sich doch einmal um: Erleben Sie nicht auch überall, wie sich die Seuche langsam schleichend ausbreitet: dieses Verzicktsein, dieses Furienhafte und Verhärmte, das uns allen nicht steht. Das uns vertrocknen lässt und uns von der Süße unserer Weiblichkeit abschneidet. Oder all die verkappten Männer unter uns, die sich zwar von den Abhängigkeiten befreit haben, aber die jeden Tag Monsterkräfte aufwenden müssen, um bloß nicht die Kontrolle zu verlieren.

Wann haben Sie das letzte Mal eine Frau mit den Hüften wackeln sehen, einfach so, weil es gerade ein Ausdruck ihres Lebensgefühls war? Ich habe nie mit Eva Hermann persönlich gesprochen, aber wenn ich ihre Thesen einigermaßen richtig verstanden habe, dann hat sie etwas sagen wollen, woran auch ich glaube: Wir Frauen finden nur unsere Mitte zurück, wenn wir wieder bei unserer ureigenen weiblichen Kraft, unserer Zartheit, unserer Verletzlichkeit und unseren Gefühlen ankommen. Das männliche Vollgasleben auf der Überholspur wird uns dort garantiert nicht hinbringen. Nachdem wir alle Männerspiele nun auch ausgiebig ausprobieren durften, sollten wir lieber die Ersten sein, die endlich den Mut finden zuzugeben, wie auszehrend und leer dieses männliche Leben für unser inneres Wesen, für unser Herz und unsere Hüften eigentlich ist. Und dann sollten wir den Männern mit aller Klarheit und Leidenschaft einen neuen Weg zeigen.

Ich glaube, gerade für uns Frauen ist die Rückkehr in die Präsenz des Augenblicks geradezu überlebenswichtig. Wenn wir wieder wirklich lebendig sein wollen, dann brauchen wir unsere Gefühle zurück. Dann brauchen wir unmittelbar erfüllende Erfahrungen und nicht starre Erfolgskonstruktionen, die in grauen Anzügen in vollklimatisierten Besprechungsräumen gebastelt werden. Unmittelbare Gefühle haben ihre Wurzeln im Herz und im Körper. Nur wenn wir hierher zurückfinden, kommen wir wieder in Kontakt mit unserer Weiblichkeit. Herz und Körper können wir nur im Augenblick erleben und nicht in Gedanken, nicht im Verstand und auch nicht beim Dauerjammern am Telefon mit unseren Freundinnen.

Eckhard Tolle, Dr. Chuck Spezzano und Barry Long, drei Männer, von denen ich in Sachen menschlicher Entwicklung viel halte, sagen alle das Gleiche: Beim nächsten Entwicklungsschritt für unsere Gesellschaft, für unseren Frieden, für unser Herz und die Heilung unserer Welt müssen die Frauen Anführer sein. Aber eben nicht, indem Frauen sich zum Ziel setzen, Vorstandsvorsitzende des Universums zu werden. Sondern indem wir zurück zu uns selbst finden und wieder ernst nehmen, was uns unser Herz und unser Körper sagen.

Alles, was ich in diesem Buch über alten Schmerz und leere Rollen schreibe, soll Sie nicht etwa Glauben machen, dass Sie Opfer Ihrer Vergangenheit oder Ihrer Beziehung wären. Es soll Sie dahin führen, sich wieder anzunehmen. Und zwar so, wie Sie sind. Es soll Ihnen dabei helfen, in Ihren vermeintlichen Schwächen Ihre Stärke wiederzuentdecken. Ich habe nach meinem letzten Buch unzählige E-Mails von Frauen bekommen, die alle auf eine befreiende Erkenntnis hinausliefen: »Jetzt weiß ich, dass ich nicht anormal bin.« Wir Frauen verlieren uns unter dem Druck der Normen so leicht selbst aus den Augen. Auch ich habe mich im Laufe meines Lebens oft gefragt, ob ich vielleicht nicht richtig bin. Meist gerade dann, wenn mein Leben scheinbar sehr erfolgreich, aber auch sehr nach außen gerichtet war.

Kürzlich fiel mir ein englisches Buch mit dem Titel »Quiet«, zu deutsch »Stille«, in die Hände, das mich noch einmal daran erinnerte, mir zu vertrauen. Der Untertitel lautete: *Die Bedeutung der Introvertierten in einer Welt, die nicht aufhören kann zu reden*. Die Autorin, Susan Devenyi, ist in

Amerika eine sehr erfolgreiche Anwältin. Sie führt ein eigenes Beratungsunternehmen und bedient einen renommierten Kundenkreis. Ich weiß noch, wie alles in mir aufatmete und es sich anfühlte, als ob eine Last von mir fiele, als ich las, dass ausgerechnet solch eine Frau sich in ihrem Buch dazu bekennt, introvertiert zu sein und sich in großen Menschenansammlungen, auf Partys oder in Meetings ängstlich und erschöpft zu fühlen. Es war, als ob ich meine eigene Geschichte läse: Ihr halbes Leben habe sie sich damit ziemlich abnormal gefühlt, bis sie angefangen habe, Recherchen zu diesem Thema anzustellen. Auf einmal war sie nicht mehr alleine, ganz im Gegenteil, überall traf sie auf Menschen, denen es nicht anders ging.

Sie erzählt von einem Schulmädchen, dessen große Leidenschaft das Geigespielen ist. Sie wird von ihrem wohlmeinenden Lehrer gefragt, warum sie nicht lieber Klassensprecherin werden will wie ihre ältere Schwester.

Von einem erfolgreichen Anwalt, der in einem Großraumbüro arbeitet und dessen Arbeitstag von langen Sitzungen bestimmt wird. Er fühlt sich erschöpft davon, den ganzen Tag »auf Sendung« zu sein, und denkt schließlich darüber nach, seinen Beruf als Anwalt aufzugeben.

Von einem hochtalentierten Software-Programmierer, der für eine Promotion abgelehnt wurde, weil er unbeholfen war, wenn er seine Arbeit präsentieren musste.

Devenyi sagt: All diese Menschen haben etwas gemeinsam: Sie sind Introvertierte in einer extrovertierten Kultur. »Einer Kultur, die vergessen hat, wie man die Talente seiner leiseren Seelen kultiviert.« Sie erinnert daran, dass einige der talentiertesten Menschen der Welt Introvertierte sind. »Introvertierte sind unsere Führer in die innere Welt«, sagt sie. Spätestens seit Jesus spielen stille Menschen eine vitale und kreative Rolle in unserer westlichen Gesellschaft. Nur dass heutzutage die Introvertiertheit genauso wie Schüchternheit, Sensibilität und Ernsthaftigkeit als Wesenszüge von Persönlichkeiten zweiter Klasse betrachtet werden. Schulen, Arbeitsplätze, die Politik und die Medien, alles sei ausgerichtet auf extrovertierte Menschen.

Devenyi hat eine eigene Definition für Introvertiertheit, der ich mich nur anschließen kann: »Wir Introvertierten werden energetisiert von der inneren Welt der Gedanken, Vorstellungen, Träume und Gefühle. Wir können die äußere Welt voller Menschen und Aktivitäten auch genießen, aber wir fühlen uns dort schnell erschöpft und manchmal auch unbeholfen.« Vielleicht ist das ja ein Club, bei dem auch Sie sich zu Hause fühlen können. Ich zumindest könnte es. Von Kind an war eine meiner Lieblingsbeschäftigungen, »herumzuwabern«. Einfach irgendwo alleine zu sein und zu spüren. Dabei hatte ich unzählige Male in meinem Leben die entscheidenden Ideen und Erkenntnisse. Dort fand ich immer wieder Zugang zu neuen Einsichten in mir und über mich selbst. Aber damit kam ich mir oft vor wie ein Alien vom Mars.

Frau Devenyi beschreibt die Introvertierten als fürsorgliche und umsichtige Freunde, die nur anders in Kontakt gehen mit Menschen. Die Introvertierten bevorzugen das Zuhören vor dem Reden. Eins-zu-eins-Begegnungen vor großen Gruppen, und Fragen vor Antworten. Nach einer interessanten Konversation mit einem Fremden auf einer Party denke ein Introvertierter nicht begeistert an den nächsten, den er treffen könnte. Er wünsche sich vielmehr, dass er jetzt endlich gemütlich zu Hause im Schlafanzug lümmeln könne.

Wie oft habe ich mich früher von Partys und Abendessen unauffällig aus dem Staub gemacht – nicht nur von denen anderer, und nicht nur bei den langweiligen, sondern auch bei meinen eigenen und auch bei den spannendsten Gesprächen. Irgendwann hatte ich einfach genug und brauchte meine Ruhe. Jahrelang habe ich die Menschen beneidet, die von einem Abendessen zum nächsten hoppen können und auf jeder Party zu den Letzten gehören. Ich kam mir immer vor wie gesellschaftlich behindert. Das ist typisch für Frauen. Statt ihrer inneren Führung zu folgen, halten sie sich für falsch, wenn ihr Wesen nicht dem entspricht, was uns von der nach außen gerichteten Welt suggeriert wird.

Aber genau da müssen wir ansetzen. Das wäre die neue, meiner Meinung nach die wahre Führungsaufgabe für die Frauen: in uns hineinspüren, der Antwort vertrauen und für sie einstehen. Dazu ein Beispiel aus meinem eigenen Leben: Solange ich denken kann, litt ich unter gewaltigen Ängsten, wenn ich vor Menschen reden sollte. Früher war ich nicht mal fähig, bei einer Vorstellungsrunde vor einer Gruppe auch nur meinen Namen zu sagen, ohne dass ich Atemnot und Schweißausbrüche bekam. Ganz zu schweigen von größeren Herausforderungen. Meine Karriere als Hörfunkjournalistin musste ich beenden, bevor sie richtig angefangen hatte, weil ich einfach vor dem Studiomikrofon solche Panikattacken bekam, dass einmal ein Moderator sogar den Regler zuziehen und Musik spielen musste, weil ich nicht mehr in der Lage war weiterzureden, so sehr versagte mein Atem bei rasendem Herzen. Mein beruflicher Werdegang ist gepflastert von Ausweichmanövern um alles, was mit Reden zu tun hat. Und vom Logopäden bis zum professionellen Sprechtraining habe ich eine komplette Odyssee hinter mir. Immer mit der Vorstellung im Kopf, dass etwas an mir grundlegend falsch sei.

Nicht weniger fremd kam ich mir vor, wenn ich immer wieder den Rückzug brauchte. Andere konnten von einer Party zur anderen, bekamen nicht genug Action, aber ich musste immer wieder zurück in mein Einsiedlerdasein. Wenn ich als Kind zu lange in großen Menschenmengen war, fing ich an zu hyperventilieren, bis ich ohnmächtig wurde. Klar, dass ich mir nicht normal vorkam. Erst recht nicht vor dem Hintergrund, dass ich ja ansonsten durchaus kraftvoll, ideenreich und alles andere als ängstlich war. Ich hatte keine Angst vor Autoritäten, wagte die unmöglichsten Dinge und machte Karriere.

Erst in den letzten beiden Jahren habe ich das Gefühl, den Mechanismus zu verstehen, der in mir greift. Und das Faszinierendste ist: Ich bin vollkommen richtig, und alles hat seinen Sinn. Mein inneres Wesen wollte mir immer wieder etwas zeigen, aber statt die Botschaft zu verstehen, habe ich mich einfach verurteilt. Heute kann ich sogar vor Fernsehkameras reden. Ich rede zusammen mit meinem Mann fast jede Woche vor hunderten von Leuten über unsere Arbeit. Und nach solch einem Abend fühle ich mich erfüllt und alles andere als fehl am Platz. Aber zwischendurch brauche ich Phasen des absoluten Alleinseins. Da sinke ich dann ganz in mich hinein und tanke wieder auf. Da bekomme ich neue Einsichten, da finde ich neue Antworten, da heilt immer etwas in mir, das ich danach wieder an andere weitergeben kann.

Ich kann vor Menschen reden, aber nur, wenn ich aus meinem Herzen reden darf und wenn ich im Kontakt mit den Menschen sein darf. Ich kann bis heute keine Reden halten. Und ich glaube, jeder Vortrag mit Beamer und Flipchart würde ein komplettes Desaster. Aber wenn ich mich fühle und das unmittelbar ausdrücke, dann sind die Menschen nach einem Abend mit uns oft glücklich.

Ich kann mittlerweile auch unter Menschen sein. Aber nur, wenn ich wirklich mit ihnen in Kontakt komme. Wenn wir wirklich miteinander reden. Dann werde ich nicht erschöpft, dann falle ich nach so einem Abend dankbar ins Bett.

Stellen Sie sich doch einmal vor, wie unsere Welt wäre, wenn Menschen nur dann reden könnten und würden, wenn sie unmittelbar aus ihrem Herzen heraus sprechen würden? Und stellen Sie sich einmal vor, wie unsere Welt wäre, wenn die Menschen sich alle Phasen des Rückzugs und des Auftankens gönnten, ihren inneren Antworten zuhörten und sie in die Welt brächten?

Vielleicht haben ja auch Sie das Gefühl, dass Sie irgendwie nicht richtig sind. Vielleicht schauen Sie einmal mit einem neuen Blick darauf, ob in Ihrem persönlichen Falschsein nicht vielleicht ein Hinweis auf etwas sehr Richtiges in Ihnen versteckt ist.

Ich glaube, dass unter den Frauen kein Gefühl so weit verbreitet ist wie das »Sich-falsch-fühlen«. Ich habe mit einer Frau zu tun gehabt, die im Alter von etwa fünfzig Jahren einen neunmonatigen Klinikaufenthalt wegen Depressionen hinter sich gebracht und danach beschlossen hatte, ihren Mann und ihre Kinder zu verlassen und danach nur noch alleine zu leben. Als sie zum ersten Mal, gemeinsam mit ihrem Mann, vor mir saß, hatte sie einen abwehrenden Blick, so als ob ihr Visier runtergeklappt sei. Nur widerwillig war sie überhaupt gekommen, weil ihr Mann sie so sehr darum gebeten hatte. Als sie begann, ihre Geschichte zu erzählen, sagte sie sofort: »Was auch immer ich hier über mich erzähle, tut nichts zur Sache. Ich will diese Ehe auf keinen Fall weiterführen.«

So saß sie da: geschlossener Blick, geschlossene Körperhaltung, wortkarg, kaum bereit, auch nur den geringsten Kontakt zum Raum, zu mir, zu der Situation aufzunehmen. Wann immer ich ihr eine Frage stellte, sah ich, wie sie ihren Blick nach innen richtete. Wie sie dort auf Antworten hoffte. Aber wenn bei diesem Nachspüren nur für wenige Sekunden Stille einkehrte, antwortete sofort ihr Mann. Man konnte spüren, wie verzweifelt er war. Man konnte sehen, wie sehr er seine Frau zurückhaben wollte und wie sehr er sie vermisste. Aber trotzdem war jeder seiner Sätze ohne Respekt vor ihren Grenzen, wirkten seine Antworten wie Übergriffe und Beschwörungen zugleich: »Nein, das war doch nicht so ... Wir waren doch glücklich ... Aber erinnere dich doch mal: Das war doch schön ... Und denk doch an unser Haus, und denk doch an die Kinder ...«

Es gab keinen Raum für die Wahrnehmung der Frau. Weder konnte sie sich selbst spüren in seiner Nähe und sich von innen heraus ausdrücken, noch hatte er Kontakt zu dem Prozess, der in ihr stattfand. Und so bestand meine Arbeit eine ganze Zeit lang nur daraus, ihn immer wieder zu bremsen und ihm mit immer neuen Bildern und Metaphern den für ihn nicht nachvollziehbaren inneren Prozess seiner Frau verständlich zu machen. Aber statt das auf sich wirken zu lassen, hatte er sofort einen neuen Vorschlag, was er alles tun wolle und was er schon alles getan habe und was jetzt alles zu tun sei.

Ich sagte ihm, wenn er überhaupt nur die kleinste Chance haben wolle, seine Frau für sich zurückzugewinnen, dann nur, wenn er lernen würde, nichts zu tun außer wahrzunehmen. Aber kaum dass seine Frau noch einmal zaghaft ansetzte, ihre Gefühle zu beschreiben, hatte er sofort wieder eine gutgemeinte Erklärung parat. Irgendwann blieb mir nichts anderes übrig, als ihn tatsächlich für ein paar Minuten zum Schweigen zu verdonnern. So konnte endlich ein Raum entstehen, in dem wir Anteil nehmen konnten an den Schilderungen seiner Frau. Erst erzählte sie die äußere Geschichte. Sie erzählte von den über dreißig Jahren Ehe. Davon, wie sie ihre Heimatstadt verlassen hatte, um zu ihrem Mann zu ziehen und dort mit ihm ein gemeinsames Leben aufzubauen. Aber darunter gab es eine ganz andere Geschichte, nämlich die ihrer inneren Erfahrungen. Dass sie sich schon ganz früh entwurzelt und fremdbestimmt vorgekommen sei. Dass sie sich, obwohl sie auch ihre Kinder sehr geliebt habe, jahrelang nach ihrem eigenen Beruf gesehnt habe. Dass sie schon seit vielen Jahren tablettenabhängig gewesen sei, um das alles auszuhalten.

Da konnte der Mann nicht mehr an sich halten: »Aber du warst doch glücklich! Du hattest schöne Urlaube und immer genug Geld, und das Haus hast du doch genau so eingerichtet, wie du wolltest ... Du hast doch gesagt, du liebst unsere Familie, du liebst das Haus ...« Die Frau nickte und zog sich resigniert wieder zurück. Was sollte sie sagen gegen die Argumente seines Verstandes, die alle irgendwo stimmten. Aber für ihre Seele war das alles ohne Bedeutung.

Sie begann von der Klinik zu erzählen, in der sie zuletzt monatelang stationär war, wegen ihrer Depressionen und der Tablettensucht. Dort habe sie endlich den Mut sammeln können zu gehen: »Es war so gut, mal wieder klar zu werden. Jetzt lebe ich alleine und verwirkliche meinen Traum; ich wollte immer schon auf dem Land leben und etwas mit den Händen machen. Meine Freundin hat in meiner Heimatstadt eine große Gärtnerei, und ich kann dort für sie arbeiten.« Dabei fing sie bitterlich an zu weinen und sagte: »Ich habe nicht nur mich selbst verlassen, ich habe auch meine Wurzeln verleugnet.«

Im Alter von über fünfzig Jahren war diese Frau entschlossen, ihren Wohlstand, ihr Zuhause, die Kinder, ihren Mann, das ganze funktionierende Routineleben aufzugeben und alleine aus der Großstadt aufs Land zu ziehen, um endlich ihren Traum zu verwirklichen. Daneben saß ein Mann, der völlig fassungslos war, weil er überhaupt nicht verstand, was da für Kräfte am Werk waren. »Du wirst sehen, du musst nur zur Ruhe kommen, dann wird alles wieder gut ...« Da wurde die Frau wieder ganz verrückt: »Ich will nicht zur Ruhe kommen. Ich will nicht mehr funktionieren. Ich will endlich leben!«

Ich kenne viele Frauen, die erst durch eine Krankheit, durch so dramatische Einschnitte wie zum Beispiel Brustkrebs, zum Aufwachen gezwungen wurden. Frauen aus allen gesellschaftlichen Schichten und Lebenslagen. Immer häufiger Frauen, die bereits zwanzig Jahre und mehr verheiratet sind, und nun sagen: »Es ist mir alles egal. Was wir hier aufgebaut haben ist für mich ohne Bedeutung. Ich sehne mich nach etwas anderem.« Ich kenne Frauen, die alles opferten, nur um sich wieder zu spüren, nur um wieder ihre Seele und ihr Herz zu hören, nur um wieder in echten Kontakt zu kommen.

Und ich kann nur sagen: Jede Frau, die bei diesem Text auch nur das leiseste Gefühl von Resonanz und Ja-das-kenne-ich hat, sollte das ernst nehmen. Auch wenn Sie es vielleicht vor sich verdrängen, weil Ihr Leben ja irgendwie funktioniert – ich kann nur sagen, je früher Sie aufstehen und Konsequenzen in Ihrem Leben ziehen, für Ihr Herz und für Ihre Seele, umso besser. Ich glaube, Sie müssen deswegen nicht gleich die Scheidung einreichen. Ich glaube, sie müssen erst einmal klar spüren, dass nicht sie anormal sind, sondern dass das Leben da draußen verrückt ist.

Wir alle spüren, dass wir den Weg unserer Mütter, Großmütter und Urgroßmütter nicht mehr gehen können. Dass wir uns nicht mehr einfach in der Ehe einrichten können. Aber auch unsere unabhängigen Wege führen uns nirgendwohin. Das erfolgreiche Singledasein als alleinerziehende Mutter und Ich-AG mit Aupair und Lebensversicherung rettet uns zwar vor einem Leben in Einsamkeit zu zweit, aber es rettet uns nicht vor der Einsamkeit.

Ich glaube, es ist allerhöchste Zeit, dass wir uns unser wahrhaftes Frausein wieder zurückerobern. Ich glaube, darin ist das Geheimnis des Lebens verborgen. In dem Film »Das Sakrileg« war der Heilige Gral die Weiblichkeit. Eckhard Tolle sagt: »Die Anzahl der Frauen, die sich zurzeit ihrem bewussten Zustand nähern, übertrifft schon jetzt die der Männer und wird in den kommenden Jahren noch zunehmen.

Die Männer werden sie am Ende vielleicht einholen, aber für eine beträchtliche Zeit wird es eine Kluft zwischen dem Bewusstsein der Männer und dem der Frauen geben. Die Frauen erhalten ihre Aufgabe zurück, die ihr Geburtsrecht ist und die ihnen deshalb leichter fällt als Männern; eine Brücke zwischen der manifesten Welt und dem Unmanifesten, zwischen dem Körperlichen und dem Geist zu sein.«

Osho hat sogar gesagt: Die Frau ist die einzige Hoffnung für das Überleben der Menschheit.

Der männliche Weg dieser Welt führt uns immer in den Kopf. Dahin, dass wir alles kontrollieren und berechnen wollen. Dass wir alles analysieren und in kleinstmögliche Einzelteile zerlegen. Dass wir für alles Erklärungen und Lösungen finden wollen. Unser Wissen um die Dinge auf dieser Welt ist in den letzten Jahrzehnten um Quantensprünge gewachsen. Alle haben allezeit überall auf der Welt Zugriff zu diesem Wissen. Aber hat das am Zustand dieser Welt irgendetwas zum Positiven verändert? Hat das für mehr gegenseitiges Verständnis, für mehr Mitgefühl, Geborgenheit und Annahme gesorgt? Oder für noch mehr Anonymität, Taubheit und Berührungslosigkeit?

Frau zu sein, heißt von innen heraus – egal, ob körperlich oder seelisch – empfänglich zu sein. Wenn wir wirklich offen sein können und von innen heraus empfangen können, dann fühlen wir uns genährt, und dann haben wir eine ganzheitliche Steuerung, die feiner und präziser ist als alles, was der Kopf je zustande bringt. Aber ich kenne kaum eine Frau, die zu dieser Empfänglichkeit wirklich noch in der Lage ist. Ich kenne Frauen, die sich immer dumpfer und tauber in ihrem Körper fühlen. Kürzlich erzählte mir eine Frau unter Tränen, sie würde morgens, wenn sie sich eincremt, einfach ihren Bauch und ihren Unterleib nicht mehr spüren können. Ihr eigener Körper wäre wie durch eine Nebelwand von ihr getrennt. Das fühle sich so entsetzlich traurig an. Viele Frauen schildern Ähnliches: dass sie beim Sex auf einmal nicht mehr richtig spüren können, sich wie abgeschnitten fühlen. Dann versuchen sie es mit neuen Praktiken und neuen Fantasien. Aber dabei fühlen sie sich mit der Zeit nur noch tauber und immer mechanischer. Und irgendwann kommen sie zu dem Schluss: Ich bin falsch.

Keine von Ihnen ist falsch, Ihr Körper ruft nur laut: Hilfe! Es geht darum, ihm zu folgen und nichts mehr mitzumachen, was sich nicht richtig anfühlt. Hier ein Brief zu diesem Thema:

»Ich dachte immer, ich bin falsch, in diesem Land, wo alles ›oversexed‹ ist, fand ich mich immer ziemlich daneben. Ich kann gar nicht beschreiben warum, es fühlt sich einfach falsch an. So hatte ich mir Liebe und Sex nie vorgestellt. Ich kann das auch nicht trennen, für mich gehört es zusammen, in jedem Fall. Ich kann nicht mit Männern schlafen, die ich nicht aus tiefstem Herzen liebe. Gelegenheiten hätte ich genug gehabt, ich bin viel unterwegs und bekomme auch immer wieder mal One-Night-Stand-Angebote von durchaus sympathischen und attraktiven Männern. Aber es macht mich nicht an, es gibt mir nichts.

So lebe ich nun mit fast 40 Jahren und denke von mir, ich sei anders, falsch und gehemmt. Und in Ihrem Buch und bei Barry Long lese ich, dass ich da nicht die Einzige bin. Dass es durchaus okay ist, diesen Hype um sexuelle Praktiken nicht mitzumachen. Dass Frau nicht prüde ist, wenn sie Pornos blöd findet, und es auch anderen so geht wie mir. Auch dieser Hype um den klitoralen Orgasmus, da Frauen angeblich keinen vaginalen haben können, ist mir unbegreiflich. Ich hatte durchaus schon Orgasmen, aber immer vaginale, dieses ›hektische klitorale Rumgefummel‹ und die Konzentration der Männer auf diesen Punkt, weil es halt die gängige Meinung ist, konnte ich nie verstehen.

Es fühlt sich falsch an, wenn sich mein Mann so sehr zurücknimmt. Es fühlt sich falsch an, wenn es hektisch wird. Es fühlt sich falsch an, wenn ich etwas ausprobieren will, das ich ablehne. Eigentlich fühlt es sich im Nachhinein betrachtet immer falsch an, weil etwas fehlt. Dieses Fehlen war mir nie bewusst. Erst durch das Lesen ist mir klar geworden, dass tatsächlich etwas fehlt. Das ungute Gefühl hab ich immer auf meine Hemmungen geschoben und mir gedacht, dass ich ein psychologisches Problem mit Sex habe und der Fehler bei mir liegt. Beim Lesen ist mir klar geworden, dass ich beim Sex nie in meinem tiefsten Inneren berührt wurde, wie Barry Long oder auch Sie es beschrieben haben. Und nun ist mir die Lust am Sex so richtig vergangen.

Ich habe Ihr Buch ja gelesen, weil ich seit Jahren massive Probleme mit meinem Mann habe und eigentlich lieber heute als morgen ausziehen würde. Und ich habe für mich festgestellt, wenn ich zwar für meinen Mann durchaus noch Zuneigung empfinde (von Liebe will ich gar nicht mehr reden) und seine guten Eigenschaften auch anerkennen kann, so kann ich doch nicht mit ihm schlafen, wenn da keine tiefe Liebe mehr ist und viele Ärgernisse und vor allem Verachtung von meiner Seite vorhanden sind.

Ich will keinen oberflächlichen Sex mehr haben, seit ich weiß, dass ich nicht falsch bin, sondern es in Ordnung ist, so zu fühlen. Das ist für mich eine sehr schwierige Situation im Moment. Ich weiß noch nicht, wie und ob ich die Beziehung wieder stabilisieren und vertiefen kann. Vor den Büchern hatten wir trotz der schwierigen Situation manchmal Sex und fühlten uns dann auch für einen Moment noch nahe, auch wenn ich schon lange keine Orgasmen mehr habe, so sehr ich mich auch anstrenge. Jetzt kann ich mich dazu nicht mehr überwinden.«

Eine andere Frau schreibt:

»Ich komme mir manchmal wie ein Mülleimer vor, in den er den Stress das Tages ablädt. Nicht dass Sie mich falsch verstehen, mein Mann ist kein Grobian. Es findet einfach so was statt zwischen uns. Er kommt ins Bett, und dann spüre ich schon, dass er noch unter der Spannung des ganzen Tages steht. Er kommt dann oft ganz süß an, aber ich könnte am liebsten einfach nur wegrennen, weil ich das alles gar nicht haben will, was er da in sich hat. Am schlimmsten ist es, wenn er noch in Gedanken ist, während er mich streichelt oder gar mit mir schläft. Das ist, als ob er in dir steckt, aber nicht da ist. Jedesmal danach kann ich nicht mal genau erklären, warum ich mich so einsam und verlassen fühle.

Manchmal denke ich, es wäre so viel einfacher, wenn ich nicht immer alles so genau spüren würde. Wenn ich einfach nur bei mir bleiben könnte. Stattdessen komme ich mir so vor, als müsse ich jedesmal Berge versetzen, um ihn etwas von dem spüren zu lassen, was in mir los ist.«

Beide Frauen beschreiben etwas, das ich von vielen Frauen schon so oder ähnlich gehört habe. Der Ausstieg aus dieser toten Zone ist auf jeden Fall als Allererstes, sich selbst endlich mit all diesen Gefühlen anzunehmen und endlich zu sagen: »Nein, ich bin nicht falsch. Ich vertraue jetzt meinem Körper. Er ist ein Wunderwerk, das mich – und meinen Partner!!! – auf den richtigen Weg führen kann, wenn ich mich ihm wirklich hingebe und ihm folge.« Vielleicht braucht es dann zuerst einmal ein ehrliches und schmerzliches Bekenntnis Ihrem Partner gegenüber. Vielleicht eindeutiger als je zuvor: »Ich fühle nichts. Ich habe keinen Orgasmus mehr. Ich möchte am liebsten nur noch weglaufen. Ich fühle mich wie ein Mülleimer. So kann und will ich nicht mehr weitermachen.«

Vielleicht muss endlich einmal die ganze Verzweiflung heraus. Und vielleicht müssen Sie erst einmal genau herausfinden, wie viel Abstand Ihr Körper jetzt, heute, hier braucht. Ich weiß, wenn wir anfangen, ihn wieder zu fühlen, dann braucht er exakt so viel Abstand, wie es seelische Distanz zwischen mir und meinem Partner gibt. Ich sehe jetzt schon viele Frauen, die sie nicht mehr in Metern, sondern in Lichtjahren rechnen. Dann muss eben das erst mal auf den Tisch. ABER – nicht als Anklage, sondern als das, was es ist, als verzweifelter Hilferuf.

Denn auch hier gilt: Was es in Ihnen gibt, das gibt es auch in ihm. Und es gibt in ihm, was es in Ihnen gibt. Ihr Mann ist kein Monster. Er ist nur innerlich genauso taub gegen sich selbst geworden wie Sie. Er ist auch leer und voller Anspannung und angesammelter Emotionalität. Er ist nicht verzickt wie wir Frauen. Er ist wie ein Pulverfass, das jeden Moment explodiert. Aber auch das läuft bei ihm genauso unterschwellig ab wie bei uns. Auch er ist innerlich taub. Auch er spürt seine Gefühle nicht mehr. Da er aber der andere, der männlich gebende Pol in dieser Verbindung ist, ist auch sein Dilemma ein anderes. Sexualität ist ein energetischer Prozess. In ihm tauschen sich all unsere Ebenen aus. So können Sie sich als Frau noch so sehr gegen Ihren Mann verschließen, auf tieferer Ebene bleiben Sie so empfänglich, wie die Frauen es oben geschildert haben. Während Sie sich nach dem Sex oft voller Spannung, Einsamkeit oder »wie ein Mülleimer« fühlen und alles aufgenommen haben, fühlt er sich danach entspannt und befreit. Fällt von ihm endlich die ganze Last ab. Deshalb ist es für viele Männer auch so unerträglich, wenn sie eine Zeit lang keinen Sex haben, weil sie sich dann wie ein überquellender Mülleimer fühlen.

Nun kann ja nicht die Frage sein: Wer von beiden nimmt denn nun den Müll? Aus diesem zerstörerischen Kreislauf gibt es meiner Erfahrung nach nur den Ausweg, dass sich beide gemeinsam für den Weg wahrnehmender Präsenz entscheiden. Das führt Sie anfänglich garantiert nicht in das Reich der orgiastischen Glückseligkeit. Das führt Sie für eine ganze Weile ohne Kompass in die Mitte einer Wüste, die bis zum Horizont reicht. Da liegt ein Tauber neben dem anderen Tauben. Da liegt eine emotionale Tretmine neben der anderen. Aber da liegt auch ein verwundetes Herz offen neben dem anderen.

Aus meiner Erfahrung sind in dieser Wüste voller angesammelter Angst, Aggression, Verachtung, Verletzung, Verbitterung und Hoffnungslosigkeit die Frauen die absolut einsamen Anführer. Es braucht für diese Reise Geduld und Hingabe, und es gibt nur ein einziges Instrument, das den Weg zurück ins fruchtbare Land weisen kann: der innere Kompass.

Hier gilt mehr denn je, was ich in diesem Buch vorher als zentralen Prozess beschrieben habe: Die volle Wahrheit muss anerkannt werden. Dann braucht es eine forschende Hinwendung. Die vollkommene Präsenz im Augenblick. Und schließlich die mitfühlende Annahme.

Konkret heißt das: Wenden Sie sich Ihrem Körper mit vollkommener Aufmerksamkeit zu. Zum Beispiel abends, wenn Sie im Bett liegen. Nutzen Sie die Ruhe, und nehmen Sie wahr, wie er sich anfühlt. Und freuen Sie sich, wenn Sie eins dieser schrecklichen Gefühle in Ihrem Körper wahrnehmen. Im Ernst, es geht darum, dass Sie alles, was bisher unterschwellig zwischen Ihnen und Ihrem Partner gestanden hat, nun endlich bewusst machen, damit es sich lösen kann. Am besten wäre es natürlich, wenn Sie mit Ihrem Partner gemeinsam diesen Prozess durchlaufen könnten. Sie liegen beieinander, aber jeder ist ganz bei sich. Jeder nimmt einige bewusste und tiefe Atemzüge und verbindet sich mit sich, spürt eine Zeit lang nach und drückt langsam und behutsam aus, was er in sich empfindet. Jeder hält sich fern von Urteilen und Attacken gegen den Partner.

Aber das ist alles leichter gesagt als getan. Wenn Sie sich Ihrer natürlichen Sexualität und Ihrem Körper wieder annähern und nach dem unmittelbaren und befreiten Ausdruck Ihrer Liebe suchen, dann ist das erst mal, als ob Sie sich einem Hochspannungsmast nähern. Das Letzte, was Sie im Zweifel während der vergangenen Jahre oder vielleicht je in Ihrem Leben getan haben, ist, sich unmittelbar und befreit auszudrücken. Während wir den ganzen Tag hinter einer

Maske versteckt leben, sollen nachts unsere Körper plötzlich wild und frei sein. Wie soll das gehen?

Also, wenn Sie sich Ihrem Körper wieder nähern und ihm signalisieren: »Okay, ich habe keine Ahnung, was du brauchst und wie du dich fühlst. Ich habe nicht die leiseste Ahnung, wie ich mich wirklich fühle«, dann sind Sie erst mal auf ziemlich unsicherem Terrain. Und wenn es dann noch jede Menge mehr oder minder bewusste Schuldzuweisungen gibt, wer für dieses ganze Elend verantwortlich sein könnte, dann ist der Versuch, präsent zu bleiben, ungefähr so, wie wenn man versucht, ganz entspannt auf einer tickenden Bombe zu sitzen. Mit dem »Auslöser« direkt an der Seite braucht es wirklich extreme Präsenz. Da kann es hilfreich sein, wenn Sie schon etwas geübter in der Präsenz mit sich selbst sind.

Das Ziel ist, dass Sie sich beide gemeinsam wieder unmittelbar wahrnehmen lernen. Dass der eine den anderen mit größtmöglicher Achtsamkeit berührt und der andere offen und unmittelbar ausdrückt, was er fühlt, und vielleicht auch alles, was er nicht fühlt. So fasst der Körper langsam wieder Vertrauen und beginnt sich zu öffnen. Das wird im Zweifel ein Weg voller Rückfälle und Egoattacken, aber das ist wirklich eine der großartigsten Gelegenheiten überhaupt, Ihre Beziehung zu heilen und zu vertiefen und sich körperlich und seelisch wirklich nahezukommen.

Meist sind es die Frauen, die den Schmerz zuerst fühlen. Und die Männer müssen sehr darauf achten, nicht in der Gier, sondern in der Wahrnehmung zu bleiben, sonst kann sich die Frau nicht öffnen. Sonst entsteht eine Art Kurzschluss. Die Frau will sich öffnen und empfangen, und der Mann kann nicht geben, sondern will nehmen.

Es kann sich manchmal ziemlich extrem anfühlen, so dass wir fassungslos vor uns selbst stehen und Gefahr laufen, uns entweder selbst oder unseren Partner niederzumachen, weil es einfach so unvorstellbar erscheint, dass all das die ganze Zeit in uns gewesen sein soll.

Eine Frau hat so eine Öffnung einmal aufgeschrieben, um sie zu verarbeiten:

»Ich liege auf dem Bett und habe meine Jeans noch an. Da taucht wieder dieses widerliche Gefühl um die Hüften herum auf. Als ob ich eingesperrt wäre. Ich könnte platzen. Es ist ein widerliches Gefühl. Alles könnte platzen, aber da drückt die Jeans gegen mein Fleisch, und ich fühle mich wie gefangen. Ich könnte schreien in dieser Enge. Dann folgt ein ganzer Schwall von absoluten Wertlosigkeitsgefühlen, die sich steigern in Selbsthass. Ich hasse meinen Körper. Ich habe keine Kontrolle über ihn. Er macht, was er will. Ich bin hässlich. Dick und hässlich. Ach, ich könnte mich umbringen. Oder mir überall ins Fleisch ritzen, dass es endlich aufplatzt und die ganzen schrecklichen Gefühle herauslaufen. Gefühle, die mich von innen erdrücken und dort wohnen wie gefräßige Untermieter. Sie brennen und spannen und quälen mich im Inneren. Sie sind gierig und schlingen immer weiter von außen nach. Und wenn sie wieder genug geschlungen haben, dann fühlen sie sich nur noch brennender und unerträglicher an.

Ich kann kaum noch Kontakt aufnehmen. Ich bin innerlich wie erstarrt. Keiner soll mich berühren – nicht mit Worten, nicht mit Blicken, schon ja nicht körperlich. Ich hasse mich. Unten drunter bin ich ganz verzweifelt. Ich möchte so gerne in den Arm. Ich sehne mich nach Nähe. Bitte hilf mir doch, Thomas (ihr Mann). Hol mich hier raus. Rette mich, befreie mich. Sei bei mir, und halte mich in diesem Schmerz. Bitte halte mich.

Dann hab ich mir alle Kleider im wahrsten Sinne vom Leibe gerissen, damit dieses Drücken und Brennen endlich aufhört. Gott sei Dank, so nackt und frei fühlt es sich viel besser an. Wie eine Befreiung aus dem Gefängnis. Alles atmet auf. Kann sich wieder öffnen. Aber dann kommt auch schon die nächste Welle dieser Horrorgefühle. Jetzt fühle ich mich schutzlos neben Thomas. Ich bitte ihn, sich näher neben mich zu legen. Ich bitte ihn, sich auszuziehen und sich neben mich zu legen. Ich fühle ihn, aber das ist kaum auszuhalten. Ich spüre, wie hilflos er ist. Er weiß nicht, was er damit machen soll.

Ich möchte ihn bitten, mich zu halten. Aber es ist, als ob ich nicht sprechen könnte. Ich kann nur noch weinen. Er ist ganz lieb. Es ist gut zu weinen. Es ist gut, ihn neben mir zu spüren ...«

Es kann auch leichter gehen. Aber ich will Ihnen einfach nicht vormachen, dass es beim Sex einen einfachen Trick gäbe. Sonst würde nicht die ganze Welt um Sex kreisen. Sonst würde er sich nicht in immer mehr Abnormitäten verlieren. Wenn wir tief fühlen wollen, dann müssen wir *bereit* sein, wieder tief zu fühlen und zu dieser großen Empfindsamkeit zurückzufinden, die unser natürliches, weibliches Sein ist. Was uns als Frauen dann aber extrem verletzlich macht auf dieser Welt.

Ich kenne Frauen, die mir erzählen, dass sie sich auf einmal schlecht fühlen, wenn sie in einen Raum gehen, in dem gestritten wurde. Dass sie sich wie ausgesogen fühlen, wenn ihr Mann innerlich aggressiv und angespannt von der Arbeit kommt. Viele von ihnen sind verwirrt und halten sich für verrückt. Aber sie sind nicht verrückt, sie sind nur hochempfänglich auf vielen Ebenen. Das Problem dieser Frauen ist nur, dass ihnen dies nicht bewusst ist. Ihr urweibliches Sein meldet sich mit diesen Wahrnehmungen, aber da sie nicht mit Präsenz und Bewusstsein mit ihm verbunden sind, fühlen sie sich unbewusst auf einmal so ferngesteuert.

Wenn Sie erst einmal diesen Zusammenhang verstehen, dann wissen Sie: »Ich bin nicht falsch«, ich bin verbundener als das WorldWideWeb und komplexer als jede technische Neuerung der letzten hundert Jahre.

Eine Frau, die mit ihrem Mann ein ganz normales Leben aufgebaut und sich dabei vollkommen verloren hatte, erzählte mir, dass sie immer, ungefähr eine Stunde bevor ihr Mann nach Hause kam, ein, zwei Glas Wein trank. Und wenn am Wochenende die ganze Verwandtschaft kam, hat sie sich mit Tabletten ruhiggestellt. Erst als wir darüber redeten, wurde ihr bewusst, dass niemand aus ihrer Familie sich je offen gezeigt hat, sondern alle immer unter Kontrolle standen. Es gab genaue Regeln, wie man zu sein und was man zu lassen hatte. Sie spürte, dass es immer nur Druck und nie echte Verbindung gegeben hatte. Dabei flossen dann viele Tränen, weil sie auf einmal verstand, dass alles, was ihr Körper da ausgedrückt hatte, absolut der Situation entsprechend war.

Jetzt ging es in ihrem Leben darum, diese Impulse endlich ernst zu nehmen und sie, so gut es ging, langsam anderen gegenüber auszudrücken. Eine neue Haltung zu entwickeln: »Aha, kurz bevor mein Mann nach Hause kommt, werde ich unruhig. Okay, was ist da los zwischen uns?« Wenn wir eine solche Haltung entwickeln, dann brauchen wir keine Alltagsdrogen, um unsere Gefühle wegzudämpfen. Dann müssen wir lernen, uns auszudrücken: »Weißt du was? Ich werde immer unruhig, bevor du kommst.«

Dann können wir natürlich häufig nicht mehr den vorgetrampelten Pfaden unserer Familien folgen. Wenn wir anfangen, auf unsere innere Stimme, auf unsere feinen, zarten Bedürfnisse zu hören, dann gerät unser gewohntes Leben oft ziemlich aus den Fugen.

Bisher kannte diese Frau nur einen Weg, mit alldem umzugehen: sich zu betäuben. Das führte sie dann immer weiter in die innere Spaltung und schließlich in die Depression. All die weggedrückten Gefühle wurden so stark, dass sie sich wie ein dunkler Schatten über ihr ganzes Leben legten, bis sie nicht mehr flüchten konnte und in der Klinik landete.

Dort konnte sie sich befreien von der Sucht, aber dann blieb sie auf halbem Wege stecken, indem sie glaubte, nun könne nur noch die Trennung ihr helfen. Sie könne sich nur wieder fühlen, wenn sie ihr Leben ganz alleine lebe. Nach dem Entzug war sie wie eine offene Wunde. Viele Frauen, die sich aus dem ganzen Funktionieren, Weitermachen, Durchhalten, Sichanpassen befreit haben, sind erst einmal wie offene Wunden.

Dann können sie kaum noch in dieser Welt bestehen und kaum noch die männliche, machende, zielorientierte Kraft ihrer Ehemänner ertragen. Ihnen fehlt die wahrnehmende, nachspürende, einfühlende Kraft, die sie jetzt zur Heilung ihrer Wunden bräuchten. Und deshalb ziehen sie sich dann immer weiter zurück. In der Arbeit mit Paaren erlebe ich oft, dass Frauen in dieser Verletzlichkeit angekommen sind und dann feststellen: Wenn ich mich dem zuwende, was sich bei mir so gut und feinsinnig anfühlt, dann muss ich weg von meinem Mann, dann muss ich weg von meinem alten Leben.

Aber so lernen wir nie, mit unseren feinen Kräften wirklich umzugehen. Es ist in Ordnung, dass wir nicht mehr zurückwollen in das alte Funktionieren, weil das wieder für Hornhaut auf Herz und Seele sorgen würde. Aber jetzt nützt Wegrennen nichts. Jetzt geht es darum, mit kleinen Schritten weiterzugehen und sich verletzlich zu zeigen. Immer wieder alldem in sich zu vertrauen und sich davon in Kontakt mit anderen führen zu lassen. Ich weiß, das ist sehr schwer, weil das allem entgegengesetzt ist, wie unsere Gesellschaft funktioniert.

Auch unsere Frau hier hat erfahren, was so viele auf diesem Weg erfahren haben. Dass ihre Freunde, ihre Familie gesagt haben: »Du bist ja verrückt. Was machst du da? Stell dich nicht so an! Was haben die in der Klinik nur mit dir gemacht? Haben die Gehirnwäsche mit dir betrieben?« Das ist es, was sie jetzt lernen muss: Auszuhalten, dass alle möglichen Menschen sie vielleicht erst einmal nicht verstehen, ihr nicht folgen können; dass sie trotzdem immer wieder den Mut finden muss, ihnen von ihrem Inneren zu erzählen. Vergessen Sie nicht, die anderen sind Ihr Spiegel! Sie zeigen Ihnen Ihren eigenen Groll und Widerstand.

So war es auch bei dieser Frau. Nachdem sie Mut gefasst hatte, lautete jeder zweite Satz: »Da sehen Sie es doch wieder. Er kriegt einfach nichts mit ... Das hat mit ihm doch gar keinen Sinn mehr ... Er hat mich doch nie gehört ... Er hat mir das doch alles aufgezwungen.« Diese Stimme ist eine komplette Projektion eines Teils ihrer selbst auf ihren Mann: Sie war immer wieder selbst über ihre Bedürfnisse hinweggegangen. Ihr Mann spiegelte ihr wider, wie sie einst selbst mit ihren feineren Qualitäten umgegangen war.

Wenn Sie zu Hause sitzen und auch so einen Partner haben, der das alles nicht versteht, was da gerade Neues in Ihnen passiert, dann seien Sie sich sicher: Es gibt einen Teil in Ihnen, der genauso rigide und hart mit Ihnen umgegangen ist und genauso wenig Verständnis gezeigt hat wie Ihr Partner. Und der es zum Teil noch immer tut. Jetzt geht es darum, dass Sie sich dem Teil zuwenden.

Die große Falle für viele ist, jetzt irgendwo in die Einsiedelei zu gehen und zu sagen: »Okay, ich muss jetzt hier weg. Ich muss allen Kontakt abbrechen. Ich kann das nicht mehr ertragen.« Es geht jetzt darum, dass Sie in vielen Teilschritten lernen, eine neue Kommunikation in Ihre Familie und in Ihre Beziehung zu bringen. Das braucht täglichen Mut und tägliche Geduld. Und immer wieder Abgrenzung. In der Übergangsphase schlage ich deshalb oft vor, wie in einer Trennung zu leben, aber in der Verbindung zu bleiben und im alltäglichen Leben Dinge umzusetzen, die wir in der Trennung umsetzen müssten: Wir finden unseren eigenen Rhythmus, richten uns einen eigenen Raum ein, schaffen uns immer wieder Stunden oder vielleicht sogar Tage des Alleinseins.

Das ist wie ein Trainingsprogramm, als ob Sie einen neuen Sport, eine neue Sprache lernen. Es geht jetzt darum, etwas zu üben, das Sie lernen wollen, das Sie aber bisher noch nicht können. Nach dem Motto: »Aha, so klappt's. Nein, so geht's nicht.« Und dann gilt es, dem Partner immer wieder Rückmeldung zu geben: »Hallo, es geht bei mir wieder alles zu. Das kann ich nicht aushalten.« Einmal durfte ich bei diesem Paar dabei sein, wie sie offenen Herzens, aber konsequent ihren Gefühlen gefolgt ist und mit ihm sehr präsent aus dem Augenblick heraus darüber kommuniziert hat. Darüber gelang es ihm, in die Wahrnehmung zu gehen, was wiederum dazu führte, dass sie ihm zum ersten Mal seit Ewigkeiten in die Augen schauen und ihm ihre Hand geben konnte. Das war ein so überwältigender Augenblick, dass der ganze Raum mit Stille und Präsenz zugleich erfüllt war.

Oh, das Zwiegespräch mit meinen Geschlechtsgenossinnen ist wirklich lang geworden. Und es ist eigentlich auch so, dass es die Männer ruhig lesen sollten. Vor allem sollte ich aber eins nicht zu erwähnen versäumen. Es geht in der Tiefe sowieso nicht um Männer und Frauen. Es geht um männliche und weibliche Kraft. In jedem Mann gibt es einen weiblichen und einen männlichen Teil, und in jeder Frau gibt es einen männlichen und einen weiblichen Teil. Und es gibt in Zeiten, in denen Frauen oft sehr männlich leben, viele Beziehungen, in denen die Polaritäten verdreht sind. Das heißt, dass ein Mann eher weibliche Qualitäten auslebt und eine Frau eher männliche Qualitäten.

Zwar ist mir das meiste, worüber ich hier geredet habe, tatsächlich in weiblichen Körpern begegnet. Aber es gibt auch immer wieder Fälle, in denen Männer sich ihrem Herzen zuerst öffnen und dementsprechend dann auch vor diese Herausforderungen gestellt sind. Also, alle Männer, die sich hier angesprochen fühlen, nehmen Sie aus meinen Zeilen, was Sie gebrauchen können. Wichtig für uns alle ist nur, dass die weibliche Kraft auf dieser Welt wieder wertgeschätzt wird, und dass wir alle, Männer wie Frauen, sie wieder ehren, sonst kommen wir in Beziehungen keinen Millimeter weiter.

11. Kapitel
Auch Singles haben eine Beziehung
Auch Getrennte fühlen sich von etwas getrennt

Oft habe ich gehört: »Schön und gut, was Sie da sagen. Aber auf meinen Fall kann man das nicht so richtig umsetzen. Denn: Ich lebe alleine ... Ich bin Single ... Ich bin getrennt ... Mein Mann ist ausgezogen ... Meine Frau will erst einmal getrennte Wohnungen ... Wir haben eine Pause eingelegt ...« Oft folgt nach so einer Kurzbeschreibung der Satz: »Ich habe nun mal keine richtige Beziehung.« Meine Antwort: »Doch! Die Beziehung, die Sie gerade haben, ist die passende Beziehung für Sie! Mehr Beziehung könnten Sie im Moment nicht vertragen.«

Ich kenne mittlerweile viele Menschen, die »in keiner richtigen Beziehung« leben. Allein in dieser Formulierung liegt schon eins der Probleme. Für unsere Beziehung gilt das gleiche wie für uns: Wenn Sie etwas an ihr verändern wollen, dann müssen Sie zuerst einmal das voll und ganz annehmen, was gerade ist. Und wenn das nur noch Erinnerungen an ein einstiges Ideal sind? Auch gut! Das ist dann Ihre Beziehung. Das ist die Beziehung, zu der Sie innerlich gerade in der Lage sind. Ihre Beziehung im Außen spiegelt Ihnen einfach nur Ihre innere Beziehung zu sich selbst. Wenn Sie nie den richtigen Partner finden, dann weil es in Ihrem Inneren etwas gibt, das Sie nie wirklich annehmen können. Wenn es nie zu echter Nähe kommt, dann weil Sie den Kontakt zu einem wunden Punkt in sich vermeiden.

Das klingt jetzt vielleicht eher grob geschnitzt, soll aber auch nur dazu dienen, Sie nochmals an den Grundmechanismus zu erinnern, der allem in Ihrem Leben unterliegt: Die Antwort auf Ihre Fragen im Außen bekommen Sie nur im Inneren. Und da ist es im Falle der »nicht richtigen« Beziehungen wichtig, dass Sie sich Ihre ganz persönliche »nicht richtige« Beziehung anschauen und sich fragen, was sie Ihnen für Hinweise gibt über das, was Sie unbewusst eigentlich über Partner, über Beziehung, Verbindung und Nähe glauben. Ihre Ideale können da durchaus Lichtjahre von Ihrer momentanen Realität entfernt sein. Auf jeden Fall sind sie erst einmal nicht aussagekräftig. Entscheidend ist das, was Sie gerade in Ihrem Leben sehen. Das zeigt Ihnen, was Sie wirklich glauben. Dazu ein Brief:

Ich denke, das Thema »Einsamkeit« wird viele Menschen interessieren. Ich lebe bereits seit fast fünf Jahren alleine. Für viele Menschen in meiner Umgebung ist das völlig unverständlich. Ich werde als sehr attraktiv, kommunikativ, humorvoll etc. beschrieben. Nur, was ich immer feststelle, ist, die Männer sind in sich völlig zurückgezogen. Leben lieber in einer unglücklichen Partnerschaft, betrügen ihre Frauen, träumen von Neuanfängen – haben aber den Mut nicht. Können auf der anderen Seite aber auch ihre bestehenden Beziehungen nicht »heilen«.

Ich gehöre zu den Menschen, die eine lange Beziehung vor Jahren beendet haben. Noch heute leide ich unter der Trennung. Ich habe meinen Mann verlassen, weil er mich nicht wollte. Das heißt, er wollte keine Ehe, keine Kinder. Das bedeutete für mich, dass er MICH nicht wirklich wollte.

Ich bin »ausgezogen«, um zu leben, um zu lieben ... Leider hat das nicht geklappt, und ich bin in den vergangenen Jahren an meiner Einsamkeit fast erstickt. Es musste so sein. Ein Festhalten an der alten Beziehung hätte mich nicht weitergebracht. Aber was ist nun? Mittlerweile bin ich 40 Jahre alt, habe mich selbstständig gemacht und leide so vor mich hin. Lebe völlig zurückgezogen und isoliert.

In diesem Brief kann die Leserin viele Hinweise über ihr Inneres finden, wenn sie ihn ganz mit dem Blick auf sich selbst liest. Wenn Sie gerade in Ihrer Beziehung etwas nicht verstehen oder sagen »ich habe keine richtige Beziehung«, dann kann ich Ihnen nur raten, einfach einmal etwas ganz ehrlich aufzuschreiben über das, was Sie da so sehr beschäftigt an Ihrer momentanen Beziehung – auch wenn es scheinbar eine Nicht-Beziehung ist.

Und dann nehmen Sie sich Ihr Geschriebenes und stellen sich vor, es ist eine Botschaft von einem Wesen, das in Ihnen eingeschlossen ist und auf sich aufmerksam machen will. Im Falle unseres Beispiels hier oben sagt das Wesen zu der Schreiberin des Briefes: »Ich fühle mich hier in dir einsam.« Die Schreiberin wundert sich: »Aber wieso bist du denn einsam? Ich hier draußen bin doch so attraktiv, kommunikativ und humorvoll ...« Und jetzt kommt ein entscheidender Perspektivwechsel. Immer wenn wir ein Urteil im Außen finden, müssen wir es umkehren und auf uns selbst beziehen. Dann würde die Antwort des inneren Wesens lauten: »Ja, du bist attraktiv, kommunikativ und humorvoll. Aber der männliche Teil *in dir* ist völlig zurückgezogen. Er lebt lieber in einer unglücklichen Verbindung mit dir und betrügt deinen weiblichen Teil. Er träumt manchmal von Neuanfängen, aber er wendet sich mir und meiner Verletzung hier drinnen nicht wirklich zu.«

Im Weiteren könnte sie etwas über ihre Vergangenheit und ihre Kindheit erfahren, wenn sie ihrem inneren Wesen weiter zuhört. Der erste Mann, von dem wir uns meist unfreiwillig und schmerzlich trennen, ist unser Vater. Trennung kann dabei real geschehen, durch eine schmerzliche Erfahrung oder durch ein Urteil, das in der Familie ausgesprochen oder unausgesprochen gefällt wird: »*Schon vor langer Zeit gab es eine Trennung zu einem Mann* (meinem Vater?). *Noch heute leide ich unter der Trennung. Ich habe diese Trennung im Herzen erlebt, weil er mich nicht wollte.*«

Jetzt kommt ein entscheidender Punkt: »*Ich habe damals aus der Tatsache, dass er keine Ehe und keine Kinder wollte, die Schlussfolgerung gezogen, dass er MICH nicht wirklich wollte. Da habe ich mich innerlich von diesem gewaltigen Schmerz abgetrennt und bin ausgezogen, um nun selber zu leben und zu lieben.*«

Ich kenne die Frau nicht, die mir diesen Brief geschrieben hat. Aber für mich ist es ziemlich wahrscheinlich, dass sie einen tiefen Herzensbruch durch eine gestörte Bindung zwischen ihren Eltern erfahren hat. Vielleicht ist der Vater gegangen, vielleicht wollte er aber auch nur gehen und hat sich nicht getraut und stattdessen seine beiden Frauen mit einem angepassten Bleiben um die Liebe betrogen.

Auf jeden Fall hat sie durch den tiefen Herzensbruch und die damit einhergehenden inneren Urteile ihre Verbindung zu ihrer männlichen Wurzel verloren und sucht bis heute im Außen danach. Aber das kann nie funktionieren, weil wir in unserem Inneren lange vorher jegliche Hoffnung verloren haben: »*Leider hat das nicht geklappt, und ich bin in all den Jahren an meiner Einsamkeit* (ohne Wurzel, ohne Vater …) *fast erstickt. Aber es musste damals so sein. Festhalten an meiner alten Beziehung* (meinem Vater) *war nicht möglich. Er stand mir ja einfach nicht wirklich zur Verfügung. Und da habe ich beschlossen, ich werde total unabhängig und mache mich von allem schmerzfrei und selbstständig.*«

Solche Herzensbrüche mit ihren Entscheidungen versenken wir als Kinder einfach ganz tief in unserem Unterbewusstsein, damit sie uns ja nie wieder etwas anhaben können. Dann leben wir unser Leben zwar selbstständig, aber innerlich leidend und isoliert. Und alle Männer, die mit uns in Resonanz gehen, spiegeln uns in ihrem Verhalten unseren tiefen inneren Glaubenssatz aus dem einstigen Herzensbruch: Dass keine Nähe möglich und Trennung unabwendbar ist.

Wenn die Schreiberin ihren Brief so entschlüsseln würde, dann bräuchte es nun eine Zeit des bewussten Rückzugs auf sich selbst. Der aufmerksamen Wahrnehmung, was sich im Kontext dieser Geschichte aus ihrem Inneren alles entfalten will. Es bräuchte Aufmerksamkeit und Mitgefühl für das verletzte Wesen in ihr. Viel Raum für Schmerz und Wut. Und für die Trauer um ihren verlorenen Vater. Und am Ende bräuchte es Vergebung durch die Einsicht, dass auch sie ihr ganzes Leben durch eine unbewusste Verletzung daran gehindert war, sich wirklich zu geben – so wie es auch damals ihr Vater war.

Die meisten von uns kennen Väter vor allem als arbeitende, zeitlich und räumlich abwesende Wesen, die als Partner für Herz, Körper und Gefühl nur beschränkt bis gar nicht zur Verfügung stehen. Oder die als kostbare Seltenheit einfach einen Sonderstatus auf dem Sockel bekommen haben. Dieser Umstand ist in vielen Frauen als eine der tiefsten Prägungen in Sachen Männer vorhanden: so eine Mischung aus unendlicher Sehnsucht bei gleichzeitiger Einsamkeit und verdrängtem Urteil über diese emotionale Vernachlässigung. Deswegen ist es für viele Frauen auch so verwirrend und unverständlich, was da in Sachen Männern in ihnen vorgeht.

Die meisten Frauen, die Langzeitsingles sind, sind das nicht aus Überzeugung. Fast alle wünschen sich sehnlichst eine feste Beziehung. Aber es will einfach nicht klappen. Wenn sie einen Mann kennenlernen und sich in ihn verlieben, dann steckt der in der Regel entweder irgendwie noch in einer anderen Beziehung. Oder aber er ist bindungsgeschädigt und verbarrikadiert sich nach der dritten Verabredung hinter unverbindlichen Sätzen wie: »Lass uns doch einfach nur gute Freunde sein.« Oft ist das der Typ, der zu jeder erdenklichen Tageszeit anruft. Allerdings nicht, um Ihnen leidenschaftliche Liebesbekenntnisse ins Ohr zu flüstern, sondern um bei Ihnen einmal den ganzen Stress loszuwerden oder auf vollkommen unverbindliche Art und Weise anzudocken.

Dies geschieht nicht etwa nur Frauen, die der mütterlich-treusorgende Typ mit Helfersyndrom oder der patente gute Kumpel zum Pferdestehlen sind. Nein, es passiert den attraktiven, den selbstständigen und humorvollen im besten Verkupplungsalter, die sich dann immer verzweifelter fragen: Warum in Gottes Namen beißt da keiner an? Meine Antwort lautet dann immer gleich: Sie kriegen in Beziehungen immer genau das, was Sie sich unbewusst wünschen. Und die meisten unfreiwilligen Singlefrauen wünschen sich von Männern: »Komm mir bloß nicht zu nahe. Das könnte weh tun.«

Das ist natürlich schwerverdauliche Kost. Aber so absurd es klingt: So sehr sich viele Singlefrauen in ihrem Bewusstsein auch nach einem Partner sehnen, irgendwo im Inneren, meist gut versteckt, gibt es alte schlechte Erfahrungen und jede Menge Angst vor wirklicher Nähe. Und so kriegen sie dann genau die »passenden« Männer zu diesem Programm: unverbindliche Cowboys, unnahbare Herzensbrecher, verschlossene Überzeugungsjunggesellen, bereits vergebene, unerfüllte Ehemänner ...

Ich kenne eine ganze Reihe von Frauen, die gut aussehen, interessant und im »besten« Alter, aber unfreiwillige Dauersingles sind. Sie alle geben bei uns Geschlechtsgenossinnen zu: »Ich möchte so gerne endlich einen Mann! Wenn ich ehrlich bin, einen zum Anlehnen, Kinderkriegen und Zusammenleben.« Nur wehe, wenn irgendwo am Horizont ein potentielles Exemplar auftaucht. Dann packt sie die Angst, abgewiesen oder verletzt zu werden, und schon verstecken sie all ihre zarte Weiblichkeit und verwandeln sich in eine Art unverwundbare Allzweckwaffe: Statt sich so romantisch und anlehnungsbedürftig zu zeigen, wie sie eigentlich sind, flirten sie cool und sind witzig. Je nach Bedarf stehen sie mit Rat, Einfühlungsvermögen und allem, was Mann sonst so braucht, zur Verfügung. Aber bevor es wehtun könnte, sagen sie einfach: »Ach, lass mal, das schaff ich schon alleine ...«

Damit sind sie vielleicht interessant oder bewundernswert. Aber sie haben ihr verletzliches inneres Wesen so gut verbarrikadiert, dass es nicht nach außen ausstrahlen kann. Es gibt nichts, womit solche Männer in Resonanz gehen könnten, die sich selbst auf gesunde Art und Weise offen und verletzlich zeigen können. Es gibt keine unbewussten Signale wie: *Zärtliche Frau sucht warmherzigen Mann.* Ihre Anbandelungsversuche funktionieren dann ungefähr so, als ob draußen auf der Tüte »Chips« steht, aber innen drin ist Schokolade. Da greifen dann die herzhaften Chipsesser ins Regal und können zu Hause mit der süßen Schokolade nichts anfangen.

Wie immer auch hier der erste Schritt: annehmen und ausdrücken, was ist. Im Fall vieler Singlefrauen hieße das: Wenn Schokolade drin ist, dann sollten Sie auch außen Schokolade draufschreiben.

Kürzlich habe ich über die These, dass viele scheinbar suchende Frauen (natürlich auch Männer) gar nicht wirklich zur Verfügung stehen, heftig mit einer meiner partnersuchenden Singlefreundinnen diskutiert. Nach ein paar Glas Wein gestand sie mir (und vor allem sich selbst): »Eigentlich könnte ich eine ganze Liste runterrasseln, warum das mit den Männern auf Dauer nicht geht. Und eigentlich denke ich oft, dass wir Frauen vieles einfach echt besser können und außerdem zuverlässiger sind. Wenn ich mal nichts zu nörgeln habe, dann meldet sich eine fast noch heimtückischere Stimme in mir zu Wort. Wenn tatsächlich ein Mann auftaucht, der mich will und das auch noch zeigt. Der kommt dann gerade deswegen nicht in Frage, *weil* er echtes Interesse zeigt. Dann fällt mir immer auf, dass ich mich eigentlich selbst gar nicht leiden kann. Dann denk ich: Einer, der so eine wie mich will, das muss doch ein Depp sein.«

So kamen wir in diesem Gespräch gleich einem ganzen Arsenal an Urteilen und Selbstverurteilungen auf die Schliche, die allesamt am Ende darauf hinausliefen, dass meine Freundin besser alleine leben sollte. »Tja, und jetzt?«, wollte sie resigniert wissen.

Allein, dass wir uns endlich eingestehen, dass es in uns so viel Abwehr und Kritik gibt, sorgt schon für eine Veränderung. Erst recht, wenn wir uns von nun an auf die Lauer legen und mitkriegen, was da so alles in unserem Kopf in Sachen Beziehung und Männer herumspukt. Wir fühlen uns dann nicht mehr so ohnmächtig unserem Schicksal ausgeliefert. Hinderlich sind unsere Programme nur, wenn sie unbewusst bleiben. Dann suchen wir den Feind immer da draußen und haben das Gefühl, dass uns das Leben (und alle potentiellen Partner) übel mitspielen.

Wenn wir uns wirklich auf die Lauer legen, dann wird uns unser Widerstand und unsere Unsicherheit und die Tatsache, dass in uns eine ausgemachte Männerhasserin bzw. ein ausgemachter Frauenhasser herumwütet, bewusst. Damit bekommt die gut funktionierende Fassade dann langsam Risse, und das, was wirklich in uns ist, kann ausstrahlen und mit den passenden Menschen in Resonanz gehen. Wir sind dann nicht länger unabhängig, cool, und der, der immer alles selbst kann. Wir werden wahrscheinlich zunächst einmal sehr bedürftig sein. Das zu zeigen ist zwar ein Risiko, aber die einzige Chance für echte Nähe.

Endlich das Visier hochzuklappen gilt natürlich nicht nur für einsame Singles. Es gibt mindestens so viele einsame und unabhängige Partner, die sich alle in diesen »nicht richtigen« Beziehungen, in ihren schmerzfreien Konstruktionen eingerichtet haben. Natürlich kann man sich in einer Langzeitbeziehung genauso gut hinter einer sicheren Fassade verstecken und sich dahinter ziemlich einsam und abgeschnitten fühlen.

Ich kann mein leidenschaftliches Plädoyer im Sinne von Offenheit, Hingabe und Verletzlichkeit auch für alle Langzeitpartner nur fortsetzen. Ich selbst habe jahrelang vor meiner Ehe um den ersten Preis für die unabhängigste Singlefrau mitkonkurriert. Und auch in meiner Ehe habe ich am Anfang alles dafür getan, meinem Mann zu zeigen, dass ich's auch ohne ihn kann. Mit der Zeit habe ich auch noch angefangen, seine Art zu leben an jeder Ecke zu kritisieren. Aber so beharrlich ich ihm klarmachte: Ich krieg's hin und brauch dich nicht – so einsamer, unverbundener und unterschwellig bedürftiger fühlte ich mich in dieser Ehe.

Heute weiß ich, dass das eine das andere bedingt. Eine unabhängige Rolle macht einen sicher, aber auch einsam. Heute könnte ich fast eine mathematische Kurve in Sachen Beziehung zeichnen: Je mehr ich zuerst mir selbst und dann meinem Mann eingestanden habe, dass ich eben nicht alles im Griff habe, dass ich vielmehr oft auch hilflos und verunsichert war, umso mehr Öffnung und Nähe kam in unsere Ehe.

Das ging natürlich nicht von jetzt auf gleich. Es war schmerzhaft zu erkennen, dass ich keinen Millimeter weiterkomme, wenn ich nicht die Hosen runterlasse. Und es tat auch weh zu erleben, dass mein bis dahin oft abwesender und unsensibler Mann sich nicht gleich in einen Frauenversteher verwandelte, als ich ihm zum ersten Mal zeigte, auf welch wackligen Füßen meine Weiblichkeit eigentlich steht. Als ich ihm zum ersten Mal eingestanden habe, dass ich eifersüchtig bin, da ist er nicht gleich abends zu Hause geblieben und hat neben mir Topflappen gehäkelt, statt wie früher mit seinen Kumpels bis in die Nacht unterwegs zu sein.

Damals fühlte sich mein Leben an, als ob ich jede schützende Haut verloren hätte. Mit der Zeit habe ich aber gemerkt, dass es überhaupt nicht darum geht, dass mein Mann sich endlich ändert. Ich habe gemerkt, dass es für *mich* befreiend ist, nicht mehr jeden Tag aufs Neue irgendein Theaterstück zu geben von einer, die immer alles im Griff hat und der kein Mann etwas anhaben kann. Heute würde ich behaupten: Zu dieser Zeit bin ich zum ersten Mal Frau geworden.

12. Kapitel
Vergebung heilt alles, vor allem Sie selbst

Alles, was wir bis hierher erkannt haben, ist gut und kann für große Entspannung und einschneidende Heilung sorgen. Aber der letzte entscheidende Schritt in den Frieden mit Ihrer Beziehung ist die Vergebung. Irgendwann spitzen sich alle Gespräche über diesen Weg am Ende auch auf einen Punkt zu, den der folgende Brief deutlich macht:

Aber was ist, wenn ein Partner ein Kind sexuell missbraucht oder anders misshandelt? Wenn er seine Frau wiederholt schlägt? Wenn er an einer manifesten Sucht (Alkohol, Drogen, Arbeit, Glücksspiel …) oder einer Psychose leidet? Wenn er kriminell ist und Umgang mit anderen Kriminellen in der gemeinsamen Wohnung hat?

Mein Ehemann tut nichts dergleichen. Für die Durchschnittsehe, die – wie unsere – droht, allmählich an Langeweile und Desinteresse einzugehen, mögen Ihre Tipps hilfreich sein. Aber was ist mit den anderen? Wo ziehen SIE die Grenze?

Meine Freundin wird von ihrem Ehemann regelmäßig verprügelt, gedemütigt und vergewaltigt. Als sie ihm ihre aktuelle, vierte Schwangerschaft mitteilte, hat er ihr eine Schere in den Arm gestochen. Ihre drei kleinen Kinder sind regelmäßig Zeugen solcher Szenen. DAS kann doch keine Basis für Vergebung,

Harmonie und liebevolles Zusammenleben im Sinne von »Ein Kurs in Wundern« sein, oder?

Weil wir konditioniert und traumatisiert wurden, haben viele von uns ihre Integrität meist vor langer Zeit verloren. Menschen, die so handeln wie der Mann hier im Beispiel, haben aller Wahrscheinlichkeit nach all das, was sie weitergeben, selbst erfahren. In einem Maße, dass ihre eigenen Grenzen komplett zerstört wurden und ihr Wesen vollkommen von Aggression und Gewalt in Besitz genommen ist. Sie sind selbst so sehr von alldem beherrscht, dass sie es nur noch ausagieren können.

Die Partner solcher Menschen haben meist auf andere Weise, aber genauso radikal und gewaltsam ihre Integrität und den Kontakt zu ihren Bedürfnissen verloren. Sie können sich nicht mehr schützen. So hat die Frau hier im Beispiel immer wieder ungeschützt mit ihrem Mann geschlafen, obwohl er sie so brutal misshandelt hat.

Beide sind Gefangene ihrer Verletzungen. Beide können diesem Gefängnis nur entkommen, wenn sie wieder Zugang zu diesen Verletzungen finden und nach und nach erkennen, dass sie die Reaktion auf jede Situation selber wählen können. Solange wir der Frau die Rolle des unschuldigen, hilflosen Opfers geben, nehmen wir ihr jede Chance, sich aus diesem gefährlichen Kreislauf zu befreien. Diese Frau braucht Unterstützung dahingehend, dass sie ihren eigenen Anteil an der unheilvollen Verbindung erkennt, annimmt und transformiert. Dass sie erkennt, dass sie sich selbst genauso misshandelt, wie es ihr Mann tut. Und dass er ihr ein Spiegel der zerstörerischen Aggression ist, die in ihr vergraben ist. Wenn sie das alles wirklich annimmt, dann findet sie die Kraft, ihm entweder endlich Einhalt zu gebieten oder sich aus dem verletzenden Kreislauf zu lösen.

Aber das alles sind nur Erklärungsversuche auf der Ebene des Verstandes, die nicht wirklich erfahrbar machen, dass Annahme und Vergebung uns nicht nur aus der Opferrolle befreien, sondern uns auch selbst heilen und stärken. Daher möchte ich hier George Ritchie zu Wort kommen lassen:

»Als im Mai 1945 der Krieg in Europa zu Ende ging, kam die 123. Einheit mit den Besatzungstruppen nach Deutschland. Ich gehörte zu einer Gruppe, die in ein Konzentrationslager in der Nähe von Wuppertal abgeordnet wurde, und hatte den Auftrag, medizinische Hilfe für die erst kürzlich befreiten Gefangenen zu bringen, von denen viele Juden aus Holland, Frankreich und dem östlichen Europa waren. Dieses war die erschütterndste Erfahrung, die ich je gemacht hatte; bis dahin war ich viele Male dem plötzlichen Tod und Verwundungen ausgesetzt gewesen, aber die Wirkung eines langsamen Hungertodes zu sehen, durch jene Baracken zu gehen, wo Tausende von Menschen Stückchen für Stückchen über mehrere Jahre gestorben waren, all das war eine neue Art von Horror. Für viele war es ein unwiderruflicher Prozess. Wir verloren Dutzende täglich, obwohl wir sie schnellstens mit Medizin und Nahrung versorgten.

Jetzt brauchte ich meine neue Erkenntnis, in der Tat. Wenn es so schlimm wurde, dass ich nicht mehr handeln konnte, tat ich das, was ich gelernt hatte zu tun. Ich ging von einem Ende zum anderen in dem Stacheldrahtverhau und schaute in die Gesichter der Menschen, bis ich feststellte, dass das Gesicht Christi mich anblickte.

Und so lernte ich Wild Bill Cody kennen. Das war nicht sein eigentlicher Name. Sein wirklicher Name hatte sieben unaussprechliche polnische Silben, aber er hatte einen lang herunterhängenden Lenkstangenbart, wie man ihn auf Bildern der alten Westernhelden sah, so dass die amerikanischen Soldaten ihn Wild Bill nannten. Er war einer der Insassen des Konzentrationslagers, aber offensichtlich war er nicht lange dort gewesen: seine Gestalt war aufrecht, seine Augen hell, seine Energie unermüdlich. Da er sowohl Englisch, Französisch, Deutsch und Russisch als auch Polnisch fließend sprach, wurde er eine Art inoffizieller Lagerübersetzer.

Wir kamen zu ihm mit allen möglichen Problemen; der Papierkram alleine hielt uns oft auf bei dem Versuch, Leute zu finden, deren Familien, ja sogar ganze Heimatorte möglicherweise verschwunden waren. Aber obwohl Wild Bill 15 oder 16 Stunden täglich arbeitete, zeigten sich bei ihm keine Anzeichen von Ermüdung. Während wir übrigen uns vor Müdigkeit hängen ließen, schien er an Kraft zu gewinnen. »Wir haben Zeit für diesen alten Kameraden«, sagte er. »Er hat den ganzen Tag auf uns gewartet.« Sein Mitleid für seine gefangenen Kameraden strahlte aus seinem Gesicht und zu diesem Glanz kam ich, wenn mich der Mut verlassen wollte.

Ich war darum sehr erstaunt, als ich die Papiere von Wild Bill eines Tages vor mir liegen hatte, dass er seit 1939 im KZ gewesen war! Sechs Jahre lang hatte er von derselben Hungertoddiät gelebt und wie jeder andere in derselben schlecht belüfteten und von Krankheiten heimgesuchten Baracke geschlafen, dennoch ohne die geringste körperliche oder geistige Verschlechterung. Noch erstaunlicher war, dass jede Gruppe im Camp ihn als einen Freund betrachtete. Er war derjenige, dem Schwie-

rigkeiten zwischen den Insassen zum Schiedsspruch vorgelegt wurden. Erst nachdem ich wochenlang dort gewesen war, erkannte ich, welch eine Rarität dies in einem Gelände war, wo die verschiedensten Nationalitäten von Gefangenen einander fast so sehr hassten, wie sie die Deutschen hassten.

Was die Deutschen betraf, stiegen die Gefühle gegen sie in einigen der Lager, die etwas früher befreit worden waren, so hoch, dass frühere Gefangene sich Gewehre geschnappt hatten, in das nächste Dorf gerannt waren und einfach den ersten Deutschen, den sie sahen, erschossen haben. Wir hatten Anweisung, solche Zwischenfälle zu verhindern, und wieder war Wild Bill unser größter Aktivposten, wenn er mit verschiedenen Gruppen vernünftig redete und ihnen riet, Vergebung zu üben.

»Es ist nicht leicht für sie zu vergeben«, erklärte ich ihm eines Tages, als wir im Zentrum für alle Abwicklungen mit unseren Teebechern beieinandersaßen. »Viele von ihnen haben ihre Familienangehörigen verloren.« Wild Bill lehnte sich in dem geraden Stuhl zurück und schlürfte sein Getränk.

»Wir lebten im jüdischen Sektor von Warschau«, fing er langsam an. Es waren die ersten Worte, mit denen er mir gegenüber von sich selbst sprach. »Meine Frau, unsere zwei Töchter und unsere drei kleinen Jungen. Als die Deutschen unsere Straße erreichten, stellten sie sie alle an die Mauer und eröffneten mit Maschinengewehren das Feuer. Ich bettelte, dass sie mir erlauben würden, mit meiner Familie zu sterben, aber da ich Deutsch sprach, steckten sie mich in eine Arbeitsgruppe.«

Er unterbrach seinen Bericht, vielleicht weil er wieder seine Frau und seine fünf Kinder vor sich sah. »Ich musste mich dann entscheiden«, fuhr er fort, »ob ich mich dem Hass den Soldaten gegenüber hingeben wollte, die das getan hatten. Es war eine leichte Entscheidung, wirklich. Ich war Rechtsanwalt. In meiner Praxis hatte ich zu oft gesehen, was der Hass im Sinn und an den Körpern der Menschen auszurichten vermochte. Der Hass hatte gerade sechs Personen getötet, die mir das meiste auf der Welt bedeuteten. Ich entschied mich dafür, den Rest meines Lebens – ob nur wenige Tage oder viele Jahre – jede Person, mit der ich zusammenkam, zu lieben.«

Was kann schlimmer sein als das, was dieser Mann erlebt hat? Was kann deutlicher machen, welche Kräfte wirkliche Annahme und Vergebung freisetzen können? Nicht nur, dass Wild Bill unter den schwierigsten Bedingungen, die man sich vorstellen kann, seinen inneren Frieden bewahren konnte. Er fand dadurch auch Zugang zu ungeahnten Kraftquellen in seinem Inneren, die ihm und vielen Menschen, denen er half, wahrscheinlich das Leben gerettet haben.

Wenn wir annehmen und vergeben, dann erkennen wir unsere eigene Stärke. Wenn wir immer wieder Opfer bleiben, dann schwächen wir uns selbst.

Solche Vergebung geht den letzten Schritt. Sie fragt nicht mehr nach dem Warum. Sie nimmt das, was ist, als Lehrmeister an, sich für einen neuen Weg zu entscheiden. Einige Fragen und Gedanken können Ihnen auf diesem Weg überaus hilfreich sein:

- Weil XY das getan hat, fühle ich …?

- XY steht stellvertretend für folgenden verborgenen Teil in mir: …

- Ich fühle diese Gefühle jetzt ganz bewusst als meine eigenen.

- Ich öffne mich dafür, dass diese Situation mir hilft zu wachsen.
- Ich kann jetzt vielleicht noch nicht erkennen, wohin mich diese Erfahrung führt, aber ich bin bereit, sie als Wachstumschance anzunehmen.
- Ich bin bereit anzunehmen, dass ich genau durch diese Situation eine Möglichkeit habe zu heilen.
- Ich bin bereit, mich ehrlich zu fragen, ob ich mit anderen Menschen schon einmal ähnliche Erfahrungen gemacht habe.
- Ich erkenne an, dass ich mich immer dann ärgere, wenn ein anderer in mir genau die verborgenen Teile anspricht, die ich verdrängt, verleugnet oder unterdrückt habe.
- Mein Urteil über den anderen zeigt mir ein Urteil, dass ich über mich selbst habe. Wenn ich ihm vergebe, heile ich damit in Wirklichkeit mich selbst.
- Ich bin jetzt bereit, mich meinen verborgenen Gefühlen wieder zuzuwenden.
- Ich nehme diese Gefühle an und vergebe mir selbst.

Schreiben Sie die Eigenschaften des anderen auf, die Sie so sehr verletzen. Schreiben Sie alles auf, was diese Eigenschaften in Ihnen auslösen. Und dann schreiben Sie auf, was Ihnen zu den weiteren Fragen und Gedanken in den Sinn kommt, bis Sie entdecken können, wo die verborgene Wachstumschance für Sie liegen könnte, wenn Sie all das annehmen.

Normalerweise kennen die meisten von uns Vergebung nur fest verknüpft mit der Tatsache, dass es Böses, Verurteilenswertes, Falsches und Schlechtes gibt, das wir großmütig vergeben könnten. Normalerweise tummelt sich die Vergebung schnell auf einem Kriegsschauplatz voller Sünde und Schuld. Da sind wir Opfer von etwas geworden, das wir jetzt wieder vergeben. Die Vergebung, die Wild Bill zeigt und die ich im *Kurs in Wundern* gelernt habe, sorgt für das vollständige Loslassen von Opferbewusstsein. Diese Vergebung gehört allerdings zu den größten Herausforderungen für unseren Verstand überhaupt. Diese Vergebung kennt kein Gut und Böse. Sie kennt auch nichts, was es zu verzeihen gäbe. Sie kennt keine Täter und damit auch keine Opfer. Sie fordert uns heraus, unsere Wahrnehmung von der Welt da draußen komplett zu verändern. Sie verlangt von uns nicht, dass wir unsere Erfahrungen verändern, sie sorgt dafür, dass wir unsere Deutung dieser Erfahrungen vollkommen verändern. Nur so kommen wir aus der Opferrolle und damit aus dem Leid und dem Schmerz in unseren Beziehungen heraus.

Vielleicht sind Sie skeptisch. Vielleicht werden Sie innerlich sogar aggressiv und fühlen sich von diesen Thesen bedroht. Vielleicht zweifeln Sie an Ihrer Wirkung. Ich versichere Ihnen, Sie brauchen an das Konzept der Vergebung nicht einmal zu glauben. Wenn es hier um die praktische Anwendung von Vergebung im täglichen Leben geht, brauchen Sie es einfach nur zu tun und die Ergebnisse abzuwarten.

Wundern Sie sich nicht, wenn Sie wieder Nähe zu Ihrem Partner spüren, wo lange Verbitterung oder gar Hass einbetoniert waren. Auf einmal bewegt sich etwas zwischen Ihnen wie von selbst, nachdem Sie jahrelang vergeblich versucht haben, genau diesen Punkt zu verändern, zu erkämpfen, herbeizureden, zu erzwingen. Probieren Sie es einfach aus …

13. Kapitel
Ein Geständnis zum Schluss: Mein Mann ist doch der Prinz

Es geht dem Ende zu. Und ich habe wieder ein Stück meines Lebens mit Ihnen geteilt. Das war manchmal nicht einfach. Wenn es Ihnen nur ein bisschen so geht wie mir, dann haben Sie im Laufe dieses Buches einige Male gekämpft. Vielleicht ist ja bei Ihnen hängengeblieben, dass wir uns in unserer Suche und unserer Verwirrung letztlich alle gar nicht so sehr voneinander unterscheiden. Und dass der eigene Schmerz oft der beste Lehrmeister ist, um anderen Menschen etwas zu geben. Deshalb möchte ich nicht versäumen, mit Ihnen eine der kleinen Begebenheiten zu teilen, die mein Leben verändert haben.

Vor vielen Jahren blätterte ich ziellos und nichtsahnend in einem Buch herum, als mir sinngemäß folgender Text ins Auge sprang: *Wenn du das gerade liest, dann gehörst du zu denen, die einen Weg für neues Bewusstsein bahnen, Vorreiter für andere Menschen sind und mehr Liebe in diese Welt bringen wollen. Das ist alles vom ersten Tag in dir angelegt und entfaltet sich ganz automatisch. Du bist so ein Vorreiter, auch wenn du gerade nicht die leiseste Ahnung davon hast und dein Leben vielleicht sogar in einer Krise steckt. Du bist das, auch wenn du jetzt gerade diesen Worten nicht im Geringsten glaubst.*

Ich habe damals nichts davon im Geringsten geglaubt. Zumal ich in dieser Zeit eher das Gefühl hatte, in meinem eigenen Leben eher komplett die Orientierung verloren zu haben, statt als Vorreiter anderen irgendwelche Wege zu bahnen. Aber irgendwie hatte sich trotzdem etwas von dieser seltsamen Botschaft in mir festgehakt wie ein Angelhaken. Und je mehr ich mich dagegen wehrte, umso fester hing ich am Haken. Noch Wochen danach arbeiteten die Worte in mir. Immer wieder dachte ich: »Was für ein Quatsch!« Aber dann pochte mein Herz wieder aufgeregt. Ich wollte schon so lange etwas ändern. Irgendwie hatte es ja immer einen unruhigen Geist und ein sehnsüchtiges Herz in mir gegeben. Und wenn ich daran dachte, ich könnte vielleicht Liebe in diese Welt bringen, schossen mir Tränen in die Augen.

Heute weiß ich, diese Sätze waren keine geheimnisvolle Botschaft aus dem Jenseits. Diese Sätze gingen einfach tief in mir in Resonanz. Sie berührten etwas in mir, das ich selbst noch nicht klar sehen konnte, das aber schon lange darauf wartete, wach zu werden. Sie sorgten für Unruhe und Bewegung in mir. Und sie halfen mit, einen Prozess in mir in Gang zu setzen, der mein Leben ziemlich in Bewegung brachte. Heute kann ich sagen: Ja, ich möchte gerne Vorreiter sein und einen Weg für neues Bewusstsein schaffen. Und Liebe in die Welt bringen? Unbedingt und mit ganzem Herzen! Aber deshalb bin ich nicht die Gesunde. Und auch nicht die allwissende Therapeutin. So wenig wie zu mir die Kranken kommen. Die unwissenden Klienten oder gar Patienten.

Ich arbeite heute mehr denn je in dem Bewusstsein, dass zu mir Menschen kommen, denen ich etwas weitergebe, was ich empfangen habe, damit sie es empfangen und dann wieder weitergeben können. Ich sagte ja schon zu Anfang: Ich würde sogar gerne eine Beziehungsrevolution anzetteln. Seit ich diese Sätze gelesen habe, sind bald 20 Jahre ins Land gezogen. Vielleicht brauchen Sie ja nicht so lange, um zu glauben, dass auch in Ihnen etwas schlummert, das Liebe in diese Welt bringen will. Etwas, das so viel mehr Kraft hat, als Sie jetzt gerade von sich glauben. Ich hoffe, dass es Sie beim weiteren Lesen, während der nächsten Tage, auf dem Höhepunkt Ihrer nächsten Krise, nachts in Ihren Träumen auch nicht mehr in Ruhe lässt ...

Und wenn sie jetzt »Was für ein Quatsch!« denken, dann möchte ich den Rückblick in meine Vergangenheit noch ein bisschen erweitern. Ich habe mein letztes Buch für eine Frau geschrieben, der ich einstmals nicht helfen konnte, als sie auf dem Tiefpunkt ihrer Ehekrise war. Ihr Bild in mir war es, das mich immer wieder motiviert hat weiterzuschreiben. In meinem Kopf war eine Szene aus ihrem Leben immer noch fotografisch genau gebannt: Sie steht im Keller vor der Waschmaschine, stopft Wäsche rein und weint. Der Grund für ihre Tränen war die verfahrene Ehe mit ihrem Mann. So lange sah sie schon keinen Ausweg mehr, dass sie nur noch ausgelaugt, verzweifelt und verbittert war: über den Mann, den sie da geheiratet hatte. Über das Eheleben, das sie da führte. Über die Trostlosigkeit und die Distanz in dieser Ehe.

Diese Frau, das war ich in der Zeit, als es bei uns so schwierig war, dass wir glaubten, nur noch die Scheidung könne uns helfen. Da unten im Keller, wo mich keiner sehen konnte, habe ich oft die Tränen nicht mehr zurückhalten können. Es war kein lautes Weinen, ich war einfach still verzweifelt mit der Frage: »Warum hilft mir denn keiner? Warum kann mir keiner sagen, wie man aus dem Schlamassel jemals rauskommt?«

Mittlerweile weiß ich viel über Beziehungen, über Psychologie oder Spiritualität. Und ich kenne viele Menschen, denen es auch so geht. Aber alles, was ich weiß, hätte dieser Frau damals gar nicht wirklich geholfen. Wissen führt nicht zu innerer Erfüllung, zu innerem Frieden. Wissen ist nicht mehr als ein Wegweiser. Auf der Ebene der Erkenntnis. Im Gedenken an diese Frau und an alle Frauen, denen es ähnlich geht, möchte ich dieses Buch einer anderen Ebene widmen. Ich möchte dieses Buch dem Herzen widmen. Dem Abenteuer des Herzens in unserem Alltag.

Ich weiß, ich habe damals endlose Telefonate mit Freundinnen darüber geführt, warum mein Mann unzulänglich ist und was er alles falsch macht. Fast täglich kreisten meine Gedanken darum, was er wieder nicht gemacht hatte und was zwischen uns alles nicht funktionierte. Dieses kann ich nicht mehr ertragen, und jenes macht keinen Sinn mehr. Ich weiß, wie oft ich davon geträumt habe, wie ein Mann wirklich sein muss. Und ich weiß auch, wie ich mir nach einiger Zeit gewünscht habe, dass endlich ein anderer Mann in mein Leben kommt. Und ich weiß auch, wie befreit ich mich fühlte, als ich mich während unserer Ehe auf einen anderen Mann eingelassen habe.

Heute weiß ich, es war der Holzweg, wie meine Mutter es nennt. Aber damals bekam ich jede Menge Unterstützung von Freunden: »Das mit euch, das passt nicht. Der passt nicht. Du passt nicht. Ihr beide passt nicht zusammen.« Einmal kam sogar einer mit zwei Horoskopen daher und meinte, es sei alles sonnenklar – wenn man diese beiden Horoskope nebeneinanderhielte, dann wüsste man einfach definitiv, dass wir beide nicht zusammenpassten. Heute weiß ich, das waren allesamt vom Verstand kreierte Vorstellungen und Urteile. Ich hatte den Kontakt zu meinem Herzen verloren, so wie die meisten anderen um mich herum auch. Ich brauchte die lange, zähe Krise. Ich musste mich müde laufen, von einem Urteil in das nächste, und überall immer neuen Schmerz und keine Erfüllung erfahren. Heute weiß ich, genau das brauchte es, um mein Herz zu weiten. Mein Herz ist in alldem Elend aufgegangen, hat Raum gefunden.

Heute kann ich es immer öfter hören. Wenn ich es heute schaffe, still zu werden, wirklich bei mir anzukommen, und mein Herz erzählen lasse, dann bin ich oft verblüfft, was ich dann fühle. Dann werde ich manchmal regelrecht überwältigt. Dann kann ich sagen, mein Mann ist absolut vollkommen. Mein Mann ist das Beste, was mir in meinem Leben je passieren konnte. Mein Mann ist ein Geschenk des Himmels. Mein Mann ist voller Liebe. Mein Mann ist jemand, der alles für mich tut. Mein Mann ist voller Heiterkeit. Mein Mann ist unschuldig. Mein Mann ist zärtlich, mutig und kraftvoll.

Vielleicht denken Sie, mein Gott, die spinnt. Erst wollte sie sich scheiden lassen, und jetzt idealisiert Sie den Kerl.

Mein Mann ist ein ganz normaler Mann. Totaler Durchschnitt, so wie ich. Wenn er über die Straße geht, würden Sie ihn nicht unterscheiden können von anderen. Vielleicht würden Sie ihn unterscheiden können, weil er weniger Haare hat als die meisten anderen Männer, aber ansonsten ist er ein ganz normaler Mann. Und manchmal nervt er mich. Manchmal fliegen die Fetzen. Manchmal sehen wir den Wald vor lauter Bäumen nicht. Aber wenn ich wirklich bei mir ankomme und ganz im Augenblick, vollkommen in meinem Körper und in meinem Herzen jenseits des Verstandes verbunden bin, dann ist da nur noch Liebe für ihn. Dann fließe ich förmlich über vor Liebe und habe das Gefühl, er ist einfach vollkommen. Und ich habe das Gefühl, dieses Leben, das wir miteinander haben, geht tiefer als alles, was ich kenne.

Klar, ich könnte jetzt versuchen, Schritt für Schritt zu beschreiben, wie wir da hingekommen sind. Aber alles, was ich schreiben könnte, würde nicht wirklich vermitteln können, wie das geht. Sie können sich nur berühren lassen, davon, dass ich eine vollkommen normale Frau bin mit einer Durchschnittsehe. Dass diese Durchschnittsfrau heute alles mit ihrem Mann teilen kann, dass ihr Gefühl tief und groß geworden ist, davon können Sie sich nur berühren lassen und wissen, dass es unser aller eigentliches Sein ist, so zu fühlen.

Alles entscheidend ist, ob Sie sich auf diese Ebene begeben wollen in Ihrem Leben. Ob Sie Ihrem Herzen zuhören wollen, oder ob Sie Ihren Schmerzen, Ihren alten Verletzungen folgen wollen. Es gibt in mir unendlich viele alte Verletzungen, es gibt in mir viele Ängste und viele Unsicherheiten. Es gibt vieles, was ich mit Männern erlebt habe, das mir sagt: »Sei vorsichtig, pass auf!« Und ich erliege alldem auch immer wieder. Es gibt immer wieder Phasen, da verliere ich den Kontakt zu meinem Herzen, zu diesem inneren liebenden Sein in mir. (Wenn ich das so lese, dann höre ich selber, wie kitschig das klingt: *dieses innere liebende Sein ...*) Aber wenn ich so wie jetzt gerade sehr verbunden bin mit meinem Herzen, dann kann ich spüren, dass es in mir dieses liebende Sein tatsächlich gibt.

Und nur dadurch, dass ich die Ebene wechsle, verliere

ich die Verbindung. Sofort nehme ich meine alten Verletzungen wieder ernst. Nehme meine Bedürftigkeit wieder ernst. Nehme mein Habenwollen, mein Brauchen, mein Jemand-muss-mir-etwas-geben wieder ernst. Dann geht es ganz schnell, dass ich irgendetwas finde, was mein Mann gerade nicht tut. Dass ich irgendetwas finde, was mir jetzt fehlt. Dass ich irgendetwas finde, was ich jetzt brauche. Dass ich irgendetwas finde, an dem ich zweifle.

Gott sei Dank kann ich in diesen Situationen immer recht schnell spüren, dass ich mich einfach auf der falschen Ebene aufhalte: das alte Zeug in meinem Kopf, die angesammelte ungelebte Vergangenheit meiner Emotionen. Immer öfter kann ich mich, noch während ich wütend bin oder mich verletzt fühle, auf eine zweite Ebene begeben. Die beginnt dann zu fragen: »Wie findest du wieder zurück?« »Wie kommst du wieder in Verbindung?« »Wie kannst du wieder mit den Augen der Liebe sehen?« Hier hilft das Bild mit dem Schatz: Ich weiß, in meinem Garten ist der Schatz. Wenn ich ihn gerade nicht finden kann, gibt es in mir trotzdem einen Ort, der weiß, dass es ihn gibt. Wenn ich jetzt gerade wütend, hilflos oder verletzt bin, weiß ich, es gibt auch einen anderen Zustand in mir. Alles ist nur eine Frage, ob ich bereit bin, mich wieder dafür zu öffnen.

Ich habe manches, was ich Ihnen hier vorgestellt habe, hunderte von Malen probiert (ausprobieren müssen!). Ich habe es abgewandelt, wiederholt und angepasst, bis es endlich Auswirkungen auf mein Leben zeigte. So kann ich Ihnen nur raten: Lassen Sie sich nicht von Ihrem Verstand in die Ablenkung und zu intellektueller Überheblichkeit verführen, wenn er Ihnen sagt: »Alles Quatsch, das Seelenzeug hier ...«

Aber entmündigen Sie sich auch nicht selbst, indem Sie sagen: »In dem Buch steht ... Frau Zurhorst hat gesagt ...« Spielen Sie mit allem, was ich Ihnen hier anbiete. Probieren Sie es aus, passen Sie es an, modeln Sie es um, bis es sich richtig anfühlt. Bis es innerlich einklickt und etwas in Ihnen in Bewegung bringt. Ich kann Ihnen hier nur zeigen, was mir selbst bei diesem Entfaltungsprozess geholfen hat, der so viel in meinem Leben und meiner Ehe in Bewegung gesetzt hat, wie ich es mir in meinen kühnsten Träumen nicht hätte vorstellen können.

Ich kann Ihnen alles, was wir selbst regelmäßig praktizieren, weitergeben. Ich kann dies in dem festen Glauben tun, dass Sie damit alles an die Hand bekommen, damit Sie wirklich Veränderung in Ihrem Leben und in Ihren Beziehungen erfahren können. Aber am wichtigsten dabei ist, dass Sie Ihren Weg finden und gehen. Da kann es unterwegs Impulse und Wegweiser geben. Aber am Ende ist das Entscheidende, dass Sie sich immer mehr auf sich selbst verlassen, sich selbst folgen und ganz für Ihren Glauben gehen lernen. Niemand draußen weiß, was Sie wirklich brauchen. Niemand. Nicht Ihre Eltern. Nicht Ihre Partner. Nicht Ihre Freunde. Nicht die Gesellschaft. Nicht die Kirche. Und kein Therapeut. Alles, was Sie brauchen, liegt in Ihnen. Es geht darum, dass Sie sich dem zuwenden, es ausdrücken und Ihr Leben danach ausrichten. Langsam. Schritt für Schritt. Jeden Tag ein bisschen mehr ...

III. TEIL

Die Krise mit dem Partner nutzen

*Widmen möchte ich meine Gedanken und
vor allem meine hier ausgedrückten Gefühle
meinem ältesten Freund Benedikt,
in der Hoffnung, ihn hier im Herzen
erreichen zu können.*

Einführung
Mein Weg als Mann: voller Widerstand und Überraschungen

Jetzt sitze ich hier und schreibe tatsächlich mit an einem Psychobuch. Solche Bücher hätte ich früher selbst weder in die Hand genommen, noch hätte ich mir vorstellen können, dass da irgendetwas drinsteht, das mir nützlich sein könnte. Für mich war irgendwie klar: Solche Bücher brauchen nur Menschen, die Probleme haben. Und mir war nicht im Geringsten bewusst, dass ich ein Problem haben könnte. In den Zeiten unserer Ehekrise war meine Wahrnehmung: Meine Frau ist unzufrieden und kommt durch das Lesen all dieser Bücher höchstens nur noch tiefer in all die Probleme hinein.

Dass ich dennoch heute an solch einem Buch mitschreibe, kann nur deutlich machen, wie sehr eine Krise einen in Bewegung setzen kann. Heute schreibe ich hier mit Lust und Überzeugung mit. Erst heute verstehe ich, warum ich solche Bücher und all das, worum es in ihnen ging, damals nicht an mich heranlassen konnte.

Ich bin aufgewachsen mit einem klaren Verständnis davon, wie Dinge zu sein haben. In unserer Familie gab es kein offenes Zweifeln und sich Infragestellen. Bei uns war klar: Wir sind die Zurhorsts und wir sind, so wie wir sind, richtig. Das war ein Fakt, ein Gesetz. Das haben mir und meinen älteren Brüdern meine Eltern oft genug vermittelt. Und so habe ich es auch anderen, später auch meiner Frau, weitergegeben. Ich konnte nie verstehen, warum sie so vehement daran rütteln wollte. Warum sie mir immer wieder suggerieren wollte, dass ich doch noch einmal nachspüren, noch einmal hinterfragen oder gar anzweifeln sollte, dass mit mir heute und damals in meiner Familie nicht alles perfekt gewesen sein könnte.

Erst viele Jahre später begriff ich, was der Punkt war. Unser Zusammenhalt in meiner Ursprungsfamilie hatte etwas Automatisiertes und Unbewegliches. Uns war nie eine Frage nach dem Zusammenseinwollen gestellt worden. Uns war immer nur klargemacht worden, dass man eben immer zusammen war. Wir lernten *Wir*, aber nie *Ich*. Wir haben viel Zeit zu Hause verbracht. Samstags gingen wir zusammen in die Kirche, sonntags wurde gemeinsam gefrühstückt und anschließend die Großeltern besucht. Es gab viele gemeinsame Feste, auch in der Großfamilie. Wir waren ein Clan. Aber niemand hat je gefragt: »Sag mal, Wolfram, wie geht es dir eigentlich? Wer bist du eigentlich?« Und genauso wenig hat jemand einmal wirklich von sich erzählt.

Für meine Eltern war das Wichtigste überhaupt, dass wir harmonisch miteinander waren, uns bloß nicht laut stritten und dass bloß nie einer bevorzugt wurde. Dabei hat aber niemand gesehen, wie unterschiedlich wir und unsere jeweiligen Bedürfnisse eigentlich waren. Dementsprechend wusste ich auch nicht so genau, was eigentlich meine Bedürfnisse waren. Ich merkte nur eins: Wenn ich mit meinen Freunden unterwegs war, dann war ich ganz anders als zu Hause. Dann war ich auf einmal ziemlich lebendig und ungebremst. Allerdings kann ich aus heutiger Sicht auch sehen, dass vieles von dem, was ich da mit meinen Freunden tat, irgendwie verboten war. Wir taten alles Mögliche, was uns besonderen Spaß machte, heimlich. Wenn ich dann nach Hause kam, gab es oft Urteile über meinen Umgang und über das, was mir Freude machte. Nach Hause kommen war oft, als ob mir der Stecker rausgezogen würde.

So war mein Leben im Laufe der Zeit zweigeteilt. Da waren wir, die Zurhorsts zu Hause. Diese funktionierende, aber doch gebremste und wenig lebendige Familienfront voller starrer Abläufe. Und da war ich, der innerlich auch lebendig und wild war. Aber das hatte nie etwas mit der Familie zu tun. Heute weiß ich, dass ich in meine Ehe kam, ohne auch nur die leiseste Ahnung zu haben, dass Familie (meine neue) und Lebendigkeit (meine Individualität und Männlichkeit) auch nur irgendwie miteinander in Verbindung stehen könnten.

So habe ich nur das getan, was ich kannte: Ich habe mich geteilt. Da gab es mich zu Hause. Ehrlich gesagt wusste ich überhaupt nicht richtig, was ich da sollte. Parallel dazu lebte ich mein lebendiges und unbekümmertes Leben mit meinen Arbeitskollegen und Freunden, unangetastet von meinem neuen Ehe- und Familienalltag. Da allerdings wusste ich oft wiederum nicht, welchen Platz denn meine Frau dort einnehmen könnte. So vermied ich immer häufiger Berührungspunkte zwischen zu Hause und draußen.

Heute weiß ich, dass ich eine massive Krise wie die unsere mit all dem Druck und Schmerz brauchte, um überhaupt zu spüren, dass mein Leben komplett gespalten war. Ich konnte bis dahin überhaupt nicht erkennen, wie oft ich in meinem Leben weggelaufen bin, wenn es wirklich um mich und um echte Verbindung ging. In einer Gruppe fühlte ich mich immer sicher und wohl. Aber ich alleine? Davon hatte ich keine Ahnung ...

Von damals – vor über zwölf Jahren – bis heute musste ich auf immer neuen Ebenen all das, was da so getrennt in mir war, wieder neu zusammenzusetzen. Nicht immer freiwillig lernte ich, mich auch zu Hause bei meiner Frau als der lebendige, verletzliche und echte Mann zu zeigen, der ich war. Das war ein ziemlich langer und kurvenreicher Weg.

So kam es für mich auch völlig überraschend dazu, nach dem Erscheinen des ersten Buches an diesem Projekt hier mitzuarbeiten. Eines Tages kam meine Frau von einer Lesung nach Hause und meinte: »Komm doch bitte beim nächsten Mal mit. Die Frauen fragen immer öfter: ›Das ist ja alles gut und schön, was Sie da sagen, Frau Zurhorst. Aber wie kam es, dass Ihr Mann tatsächlich auch bereit war, mitzumachen?‹« Meine Frau meinte, es wäre viel ehrlicher und überzeugender, wenn ich dies bei einer Lesung einmal selbst schildern würde. Ich fühlte mich von diesem Vorschlag überrumpelt und hatte überhaupt keine Vorstellung davon, wie so ein Abend ablaufen könnte. Und was ich da bei all den Frauen sollte. Aber meine Frau ließ nicht locker, und ich willigte schließlich ein, es einmal zu versuchen.

Dieser Abend war dann auch gleich der Sprung ins kalte Wasser. Denn kaum war meine Frau mit dem Lesen fertig, da wurde ich mit Fragen nur so bombardiert. Am Ende des Abends meinte ein Mann augenzwinkernd zu meiner Frau: »Tja, Frau Zurhorst, das war heute wohl nicht so Ihr Abend ...« Die Frauen hatten ganz offensichtlich einen großen Nachholbedarf, einmal mit einem Mann über alles, was ihnen so auf dem Herzen lag, sprechen zu können.

Um eine lange Geschichte abzukürzen: Aus diesem Abend entwickelte sich etwas, das mir nur wenige Jahre zuvor absolut unvorstellbar erschienen wäre: Ich war von nun an bei allen Lesungen mit Freude dabei. Und ich wurde immer öfter von Männern und Frauen gebeten, meine Erfahrungen doch mit ihnen in Einzelarbeit zu teilen. So ergab es sich, dass ich begann, auch in der Praxis zu arbeiten. Ich bin kein Therapeut. Ich begann einfach, meinen Weg mit den Menschen zu teilen. Heute bin ich mehr in der Praxis als meine Frau und habe das Gefühl, das mit so viel Herz zu tun, wie ich nur selten vorher in meinem Berufsleben etwas getan habe.

So werde ich auch hier vor allem schlicht und einfach Rede und Antwort stehen. Ich habe mich bewusst von einem Mann und einer Frau interviewen lassen und sie gebeten, mir alle Fragen zu stellen, die ihnen in Sachen Beziehung am Herzen liegen. So kann ich das tun, was sich für mich als der richtige Weg herauskristallisiert hat. Ich bin den Frauen Übersetzer unserer männlichen Art, zu denken und in Beziehungen zu agieren. Und den Männern zeige ich so authentisch wie möglich, wie ich persönlich Auswege aus unseren Sackgassen und den Weg zurück in unsere Ehe gefunden und wie ich gelernt habe, mich zu öffnen.

Ich danke daher meinen beiden Interviewpartnern, Ruth Baunach und Roland Arndt, ganz besonders, dass sie mir dabei geholfen haben, alles von drinnen nach draußen zu transportieren. Und dass jeder von beiden sich so persönlich eingebracht hat.

Ich danke Barbara Wolter dafür, dass sie all die Bänder abgetippt hat und mir das erste motivierende Feedback gegeben hat.

Vorwort
Nur ein Kindertraum ...?

Der große Knall in meiner Ehe ereignete sich an meinem Geburtstag. Meine Frau konnte damals die Fassade nicht länger aufrechterhalten und eröffnete mir unter Tränen und vor Freunden, dass sie so mit mir nicht mehr weiterleben könne. Heute, während ich hier schreibe, habe ich wieder Geburtstag. Fast zehn Jahre sind seitdem vergangen. Und heute ist wieder etwas Bewegendes an meinem Geburtstag passiert. Aber bewegend in einem ganz anderen Sinne: Meine Tochter und ihre beste Freundin hatten mir ein ganz wunderbares Geburtstagsfrühstück vorbereitet. Zusammen mit meiner Frau saßen wir am liebevoll dekorierten Tisch. Wir redeten über Wünsche für die Zukunft, als die beiden vorpubertären Mädchen begannen, mir ihre Wünsche an das Leben zu schildern.

Erst fingen sie ganz zögerlich an, zu erzählen von dem, was unsereins schmunzelnd als Mädchenträume bezeichnen würde. Aber schnell brachen sie immer wieder ihre eigenen Vorstellungen von ihrem Leben mit Sätzen ab wie: »Das kann ich sowieso nicht. Das geht ja gar nicht. Das können doch nur ganz besondere und berühmte Leute ...« Meine Frau blieb aber neugierig dabei und fragte immer wieder, wieso das denn nicht ginge. Die häufigste Erklärung lautete: »Das hat auch der Lehrer Soundso gesagt, dass ich das nicht kann. Auch in der Schule haben die ja gesagt, dass es auf so was nicht ankommt, sondern dass wir dieses oder jenes jetzt endlich einmal richtig lernen sollen.« Meine Frau erklärte kurzerhand unseren Frühstückstisch zur unbegrenzten Zone, in der alles erlaubt sei.

Die Mädchen wurden mutiger. Sie redeten jetzt von Filmstars und von eigener Berühmtheit. Aber noch immer bezogen sich ihre Träume weitgehend auf Kunstwelten. Sie trafen ferne Stars oder spielten großartige Rollen in Filmen. Als wir beiden ihnen aber uneingeschränkt dabei zuhörten und nicht aufhörten, sie zu ermutigen, da änderte sich auf einmal etwas. Die beiden kamen regelrecht in Fahrt. Sie waren auf einmal wie beseelt, und es sprudelte nur so aus ihnen heraus. Es war einfach unglaublich, dem beizuwohnen. Die beiden Mädchen konnten kaum noch an sich halten. Jede ging immer tiefer in ihren Traum vom Leben hinein. In ihrem Traum waren sie ein unzertrennliches Team. Sie wollten Menschen schöner machen. Sie wollten eine eigene Firma gründen, in der es nur darum ging, Menschen auf alle nur erdenklichen Arten zu verwöhnen und ihnen ein gutes Gefühl zu geben. Alles war bunt und voller Formen und Farben. Beide arbeiteten beim Träumen eng zusammen. Beide ergänzten sich und fielen sich aufgeregt und liebevoll sprudelnd ins Wort. Es war, als ob ihre Fantasien regelrecht angefangen hätten, lebendig zu werden.

Ich saß daneben und wurde innerlich immer stiller. Je bunter und intensiver die beiden mit ihrer inneren Welt verbunden waren, umso begrenzter und ausgeschlossener aus dieser schillernden Welt fühlte ich mich. Ich kam nicht umhin, mich an den vorhergegangenen Abend zu erinnern. Meine Frau hatte auch mich nach meinen Wünschen für mein kommendes Lebensjahr gefragt. Zögerlich und mit knappen Worten hatte ich Sätze gesagt wie: Ich werde viel unterwegs sein. Es wird bestimmt neue Projekte geben. Meine Frau schien von meinen Antworten nicht gerade in Bann gezogen gewesen zu sein. Sie bohrte immer wieder nach: Was ich denn nun genau wolle. Einfach so, ohne reale Einschränkungen – Träume vom Leben eben … Im Gespräch merkte ich, wie schwer es mir fiel, einfach meinen Träumen Raum zu geben, ja sie überhaupt zu spüren. So beließen wir es an diesem Abend irgendwann bei vagen Umrissen.

Aber das Leben lässt ja nicht locker, wenn es einem etwas zeigen und für den nächsten Schritt öffnen will … So saß ich nun prompt am nächsten Morgen vor den Mädchen. Und es war einfach spürbar, welche Kraft darin liegt, wenn man es von innen einmal ungehemmt, einfach so sprudeln lässt. Ich konnte richtig sehen, wie die Mädchen getragen wurden. Es war, als ob sie Springbrunnen wären, aus denen eine Fontaine nach der anderen heraussprudelte. Darin lag nicht die geringste Anstrengung. Und die Mädchen wiederum zensierten auch nichts. Sie drückten alles einfach so aus, wie es kam. Und so wurde das Bild immer farbenfroher, lebendiger und präziser, das sie uns dort zeigten.

Irgendwann wollten sie nun auch von mir, dem Geburtstagskind, wissen, wovon ich denn träume. Da saß ich wie angeklebt und zugeschnürt. Ich versuchte mein Bestes und fing an zu reden. Ich begann sogar von echten Lebensträumen zu erzählen: davon, dass ich gerne Menschen in aller Welt verbinden und beraten möchte. Dass ich später auch durch Firmen reisen werde und dort den Menschen neue Wege zeige, wie sie mit ihrer Arbeit umgehen können. Aber die Mädchen ließen sich nicht täuschen. Alle meine Träume, von denen ich an diesem Morgen erzählte, waren zwar wahr. Aber kraftlos. Die Mädchen fingen an, unruhig mit der Tischdekoration zu spielen. Irgendwann machten sie meinem trockenen Vortrag ein Ende und meinten: »Papa, du hast immer die Arme verschränkt, wenn du erzählst ...« Meine Frau schob hinterher: »... und die Stirn in Falten gelegt.«

Ich wehrte mich nur kurz, dann sah ich an mir herunter und musste erkennen: Sie hatten Recht. Da saß einer, der war total kontrolliert. Ich spürte in diese verschränkten Arme und dachte. Der hier so sitzt und mit Worten Träume schildert, denkt dazu innerlich: »Das ist doch alles Zeitverschwendung. Was soll das jetzt hier?« Ich schilderte den Mädchen ehrlich, was da in mir für Zweifel waren. Und schließlich meinten die Mädchen: »Dieser Typ mit den verschränkten Armen in dir, der ist wie unsere Lehrer.« Treffer versenkt! Ja, ich spürte sofort, dass ich sehr früh aufgehört hatte zu träumen. Und dass ich sehr früh gelernt hatte, dass es um meine Träume nicht geht. Ich hatte gelernt, was man alles wissen muss. Was man alles können muss. Dass man sich anstrengen muss für wichtige Dinge im Leben. Aber dass es in jedem Menschen so eine sprudelnde Fontaine wie in den Mädchen gibt, das hatte mir niemand erzählt.

Um die Geschichte dieses Geburtstagsmorgens zu Ende zu erzählen: Als ich diesen zweifelnden Kontrolleur in mir aufgespürt und den anderen von seiner Existenz erzählt hatte, wurde ich sofort freier. Nun konnte ich meine Träume – nicht ganz so schillernd, nicht ganz so bunt –, aber doch mit einer natürlichen Lebendigkeit am Tisch teilen.

Und das gleiche möchte ich hier mit Ihnen tun: Dieses Buch hier ist der Anfang, meine Gaben mit anderen Menschen auf dieser Welt zu teilen. Ich möchte mit meiner Zuversicht, meinem Humor, meiner Lebendigkeit und meinem Spaß am Leben Leute berühren, bewegen und mit sich in Kontakt bringen. Darüber hinaus möchte ich Ihnen zeigen, was für Möglichkeiten und Wege das eigene Leben immer wieder bereithält, wenn Sie anfangen, Ihren Begabungen und Talenten zu vertrauen und ihnen zu folgen.

Nochmals Dank an Annalena und Meike und ihre wunderbar lebendigen Lebensträume.

Miami, den 3. April 2007 *Wolfram Zurhorst*

Von Mann zu Mann
Roland Arndt stellt Fragen

Die erste Frage, die sich mir stellt, ist: Wie wichtig ist denn überhaupt die Partnerwahl? Das passt ja schon am Anfang häufig nicht zusammen. Wie hoch muss der Prozentsatz des »Gleich und Gleich gesellt sich gern« sein? Und: Welche Rolle spielen Gegensätze, die sich angeblich ja auch anziehen sollen, für den Beginn einer Partnerschaft?

Ich würde mal sagen, unser Prozentsatz der Übereinstimmung lag bei unter zehn Prozent. Aus meiner Erfahrung spielen aber all diese Zahlen und Regeln überhaupt keine Rolle. Bei unserer Ehe hätte man sicher noch vor ein paar Jahren sagen können, die beiden sind aber so unterschiedlich, unterschiedlicher geht es gar nicht. Wenn Sie uns heute erleben, sind Sie sicher der Meinung: Das ist aber ein Paar mit ungewöhnlich vielen gemeinsamen Lebensbereichen und gemeinsamen Interessen. Was ich damit deutlich machen will ist, dass sich viele wirkliche Gemeinsamkeiten überhaupt erst im Laufe einer wachsenden Partnerschaft entwickeln können. Deshalb kann ich nur sagen: Egal, wo Sie da gerade in Ihrer Beziehung sind, lassen Sie sich nicht davon irritieren. Glauben Sie mir: Alles in einer Partnerschaft kann im Laufe der Jahre so völlig anders werden, dass es sich die meisten von uns nicht einmal im Traum vorstellen können.

Sie müssen sich einfach immer wieder neu einigen Fragen stellen: Inwieweit lasse ich die Andersartigkeit meines Partners zu? Wieweit kann ich mich ihr öffnen? Wo werde ich herausgefordert, mich weiterzuentwickeln?

Um ein Beispiel zu nennen: Anfangs fand ich die Art und Weise, wie meine Frau mit gewissen Situationen umgegangen ist – zum Beispiel das Kennenlernen von neuen Leuten –, schwierig. Mir kam sie häufig vor wie eine Spaßbremse, weil sie alles hinterfragen wollte und sich nicht einfach einlassen konnte. Ich hingegen ging auf die Leute zu und plauderte einfach mit ihnen drauflos. Das führte wiederum dazu, dass ich zwar schnell im Gespräch war, dass es aber häufig auch ganz schnell zu dem Punkt kam, an dem es nicht weiterging.

Erst im Laufe der Jahre musste ich mir eingestehen, dass vieles in meinem Leben an der Oberfläche blieb. Irgendwann konnte ich entdecken, dass meine Frau zwar oft Schwierigkeiten hatte, spontan auf Leute zuzugehen. Allerdings hatten die Kontakte, die meine Frau dann knüpfte, eine gewisse Nähe und Verbindlichkeit. Früher habe ich diese Art und Weise meiner Frau immer kritisiert, heute weiß ich, dass ich mir diese Form von Nähe und Verbindlichkeit gar nicht zugetraut, aber gewünscht habe.

Da stelle ich mir jetzt die Frage: Kann eine Frau für einen Mann so spannend sein, dass man ein Leben lang etwas Neues an ihr entdecken kann?
Aus meiner heutigen Sicht kann ich nur sagen, unsere Partner sind nicht dazu da, in unserem Leben für Unterhaltung zu sorgen. Sie sind dazu da, mit uns gemeinsam zu wachsen. Und dieser Prozess an sich, der ist spannend.

Aber was Ihre Frage nach dem Entdecken betrifft: Jahrelang glaubte ich von mir, ein neugieriger Entdecker zu sein. Selbst in den ersten Jahren meiner Ehe war ich wieder ganz schnell dabei, zu »entdecken« ... Das hieß konkret, immer wenn es in unserer Beziehung schwierig wurde, schaute ich, ob es draußen nicht vielleicht etwas Leichteres zu entdecken gäbe. Damals habe ich das natürlich nicht so gesehen. Ich spürte einfach nur, dass es mir nach einer gewissen Zeit mit ein und derselben Frau zu eng und zu nah wurde. Schon vor meiner Ehe führte mich mein Entdeckerdrang immer wieder an dem Punkt aus meinen jeweiligen Beziehungen heraus, an dem ich gefordert war, mich über die Verliebtheitsphase hinaus meiner Partnerin anzuvertrauen. Das war ein Punkt, an dem ich ehrlich gesagt nicht wusste, wie das mit dem Anvertrauen geht. Wie nähere ich mich einer Frau wirklich? Darf ich mich überhaupt anvertrauen und kann ich die Nähe zulassen? Kann mir etwas passieren? Ich hatte Angst, dass jemand womöglich mein Sichanvertrauen ausnutzt und missbraucht.

Ich bin zum ersten Mal nach dem großen Knall mit meiner Frau wirklich durch meinen ganzen Schlamassel durchgegangen. Das Besondere an diesem Knall war, dass ich die ganze Wahrheit offen und direkt meiner Frau gegenüber ausgesprochen habe. Dabei habe ich die völlig verwirrende und überwältigende Erfahrung gemacht, dass ich mich öffnen konnte. Dass ich mich sogar lebendiger und intensiver fühlte, je weiter ich mich zeigte und öffnete, auch wenn ich meine Aussagen teilweise als wirr und unvollständig empfand. Ich weiß noch, wie überrascht ich war, dass meine Frau sich wider Erwarten nicht von mir entfernte, sondern vorsichtig annäherte, als ich in meiner inneren Verunsicherung weitererzählte, wie es mir wirklich ging.

Noch mehr überraschte mich, dass meine Frau alles, was ich sagte und von mir zeigte, überhaupt nicht wirr fand. Ganz im Gegenteil, für meine Frau war diese Art des Miteinanderredens entspannend und sichtlich erleichternd. Von daher kann ich für mich diesen Entdeckungsdrang so beschreiben: Ich brauche heute keine neue Frau mehr zu entdecken, ich habe meine Frau nach dreizehn Jahren mehr denn je an meiner Seite und erlebe und entdecke mit ihr immer wieder neue Dinge, die mir mein bisheriges Leben lang versperrt geblieben sind, die ich gar nicht gewagt habe, die ich einfach gar nicht kannte. Meine Frau ist heute genauso wenig wie ich noch die Gleiche wie damals, und doch kann ich meine Entdeckungsreise mit mir nur so intensiv und kontinuierlich tiefgehend erleben, *weil* sie immer noch dieselbe ist.

Das klingt für mich so, als wenn Sie Dinge, die Sie an Ihrer Frau erleben, als Lernprozess für sich rückkoppeln, aber MIT Ihrer Frau auf Entdeckungsreise ins Leben gehen. Das heißt, Ihre Frau ist gleichzeitig eine neue Tür, Neues zu entdecken für Ihr Leben.

Ja, das stimmt! Ich habe das Gefühl, wir lernen und entdecken mittlerweile *für uns* und *mit Hilfe des anderen*. Das Neue für mich daran ist, dass ich durch die Ängste vor Nähe und des sich Anvertrauens hindurchgegangen bin und immer wieder neu hindurchgehe. Der Unterschied zu vorher dabei ist, dass ich mich heute in diesen Zuständen bewusst fühlen und sie auch benennen kann. Das heißt, ich zeige mich in meinen Glücksmomenten, aber auch genauso – und das habe ich früher immer vermieden – in den Momenten, in denen ich mich unsicher, schwach oder ängstlich fühle. Seitdem ich meine Gefühle bewusst wahrnehme, kann ich viel leichter entdecken, was wirklich gerade in mir los ist. Und damit kann ich eine Situation heute viel eher zulassen und sie mit meiner Frau teilen. Auf diesem Weg lerne ich viel Neues über mich selbst, was bisher in mir verborgen und weggedrückt war. Gewisse Bereiche traue ich mich heute erst anzugehen und halte diesen Weg auch durch, weil es da die Verbundenheit und Offenheit mit meiner Frau gibt. Wenn ich weiterhin auf dieser alten Entdeckungsreise wäre und mich immer noch nach neuen Frauen umsähe, mit denen vielleicht auch manche Dinge auf den ersten Blick leichter gingen, wäre dies so nicht möglich. Mir würde dieses tiefe Vertrauen und dadurch diese gemeinsame Basis fehlen, die mir den Sprung in und die Erfahrung mit neuen Bereichen ermöglicht.

Und wie ist es mit dem Vertrauen? Sie sagten, das ist etwas, das nicht von Anfang an in vollem Umfang da ist. Sie haben ein gewisses Risiko angedeutet, unter Umständen auch in Gefahrenzonen zu kommen und verletzt zu werden. Wie kann so ein Vertrauen langsam gesteigert werden? Braucht das den Aufbau Schritt für Schritt? Oder heißt nicht gerade »Liebe«, sich zu öffnen, mit den Stärken, aber auch mit den Schwächen?
Es braucht beides. Aus heutiger Sicht habe ich Liebe mit Verliebtsein verwechselt. Ich kannte all das, was nach der stürmischen Anfangsphase kommt und was mir Beziehung heute so kostbar macht, gar nicht. Für mich ist es mittlerweile der Ausdruck von Liebe, mich meinem Partner so zu zeigen, wie ich bin und wie ich mich gerade fühle. Das heißt, dass ich

mich, wenn ich mich ängstlich fühle und unsicher bin, auch unsicher und ängstlich zeige. Aber das war für mich ein langer und schwieriger Lernprozess. Ich habe das in meiner Ursprungsfamilie nicht gelernt. Ich musste es erst in meiner Ehe Schritt für Schritt ausprobieren. Dabei bin ich immer und immer wieder hingefallen. Habe dann jedesmal wieder meine Frau für meine Gefühle verantwortlich gemacht. Aber es kam der Moment, an dem ich erkennen konnte, dass nicht meine Frau, sondern einzig und alleine ich für all meine guten wie auch schlechten Gefühle zuständig war. Mit diesem Moment konnte ich meine Attacken gegen sie immer öfter umlenken und zu mir zurückholen. Das war eine völlig neue und sehr bewegende Erfahrung, die mein Verständnis von Beziehung sehr verändert hat. Meine Frau konnte mir Stück für Stück wieder näherkommen. Dabei war sie erleichtert, dass sie in Bereiche von mir vorstoßen konnte, die sie früher oft instinktiv gefühlt hat, über die ich aber nie geredet habe. Bei denen ich oft sogar so getan habe, als gäbe es sie gar nicht.

Ihre Frau hat diese Bereiche also gespürt und intuitiv von ihnen gewusst. Aber trotzdem hat sie es Ihnen überlassen, den Zeitpunkt zu bestimmen, wann dies geschieht?
Ganz und gar nicht. Meine Frau hat sich rückblickend auf diese Zeit selbst einmal mit dem Bild beschrieben: »Ich war damals so eine Art wadenbissiger Terrier, der sich immer wieder im Hosenbein festgebissen hat ...« Und wenn ich ehrlich bin, dieses Bild trifft ziemlich genau zu auf das, was damals zwischen uns los war: Während sie mit Festbeißen beschäftigt war, habe ich ständig versucht, sie abzuschütteln. Heute weiß ich, dass sie tatsächlich fühlen konnte, was in mir

los war, auch wenn ich etwas ganz anderes zeigte. Ich habe viele meiner Gefühle damals, ohne es zu wissen, ständig verneint. Mir war gar nicht klar, dass da etwas war, was ich nicht thematisieren wollte. So verstand ich auch nicht, warum sie immer wieder das Gefühl hatte, dass ich sie nicht an mich heranlassen wollte. Damals wurde ich aggressiv und oft sehr hart. Heute weiß ich, unendlich vieles von mir war mir damals einfach nicht bewusst. Und ich brauchte einen anderen Menschen, um dies überhaupt zu Tage zu befördern.

Wenn man von Partnerschaft spricht, dann taucht manchmal auch das Wort »Team« auf. Wir sind ein Team, wir gehen gemeinsame Wege. In jedem Team gibt es ja irgendwo eine Art Führung. Würden Sie sagen, es gibt immer einen, der eine Partnerschaft führt und den anderen mitzieht? Oder kann es auch sein, dass diese Führung sich in der Partnerschaft wechselseitig immer neu ergibt?
Letzteres sollte das Ziel sein. Ich weiß jedoch, wie schwer es für viele Männer ist, sich führen zu lassen. Sich dann auch noch von der eigenen Frau führen zu lassen und von ihr etwas anzunehmen, ist noch eine schwierigere Variante. Ich selber habe Jahre gebraucht, um mir überhaupt einzugestehen, dass ich von irgendjemand anderem Hilfe oder Anleitung benötigen könnte. Ich habe viele Bereiche des Lebens lange Zeit einfach ausgeblendet, sobald ich feststellen musste, dass mir da etwas nicht gelingen könnte. Mir und den anderen habe ich dann kurzerhand erzählt: »Das und das interessiert mich eben nicht. Das und das will ich nicht.« Fertig. Mit der Zeit und durch die Hartnäckigkeit meiner Frau ahnte ich, dass ich einige Themenbereiche lange Zeit eben aus der Angst heraus

ausgeblendet habe, meine Frau könnte es vielleicht besser als ich. Meiner Vorstellung nach hatte ein Mann die Führung zu übernehmen, wenn er ein richtiger Mann sein wollte. Und wenn er dies nicht konnte, dann begab er sich gar nicht erst auf unsicheres Terrain.

Ein gutes Beispiel hierfür war bei uns das Tanzen. Ich habe früher, zu Zeiten, bevor ich meine Frau kennengelernt habe, gerne, aber meist alleine getanzt. Die ersten Tanzversuche mit meiner Frau führten schnell dazu, dass ich erkennen musste, erstens: Sie tanzte ganz anders, als ich das gewohnt war. Zweitens: Sie verstand objektiv mehr vom Tanzen als ich. Was sie mich allerdings auch permanent spüren ließ. Für mich hat das dazu geführt, dass ich zuerst nicht mehr mit ihr tanzen wollte und später überhaupt das Tanzen allgemein abgelehnt habe. Ich fühlte mich schwach und hatte ein Problem mit den vertauschten Rollen. Was ich natürlich nicht zugeben wollte. Ich ignorierte einfach hartnäckig all ihre Versuche, doch noch mit mir zum gemeinsamen Tanzen zu kommen.

Irgendwann war dieses Thema bei uns so ausgeblendet und abgeschnitten, dass passierte, was bei ordentlicher Verdrängung immer passiert: Es kam von außen daher. Wir waren abends eingeladen, und dort wurde Tango getanzt. Meine Frau hatte bis dato noch nie in ihrem ganzen Leben Tango getanzt. Aber so, wie sie war, sagte sie: Das möchte ich mal probieren. Und schon wurde sie von einem echten Tangoprofi aufgefordert. Das absolut Verblüffende war: Sie ließ sich führen. Und zwar so sehr, dass sie wie an unsichtbaren Fäden gehalten perfekt Tango tanzte. Alle drumherum waren verblüfft. Und ich konnte und musste sehen, wie das mit den

Frauen funktioniert. Sie können sich fallenlassen, ohne irgendeine Ahnung von etwas zu haben. Und dann passiert es, dass die Dinge leicht gehen.

Das ist heute für mich eine wunderbare Geschichte. Damals war ich eifersüchtig und stinksauer. Aber auch da konnte ich es noch nicht gleich zugeben. Wir gingen nach Hause, und die Luft war zum Schneiden dick, bis wir beide explodierten. Meine Frau zeigte sich nicht etwa triumphierend. Sie war traurig und verzweifelt. Weil dies genau das war, was sie sich immer mit mir gewünscht hatte. Sie bettelte, dass wir es doch endlich einmal mit dem Tanzen versuchen sollten. Und sie sagte, dabei gehe es ihr nicht um irgendwelche Schritte oder Tänze. Es gehe ihr darum, sich in meine Arme fallen zu lassen. Als das alles bei ihr raus war, schämte ich mich. Ich wollte doch auch nichts anderes. Aber ich wusste einfach nicht wie. Endlich wagte ich es, mit einem Menschen über meine Ängste des Versagens zu reden. Das war befreiend, machte mich weich und brachte uns näher.

So gab es und gibt es zwischen uns immer andere, immer neue Themen, bei denen wir über eine Hürde springen und uns dann dem anderen hingeben und anvertrauen. Ich hätte vieles einfach ausgelassen und gar nicht erst erfahren können, wenn wir nicht durch solche Täler marschiert wären. Ich hätte nicht einmal eine Ahnung gehabt, was mir das Leben alles bieten kann über das hinaus, was ich gewohnt war. Viele haben die Idealvorstellung, dass Themenbereiche einfach den Fähigkeiten entsprechend aufgeteilt werden, so dass mal der eine und mal der andere die Führung hat und vorangeht. Meiner Erfahrung nach sieht die Realität aber nur allzu oft ganz anders aus. Sobald wir in unsere alten Muster verfallen, sind all diese Vorstellungen plötzlich völlig irrelevant. Da muss man ran an den Schmerz, und wenn man dann hinten wieder rauskommt, stellt sich die Frage nach der Führung überhaupt nicht mehr. Dann geht es um die Verbindung und das Miteinander.

Was mir immer wieder spannend erscheint in dem Buch ist der Ansatz: Wenn du dich heilst, dann heilst du deine Beziehung, damit heilst du die Kinder und schließlich heilst du die Welt. Wenn ich mir vor dem Hintergrund dieser These einmal erlaube, selbst die Position des Kindes einzunehmen, komme ich zu dem Schluss: »So wie ich erzogen wurde, wie ich aufgewachsen bin, das hat mich in die Krise reingebracht, aber es hilft mir nicht wieder raus.« Wie war das für Sie? Wie haben Sie neue Lösungen im Umgang mit Ihrer Beziehung gefunden?

Was den neuen Umgang mit Beziehungen betrifft: Das Schwierigste überhaupt war damals für mich in meiner Ehe, endlich ehrlich hinzugucken und mich nicht mehr weiter abzulenken. Es galt, neue Prioritäten zu setzen. Ehrlich gesagt standen Beziehungsfragen ziemlich unten am Ende meiner Liste. Wann immer ich mich darum drücken konnte, habe ich die Gelegenheit genutzt. Im Beruf konnte ich Entscheidungen in klaren Strukturen treffen. Aber das zu Hause, das war diffus, und ich hatte nicht die geringste Ahnung, wie ich damit umgehen sollte. Der erste Schritt zur Lösung hieß also: Ich musste mir irgendwann endlich eingestehen, wie überfordert und hilflos und von meiner Frau ausgegrenzt ich mir eigentlich vorkam.

Und, um zum anderen Teil Ihrer Frage zu kommen: Ich musste entdecken, dass mir all diese Gefühle auf einer tieferen Ebene seit Ewigkeiten vertraut waren. Ich hatte sie nur vollkommen verdrängt. Mich zu Hause überfordert und unsicher zu fühlen war sozusagen mein Grundlebensgefühl in meiner Kindheit. Um deutlich zu machen, was ich meine: Ich bin als jüngster von vier Söhnen aufgewachsen. Wenn ich als Kind versucht habe zu zeigen, wie es mir ging, wo ich gerade war, was mir nicht gelang ... Dann habe ich von meinen Brüdern unterschwellig zu verstehen bekommen: »Du bist halt unser Kleiner ...« Das ging ohne bösen Willen. Sie waren einfach alle so viel älter als ich, dass meine Welt für sie oft nicht wirklich interessant war. Für mich als Kind war das aber eine frustrierende, fast ohnmächtige Erfahrung: Ich wusste so oft nicht, wie ich auf mich aufmerksam machen und mich verständlich machen sollte in meinen wirklichen Bedürfnissen. Gleichzeitig fehlte mir Anerkennung für das, was ich war. Immer nur der Kleine zu sein war so, wie immer hinterherzurennen und nie gewinnen zu können. Das alles hatte ich verdrängt, aber es trieb mich trotzdem unbewusst immer an.

Aber vor allen Dingen hatte ich zu Hause nie gelernt, über mich zu reden. Bei uns wurde nicht darüber geredet, wie wir uns fühlten und was uns fehlte. Ich wusste nicht, wie es meinen Eltern innerlich wirklich ging. Ich wusste nicht, was meine Brüder wirklich bewegte. Ich habe einfach nie gelernt, wie man Beziehung aktiv gestalten kann und wie man sich wirklich konstruktiv auseinandersetzt.

Wenn ich jetzt die Kette betrachte, von der Sie oben in der Frage sprechen, so kann ich Ihnen heute sagen: Ich habe in der damaligen Ehekrise endlich gelernt, mich zu fühlen und auszudrücken. Das hat radikal zur Heilung unserer Ehe gesorgt. Darüber hinaus habe ich aber auf einmal spüren können, dass ich ja genauso wenig von meiner Tochter und sie von mir weiß, so wie ich damals von meiner Ursprungsfamilie und sie von mir. Ich begann also auch eine ganz neue Beziehung zu meinem Kind. Ich weiß noch, wie meine Tochter mir einmal dankbar sagte, wie schön es gewesen sei, mich endlich einmal heulen zu sehen. Sie war als kleines Kind extrem unruhig. Im Laufe unserer eigenen Heilung veränderte aber auch sie sich dramatisch. Und wenn ich alles in allem sehe, so kann ich heute nur sagen: Meine Frau, mein Kind und ich, wir alle sind offener, verbundener, und fühlen uns von Herzen dazu aufgerufen, das Schöne, das wir erfahren, an andere Menschen weiterzugeben. So macht die Kette Sinn.

In Ihrer Arbeit ist ja auch immer die Rede von mentaler Trennung. Also davon, sich nicht zu trennen, sondern sich innerhalb einer Beziehung den Raum zu gestatten, über alles neu nachzudenken. Wenn der Partner sich zurückzieht, weil er Zeit zum Nachdenken braucht, dann hinterlässt er Lücken, die für Gekränktheit und Verlustängste beim anderen Partner sorgen. Er ist einfach ganz klipp und klar weniger für uns da. Und auf einmal gilt es, eine Lücke in unserem Leben zu füllen. Man kann sich dann ablenken durch tausend Geschichten ... man kann sich in die Arbeit stürzen ... man kann Sportaktivitäten ergreifen ... Wie aber kann man diese Lücke denn am Sinnvollsten füllen, um wieder eine Ganzheit zurückzubekommen?
Für mich hatte das damals nichts mit einem freiwilligen, gegenseitigen Gestatten dieses Raumes zu tun. Ich glaube auch, dass das Idealvorstellungen sind, die nichts mit der Realität zu tun haben, dass man sich in der heißen Phase einer Krise

freundlich und großzügig irgendetwas gegenseitig gestattet. Bei uns war die Trennung in der Beziehung vielmehr die letzte und einzige Lösung vor der Scheidung. Nach unserer großen Aussprache, bei der wir nichts mehr zurückgehalten hatten, war einfach außer Abstand nichts mehr möglich zwischen uns. Jetzt stand ich da, plötzlich völlig auf mich selbst zurückgeworfen. Bis dahin gab es ja immer noch die Versuche meiner Frau – wenn auch in meinen Augen viel zu viel und nie richtig –, mit mir etwas auszuprobieren oder lösen zu wollen. Nun kam da plötzlich nichts mehr. Ich war jetzt mit mir allein. Das fühlte sich beängstigend und völlig fremd an. Es war, als ob mir einer das Wasser oder den Strom abgedreht hätte. Ich wusste überhaupt nicht mehr, was ich eigentlich noch wollte und wer ich war.

Das war eine Höllenzeit, in der ich erst immer wieder weglaufen wollte. Aber ich kann nur absolut jedem Menschen – vor allem meinen Geschlechtsgenossen – sagen: Wenn diese Phase endlich in euer Leben kommt, dass eure Partner euch Strom und Wasser abdrehen und auch noch die Müllabfuhr einstellen, dann bleibt bloß da, wo ihr seid. Rennt jetzt nicht weg. Es tut weh. Und das soll es auch. Das ist der Moment, wo wir so isoliert sind von allem Äußeren, dass wir wirklich mitkriegen können, wo wir stehen. Und wo wir endlich spüren können, wie wenig wir in der Lage sind, selbst für Strom, Wasser und Müllabfuhr zu sorgen. Jetzt braucht es eine Zeit alleine!!! Es braucht viel Zeit alleine. Und zwar, um zu lernen, wie dieses Selbstversorgen geht. Nur so gibt es einen Weg aus der Leere. Wenn wir uns jetzt aber einfach schnell einen neuen Partner oder eine neue berufliche Herausforderung suchen, dann haben wir eine große Chance vertan.

In Ihrem Fall hat es einen großen Knall gegeben. Was ist aber, wenn einer der Partner sich einfach immer weiter entzieht und nicht mit sich reden lässt? Was ist dann am besten für uns selbst?

Ich habe mich ja auch sehr lange Zeit entzogen in unserer Ehe. Ich habe mich immer mehr auf meine Karriere gestürzt und war auch sonst viel unterwegs. Es gab viele verzweifelte Versuche meiner Frau, mich aufzuhalten. Lange Zeit hat sie es – was wohl bei vielen Frauen sehr beliebt ist – mit Büchern, Seminaren und gutem Zureden versucht. Zum einen war ich hiermit überfordert, da ich nicht wusste, wie ich damit umgehen sollte. Zum anderen konnte ich auch nicht erkennen, dass irgendein Seminar oder Buch, das meine Frau für sich genutzt hatte, zu einer Veränderung, geschweige denn zu einer verbesserten Situation in ihrem Leben geführt hätte. Meine Frau wusste zwar jede Menge Theoretisches über Partnerschaft, aber sie war unglücklich und kam überhaupt nicht in ihre Kraft. Wenn alles bei Ihnen ähnlich eingefahren und aussichtslos ist wie bei uns damals, dann nehmen Sie all Ihren Mut zusammen, und sorgen Sie für den Knall. Von dem Moment an, als wir klar voneinander losgelassen haben und sich jeder um sich selbst gekümmert hat, hat unsere Entwicklung begonnen. An einem gewissen Punkt geht es um die Frage »Was möchte *ich* überhaupt?« und »Wo möchte *ich* überhaupt hin?«. Das heißt nicht Wegrennen oder mutwillig alles kaputtschlagen. Das bedeutet dann in aller Konsequenz von seinem Partner loszulassen und ohne Strom, Wasser und Müllabfuhr loszumarschieren.

Das heißt, wenn überhaupt Trennung, dann eher nicht sich vom Partner trennen, sondern von falschen Gedanken, Gefühlen, Erwartungen und Verhaltensweisen?
Ja. Besonders wichtig ist es, sich von den eigenen Erwartungen und Vorstellungen, die man in die Partnerschaft hineininterpretiert hat, zu trennen. Jeder sollte bei sich anfangen und sich fragen: »Was habe ich eigentlich mitgebracht in Sachen Beziehung? Was sind meine Prägungen von zu Hause?« Meist ist da nicht allzu viel dabei, was einem durch die Krise helfen könnte. Und dann geht es darum, endlich ganz neu und vielleicht anfangs sehr hilflos herauszufinden: »Wo sind wir überhaupt angelangt? Was möchte ich denn überhaupt? Wovon träume ich? Was bringe ich mit in die Partnerschaft?«

Als wir an diesem Punkt angelangt waren, musste ich für mich erst einmal eine ganz ernüchternde Bilanz ziehen: Ich hatte keine Ahnung, wie das mit Beziehungen so geht. Ich fühlte nicht, was ich brauchte. Und ich hatte weder Ahnung, was in mir, noch was in meiner Frau vorging. Es gab also viel zu tun ...

Welche Rolle spielen in einer Beziehung denn schöne Erinnerungen, schöne gemeinsame Zeiten, gemeinsame Träume und Ziele? Und wie verhält sich das zu diesem niemals endenden, täglichen, minütlichen Lernprozess, den man mit dem Partner durchgeht?
Viele der schönen Momente, die wir früher gehabt haben, sind aus heutiger Sicht wenig kraftvoll gewesen. Ich weiß nicht genau, wie ich Ihnen das erklären soll: Es geht mir nicht darum, die Vergangenheit schlecht zu machen. Aber

wir waren uns einfach nicht wirklich nahe. So waren auch aus heutiger Sicht viele unserer gemeinsamen Erfahrungen eher von der Suche geprägt, etwas Schönes zu erleben und miteinander zu teilen. Wir haben versucht, es uns am Wochenende nett zu machen. Ich arbeitete meist so viel, dass ich am Wochenende immer versucht habe, es meiner Frau und meiner Tochter besonders schön zu gestalten. Aber oft war das eher angestrengt und unnatürlich. Oft waren wir dann einfach nur unterwegs, waren mit anderen zusammen oder haben gefeiert. Da war wenig wirklich Intensives zwischen uns beiden. Und von daher kann ich heute sagen, vieles in unserer Vergangenheit war so, dass wir eher in Vorstellungen von schönen Momenten gelebt haben: »Wenn wir dorthin in Urlaub fahren ... Wenn wir zu diesem Fest gehen ... Das wird bestimmt ganz toll.« Aber oft waren wir dann in genau dem Urlaub, in genau dem tollen Hotel, das wir uns erträumt hatten. Oder wir waren auf dem Fest, auf das wir gerne gehen wollten. Aber es war nicht so ein tolles Gefühl, wie wir es uns vorher erhofft hatten. Vor allem waren wir uns aber eben selten so nahe, wie wir es uns gewünscht hätten. Am besten kann ich Ihnen das vielleicht andersherum erklären: Heute machen wir oft ganz unspektakuläre Dinge, aber wir fühlen uns dabei ganz glücklich und verbunden – gerade weil außen nicht viel da ist, was uns ablenkt.

Ist das dann das Ergebnis davon, dass Sie die Krise als Lernprozess und als Chance genutzt haben?
Ja. Je mehr wir uns mit uns beschäftigt haben, umso weniger brauchten wir irgendwelche tollen äußeren Erfahrungen. Am Anfang war dieses sich miteinander Beschäftigen ziem-

lich anstrengend. Aber heute ist es viel intensiver und lebendiger. Wir leben nicht mehr nebeneinanderher. Jeder geht zwar auch Seinem nach, aber wir sind mittlerweile einfach ganz natürlich miteinander verbunden. Heute ist es nicht mehr so wichtig, was da gerade so alles ist in unserem Leben. Unser Austausch ist viel wichtiger. Heute spüre ich einfach, wie gerne ich mit meiner Frau zusammen bin. Einfach nur so ...

Gibt es Situationen, in denen auch der beste Wille einfach nicht mehr hilft? Ist es dann nicht besser, wenn man vielleicht mit einer dritten Person spricht?
Ja, auch ich habe mir an dem Punkt in unserer Ehe, an dem alles aufgeflogen war und es nichts Gemeinsames mehr zu geben schien, Hilfe von außen geholt. Das habe ich erst nur ganz widerwillig getan. Ich fand dieses ganze Psychozeug ja eher suspekt. Aber meine Frau kam hartnäckig immer wieder mit dem Vorschlag. Das hat mich eher genervt. Aber ein Tipp von ihr war gut, und ich kann ihn nur an jeden weitergeben. Sie sagte: Es geht nicht um den weltbesten Therapeuten. Es geht auch nicht darum, dass du bekloppt bist. (Was damals immer meine Assoziation war, wenn einer zum Therapeuten ging.) Such dir doch einfach jemanden, der dir sympathisch ist. Telefonier doch einfach mit ein paar Leuten, die so etwas schon gemacht haben. Dann findest du bestimmt ganz natürlich jemanden, mit dem du reden kannst. Ich habe so tatsächlich jemanden gefunden. Heute kann ich sagen, damals, in der ganz heißen Phase, konnte es nur jemand von außen sein, den ich überhaupt auf mich und hinter meine Fassade gucken lassen konnte. Meine Frau war oft viel zu un-

geduldig und voller angestauter Aggressionen gegen mich. Ich brauchte für mich eine neutrale, unbefangene Person, der ich zuhören konnte und die mir auch etwas sagen durfte.

Später haben wir dann sogar einige Gespräche zu dritt geführt. Das gab mir die Gelegenheit, überhaupt erst einmal aus den eigenen Verwirrungen herauszukommen. Einfach dadurch, dass eine dritte Person, ein Moderator, dabei war, der die beiden Partner respektvoll und ohne Urteile als Individuen anzunehmen bereit war. Und der in der Lage war, alles ein wenig zu entwirren und die jeweiligen Aussagen zu sortieren. Ab einem gewissen Punkt entwickeln sich die Versuche, miteinander ins Gespräch zu kommen, immer wieder zu Situationen, in denen der eine dem anderen nur noch Vorwürfe macht, immer wieder die gleichen Knöpfe drückt und somit alles im Chaos endet. Wenn eine dritte Person dabei ist, führt es häufig zu einer ganz erstaunlichen Übersetzung des jeweils anderen: »Ach, das wollte sie eigentlich ...?!« Oder: »Jetzt verstehe ich endlich, was er mir die ganze Zeit sagen wollte.«

Wenn jetzt ein Paar zu Ihnen kommt, sucht dann der Mann in Ihnen den männlich mentalen Verbündeten?
Ja, aber nicht auf negative Art und Weise. So nach dem Motto: Gemeinsam sind wir stark gegen die bedrohliche Invasion der weiblichen Gefühle ... Viel öfter kommt vor, dass die Männer sich gestärkt und etwas sicherer fühlen, wenn ich als Mann vor ihnen sitze. Häufig sind es ja Männer, die es bis dahin überhaupt nicht gewohnt waren, in dieser persönlichen Weise über sich zu reden. Anders, als es bei vielen Frauen der Fall ist, die meist über alles schon längst und auch mehrfach mit der Freundin oder Nachbarin gesprochen ha-

ben. Und wenn dann auch ich als Mann nicht erschrecke vor dem, was mir da präsentiert wird, sondern das meiste selber auch erlebt und überlebt habe, ist das für die Männer eine gewisse Erleichterung, und ein Gefühl von Vertrauen baut sich auf.

Oft sitzen bei diesen Gesprächen ja auch die Partnerinnen dabei. Sie sind wiederum meist sehr dankbar, wenn ich die Worte finde, um ihren Männern auf männliche Art verständlich zu machen, was sie ihnen schon so lange auf ihre weibliche Art vergeblich nahebringen wollten. Oft ist vieles nur eine Sache der unterschiedlichen Art, Dinge auszudrücken.

Den Frauen diene ich häufig als Übersetzer der männlichen Verhaltensweisen. Nicht selten sitzt mir eine Frau gegenüber, die endlich einmal verstehen möchte, wieso ihr Mann tut, was er tut. Allein das Verständnis dessen erleichtert oft ungemein. Wenn Frauen erkennen, dass all dieses Zurückgenommene, nach innen Gekehrte, Wortlose nicht Ignoranz, sondern Hilflosigkeit ist.

Bei Ihnen war es Ihre Frau, die den Anstoß gab und letztendlich ja auch dafür sorgte, dass sich Ihre Beziehung so positiv entwickelt hat. Sind es Ihrer Erfahrung nach eher die Männer oder die Frauen, die gesprächsbereiter sind?
Meiner Erfahrung nach sind es meistens die Frauen, die den Anfang wagen. Sie sind es aber auch, die oft als Erste so lange verzweifelt und unzufrieden sind. Sie erkennen zwar so wie meine Frau damals: »Hier läuft etwas in die falsche Richtung«. Aber oft machen sie einfach nur uns für all das verantwortlich. Ich glaube, es braucht Männer und Frauen, damit sich das Ganze letztendlich lösen kann. Und die Frauen müs-

sen lernen, loszulassen und mit unserer männlichen Hilflosigkeit weiblicher und sanfter umzugehen. Oft sind Frauen ja geradezu abgeschreckt, wenn Männer wirklich zeigen, dass sie hilflos oder verletzlich sind. Dann scheint es, als ob sich viele Frauen doch unbewusst immer noch nach dem coolen Helden sehnen, mit dem sie dann aber nicht leben können.

Und Männer laufen meiner Meinung nach immer wieder Gefahr, wenn es wirklich eng wird, sich einfach abzulenken, abzuhauen und nicht wirklich hinzugucken. Wenn sie merken, dass es zu Hause ungemütlich und unbequem wird, dann stürzen Sie sich eben in die Arbeit oder ins Feiern.

Sind Männer – das Wort passt vielleicht nicht ganz – eher ein bisschen zu feige, um sich einer Krise ganz bewusst zu stellen?
Das Wort »feige« klingt für mich zu hart. Krisen nehmen einem die Kontrolle. Und Krisen sorgen oft für ziemliche Turbulenzen in den Gefühlen. Das führt dazu, dass bei Männern das ganze System durcheinandergerät. So klar Männer auch im Beruf schwierige Situationen lösen können – wenn Männer das Gefühl haben, etwas läuft emotional nicht rund, dann wirkt das wie ein Kurzschluss im ganzen System. Als ich wirklich erkannt habe, dass meine Frau mit unserer Ehe und der Art und Weise, wie wir mit unserem Kind umgingen, existentiell unzufrieden war, hatte ich das Gefühl, ich bin gescheitert.

Es gab keine Nuancen, es gab auch keinen Raum für die Erforschung der Situation. Es war einfach nur ein Scheitern auf der ganzen Linie. Als ich endlich involviert war, gab es keinen Blick mehr über meinen Tellerrand hinaus: Ich habe mich – und das erlebe ich bei vielen Männern – als Alleinverursacher des ganzen Übels gefühlt. In mir war der Gedankengang ungefähr so: Wenn ich mich der Krise stelle, dann entspricht das dem Eingeständnis, komplett versagt zu haben. Es hat Ewigkeiten gebraucht, bis ich meiner Frau überhaupt zuhören konnte und mitbekam, dass sie das alles überhaupt nicht so meinte und auch nicht so sah, als sie mir die Ernsthaftigkeit unserer Krise offenbarte. Sie wollte mit mir nur endlich nach Lösungen suchen, nicht mich anklagen.

Viele Männer sagen ja, dass es ihnen gar nicht bewusst geworden ist, dass sie mit ihren Frauen so nebeneinander hergelebt haben. Einige sagen sogar: »Mensch, wenn ich das gewusst hätte ...« Gibt es Frühwarnsignale, die Männer wahrnehmen können, um bewusster ihre Ehe zu pflegen?
Es gibt so ein paar Warnsignale: Zum Beispiel wenn beide oder nur einer der Partner in Aktivitäten untergehen. Wenn immer die ganze Freizeit und die Wochenenden verplant sind. Wenn einer oder beide extrem viel arbeiten. Und wenn dies auch noch im Laufe der gemeinsamen Jahre zunimmt. Das ist meist ein Indikator dafür, dass beide wenig Nähe haben und sich ausweichen.

Eine weitere, sehr einfache Hilfe ist es, sich gelegentlich bewusst zu fragen: »Bin ich eigentlich mit der Situation, wie ich sie gerade habe, mit meiner Frau, mit dem, was wir gemeinsam haben, wirklich zufrieden? Oder fehlt MIR was?« Und dann nicht innerlich ausweichen und schnell unter den Teppich kehren. Sondern ehrlich mitkriegen, was los ist. Und vor allem auch auf kleine Signale achten. Frauen geben viele Signale, die nicht immer ganz klar und eindeutig sind. Aber wer sie mitbekommen will, kann sie mitbekommen.

Also ist es ja doch ein ziemlicher Weg. Man muss bereit sein, etwas zu wagen. Man muss natürlich auch bereit sein, ausreichend Zeit zu opfern für diesen Prozess der Kommunikation. Das hat mit Schmerz und Ängsten zu tun. Man muss etwas aushalten. Aber gibt es nicht auch eine gewaltige Belohnung? Die Chance auf eine ganz neue Beziehung, wie man sie sich vorher kaum erträumt hätte?

Ja, es ist ein ziemlicher Weg. Und es gibt, wie ich finde, tatsächlich eine gewaltige Belohnung. Ehrlich gesagt hat der Mann, der heute hier vor Ihnen sitzt, nicht mehr viel mit dem von damals gemeinsam. Um Ihnen ein Beispiel zu sagen: In Zeiten der Krise hat mir meine Frau einmal triumphierend erzählt, dass zwei ihrer Freundinnen mich als ziemlich langweilig beschrieben hätten. Ich war damals im ersten Moment völlig versteinert und fühlte mich fast wie bewusstlos, was ich natürlich meine Frau nicht merken ließ. Vor ihr zeigte ich mich stinksauer und versuchte die beiden Schnepfen zu demontieren. Ich wollte in erster Linie alles abwehren und bloß nicht weiter an mich ranlassen. Heute allerdings kann ich genau nachvollziehen, was die beiden Freundinnen sagen wollten. Damals war ich einer, der kontinuierlich Karriere machte, immer gut angezogen war, immer einen lockeren Spruch auf den Lippen hatte, sportlich und trinkfest in jeder Lebenslage war. Aber heute würde ich mich fragen: Was hatte dieser Mann damals wirklich zu erzählen? Was gab er von sich preis, was ihn wirklich bewegte? Was kannte er überhaupt von sich selbst? Eigentlich redete ich immer nur von Dingen, die sich bereits abgespielt hatten, wie ein Berichterstatter. Aber ich war nicht in der Lage, wirklich mit Menschen in Kontakt zu gehen. Ich war zwar in einer Führungsposition, aber aus meiner heutigen Sicht war meine Eigenverantwortung minimal. Genau wie die meisten meiner Kollegen handelte ich in einem klar vorgegebenen Rahmen. Ich war Familienvater und Ehemann. Aber was wusste ich schon von Frauen und Kindern?

Heute bin ich, wie gesagt, ein ganz anderer: Ich fühle mich einfach so unendlich viel intensiver und weiter. Eben nicht im Sinne von Aufstieg und die nächsten Ziele erreichen. Mein Spektrum ist einfach viel breiter geworden. Ich spüre viel mehr. Ich nehme viel mehr wahr. Mein Leben ist von hoher Eigenverantwortung geprägt, viel risikoreicher und dementsprechend viel lebendiger in jeder Beziehung. Ich kenne mich heute viel besser, ich weiß besser als jeder andere, wie es meiner Frau geht, und ich bin ganz nah an meiner Tochter. Und außerdem beherrsche ich heute den ganzen Haushalt inklusive Kochen. Gleichzeitig bin ich interessanterweise bei uns mehr denn je in der klassischen Männerverantwortung. Meine Frau ist froh, dass ich unsere Firma manage und unsere wirtschaftlichen Geschicke lenke. Das Wichtigste ist aber: Ich habe nicht mehr solche Angst wie früher, mich zu konfrontieren. Unser Leben sorgt immer wieder neu für ziemliche Herausforderungen. Ich kann heute viel schneller mit Veränderungen umgehen, die uns das Leben jetzt abfordert. Ich bin viel beweglicher und vor allem viel lernfähiger und lernbereiter. Manchmal bin ich wirklich fasziniert, was ich da so alles lerne, was ich früher von mir gewiesen oder nicht für möglich gehalten hätte.

Ich kann wirklich nur jedem sagen: Egal, ob irgendeine Freundin Ihrer Frau gerade sagt oder Sie selbst denken, dass Sie langweilig sind. Egal, wo Ihre Beziehung gerade vor sich hindümpelt. Es ist einfach unvorstellbar, was auf diesem Weg möglich ist. Ich kann nun schon seit Jahren immer mehr Glück erleben, und es wächst – auch wenn das vielleicht kitschig klingt – von Tag zu Tag und von Woche zu Woche immer weiter. Aber das heißt eben nicht, dass bei uns immer Harmonie ist. Es gibt immer wieder Herausforderungen und immer wieder neue Entdeckungen. Das Leben heute ist einfach vor allem intensiv und lebendig zugleich.

Was können Sie denn anderen Männern raten, um auch in diesen Genuss zu kommen? Was gibt es denn für Stärken, die gerade Männer in sich entwickeln oder verstärken sollten? Oder vielleicht sogar zum allerersten Mal in sich entdecken könnten, wenn sie von der Krise und ihrer Frau »endlich« verunsichert wurden?

Ja, das mit dem »endlich«, das ist genau der Punkt. So verrückt es klingt, aber der Titel dieses Buches ist nicht nur eine sprachliche Spielerei für mich. Ich meine es wirklich ernst, wenn ich sage: Männer sollten dankbar sein für die Krisen, die ihnen das Leben beschert. Die meisten Männer sind so abgeschnitten von sich, dass sie dringend eine Krise brauchen, um überhaupt mal wieder etwas zu fühlen. Noch leben wir nun mal in einer Welt, in der die meisten wirklich bedeutsamen Entscheidungen von Männern getroffen werden. Und deswegen ist es für mein Gefühl fast überlebenswichtig, dass Mann sich endlich den Krisen auf eine neue Art und Weise zuwendet. Nämlich lernt, sie zu nutzen und nicht zu bekämpfen. Das führt dazu, dass Männer im positivsten Sinne weicher werden. Dass sie ein viel breiteres Spektrum an Selbstachtung, Bewusstheit, Natürlichkeit und Demut bekommen ... Ich könnte diese Liste gerade aus vollem Herzen noch bis ins Unendliche weiterführen. Was ich sagen will: Es braucht für die Entscheidungen, die gerade auf allen Ebenen dieser Welt anstehen – Entscheidungen mit unseren Frauen, Kindern, Beziehungen, Unternehmen, Nationen – neue Männer. Männer, die nicht von sich und ihren Gefühlen so sehr abgeschnitten sind, wie die meisten von uns es bisher waren.

Eigentlich ein Schlussplädoyer, dem wirklich nichts mehr hinzuzufügen wäre. Aber da ist noch ein ganz anderes Thema, das ich gerne mit Ihnen besprechen möchte. Mittlerweile höre ich immer öfter von Frauen, wie sehr der Alkohol ein wahrer Beziehungskiller sein soll. Das sind aber keine Frauen, die – zumindest aus meiner Sicht – mit Alkoholikern verheiratet sind. Sie sprachen ja eben von Trinkfestigkeit. Ist der Alkohol auch aus Ihrer Erfahrung ein Thema in Beziehungen? Oder geben die Frauen dem Ganzen einen zu hohen Stellenwert?
Nein, früher hätte ich vielleicht gedacht, dass die Frauen dieses Thema überbewerten. Aber heute, erst recht aus meiner Erfahrung in der Praxis, kann ich nur sagen, der Alkohol ist ein echtes Problem. Der Alkohol ist so heimtückisch, weil er so selbstverständlich und gesellschaftsfähig ist. Heutzutage ist er einfach etwas ganz Normales. Wenn wir feiern, dann ist es für alle absolut selbstverständlich, dass getrunken wird. Und wenn es besonders lustig wird, dann wird meist auch besonders viel getrunken. Spaß und Alkohol sind einfach in vielen Köpfen ganz selbstverständlich ein festes Paar. Da, wo wir mit Menschen zusammen sein wollen, wo wir uns nahe sein wollen, wo es Spaß machen soll und die Freizeit beginnt, da kommt meist als Türöffner als Erstes der Alkohol.

Früher war das für mich auch ganz selbstverständlich so. Ich war kein Kind von Traurigkeit, und wann immer es gesellig wurde, gehörten meine Bierchen ganz natürlich für mich dazu. Damals konnte ich überhaupt nicht verstehen, warum meine Frau immer öfter allergisch auf dieses Thema reagierte. Erst fand ich, dass sie einfach nur eine Spaßbremse sei, weil sie selbst nun mal nicht viel vertragen konnte. Ich verstand nicht, warum sie sich beim Feiern immer öfter zurückzog, wenn ich so richtig in Schwung kam. Oder warum sie zickig wurde, wenn ich dann einfach mit ihr Spaß haben wollte. Eigentlich war ich nach ein paar Bierchen ein viel lockererer und anschmiegsamerer Ehemann als ohne.

Es hat ziemlich gedauert, bis ich begriffen habe, warum sie sich so anstellt. So richtig in der ganzen Tiefe hat mich das Thema erst erreicht, als die Frauen in der Praxis mir wieder und wieder ihr Leid mit dem Alkohol geschildert haben. Heute kann ich an die Stelle der Gleichung *Alkohol = Spaß* eine andere setzen: *Immer mehr echte Nähe = immer weniger Alkohol.*

Hört sich interessant, aber auch nicht mehr so vergnüglich an.
Ich glaube, dass ich heute mehr Spaß habe als früher. Vor allem kriege ich den Spaß heute mit. Früher bin ich ziemlich oft am Wochenende mit meinen Freunden regelrecht abgestürzt. Wenn ich rückblickend draufsehe, waren viele Abende von Anfang an darauf angelegt, dass sie so endeten. Wir haben uns getroffen, und schon hatten wir das erste Bierchen in der Hand. Dann haben wir aktiv und zügig dafür gesorgt, einen bestimmten »lockeren« Pegel zu erreichen. Dann wurde ordentlich gefeiert, bis das Ganze irgendwann kippte.

Und wo war das Problem für Ihre Frau an solchen Abenden?
Damals wusste ich das auch nicht, wieso sie damit überhaupt ein Problem haben könnte. Ich hatte das Gefühl, dass ich mit wachsendem Pegel immer lockerer und lustiger wurde. Außerdem fühlte ich mich auch im Laufe des Abends immer verbundener mit ihr. Heute ist meine Sicht eine komplett andere: Die meisten Männer, die ich kenne, brauchen den Alkohol, um sich wieder lebendig zu fühlen und sich durch ihre ganzen Hemmungen hindurchzubugsieren. Viele von uns kämen bei vollem Bewusstsein gar nicht mehr durch all ihre Kontrollmechanismen durch. So viele von uns können ihre Gefühle nur fühlen, können nur leicht sein, nur richtig ausgelassen Spaß haben, spontan und nahe sein, wenn sie ihre ganzen Alltagslasten und Begrenzungen irgendwie aus dem Weg räumen. Das geht am ehesten mit der allerorts akzeptierten Alltagsdroge Alkohol.

Wenn ein ausreichend entspannender und befreiender Pegel da ist, dann werden wir alle locker und leicht und können landen. Der Alkohol hilft dem Mann dabei, seine Gefühle, wie soll ich das sagen, freizulassen. Aber das ist mehr so, wie wenn man ein Rennpferd endlich aus der Box lässt. Von den Frauen weiß ich, dass diese Art von Gefühlsbefreiung nicht im Geringsten für echte Nähe sorgt. Die Frau hat dann auf einmal einen Mann neben sich, der viel lustiger ist, als er noch am Nachmittag war. Der vielleicht sogar liebevoll ist und dazu noch Komplimente macht. Aber er ist nicht wirklich da.

Aber da sind ja nicht alle Männer gleich?
Da haben Sie Recht. Jeder Mann hat quasi sein eigenes Thema. Auch wenn es am Ende beim Alkohol unbewusst immer um

das Gleiche geht: nämlich darum, dass er das zu Tage fördern soll, von dem wir glauben, dass wir es alleine nicht zu Tage fördern können. Mir fällt da ein Freund ein, der im normalen Leben kaum seine Gefühle zeigen kann; der immer sehr reserviert und kontrolliert ist. Aber wenn er genug getrunken hat, dann sagt er seiner Lebensgefährtin alles von »Ich liebe dich« über »Ich will ein Kind mit dir« bis »Ich möchte dich heiraten«. Das Tragische für seine Freundin daran ist, dass er sich am Tag danach an all das nicht mehr erinnert. Und zweitens, dass er sich im normalen Beziehungsleben strikt weigert, mit ihr über solche Dinge zu reden oder sich gar bei solchen Themen festlegen zu lassen.

Ich kenne andere Männer, die sehr ernsthaft sind und fast immer mit angezogener Handbremse durchs Leben fahren. Wenn die getrunken haben, werden sie plötzlich witzig, locker und leicht. Ich kenne Männer, die normalerweise immer sehr angepasst und wohlerzogen sind, und die plötzlich unerwartet aggressiv werden, wenn sie Alkohol getrunken haben. Von hier aus betrachtet kann man, glaube ich, gut erkennen, wie sehr wir den Alkohol brauchen, damit er unsere Gefühle wieder in Gang bringt.

Da fangen aber dann die Probleme für die Frauen an. Sie haben an solchen scheinbar lustigen Abenden voller Nähe einen Mann, der jetzt plötzlich all das ist, was er im normalen Leben nicht ist. Aber dafür ist er nicht mehr Herr seiner Sinne und auch nur halb da. Das, was von ihm sonst unbewusst weggedrückt war, läuft jetzt sozusagen alleine durch die Gegend. Das ist dann für die meisten Frauen ziemlich frustrierend, weil sie ihrem Mann wieder nicht wirklich begegnen können. Entweder stehen sie im normalen Leben neben den Männern, und die sind wie abgeschnitten von ihrer Gefühlswelt. Oder sie erleben sie zwar mit viel Gefühl, aber immer mit dem Bewusstseins- und Beziehungskiller Alkohol im Doppelpack. Ich kenne das mittlerweile von ganz vielen Frauen, dass sie sagen: »Wenn ich wirklich mit meinem Mann zusammen sein will in der Freizeit, komme ich überhaupt nicht an ihn ran, weil dann immer der Alkohol dazwischensteht.«

Was können die Frauen denn in diesem Dilemma tun? Meine Erfahrung ist, dass ewiges Nörgeln oder ein erhobener Zeigefinger eher kontraproduktiv sind.
Frauen wollen und brauchen bewusste Gefühle von uns. Aber mit Trink-nicht-so-viel-Gemecker kommen sie nicht wirklich weiter. Ich schlage den Frauen immer vor, das Gemecker und Gezeter bis auf Weiteres einzustellen – so schwer es auch fallen mag. Dann sollten die Frauen erst einmal genau hinschauen und sich fragen: Was zeigt sich denn da, wenn mein Mann seine Gefühle rauslässt? Wer ist er, wenn er seine Kontrollmechanismen außer Kraft gesetzt hat? Wenn sie sich erlauben, auf diese Art neugierig zu sein und vorübergehend eine eher studierende Haltung einzunehmen, dann könnten sie viel über das eigentliche Wesen ihres Mannes lernen. So nach dem Motto: Aha, das ist es, was er eigentlich gerne leben möchte. Das ist es, was in ihm steckt. Das ist es, was seine Gefühlswelt ist. Das ist es, was er aus vielerlei Gründen in seinem Leben nicht zeigen kann.

Meine Erfahrung ist, dass diese Sicht die Frauen sanftmütiger macht. Sie erlaubt es den Frauen, etwas mehr loszulassen. Das ist auch notwendig. Denn häufig ist es so: Je mehr die Frauen nagen und zicken, desto mehr entziehen sich die Männer und gehen nur noch mehr ins Verdrängen und Trinken. Aber in letzter Konsequenz geht es darum, dass beide zusammen einen Weg finden, wie sie gefühlvoll sein können, wie sie sich nahe sein können, wie sie leicht und auch berührt sein können voneinander – und das ganz ohne den Alkohol.

Ich trinke heute nur noch einen Bruchteil dessen, was ich früher als gesellschaftlich vollkommen akzeptiertes Pensum getrunken habe. Vielleicht wirke ich auf alte Freunde heute stiller. Das bin ich sicherlich auch. Aber ich fühle mich vor allem von innen heraus einfach so oft glücklich.

Dieses Interview führte Roland Arndt, Jahrgang 1950, Unternehmensberater, Trainer und Buchautor, in vierter Ehe verheiratet, Vater von vier Söhnen.

Von Frau zu Mann
Ruth Baunach stellt Fragen

Was mich interessiert ist dieses Offene und Ehrliche, das von Ihnen ausgeht. Ich kenne Sie ja schon viele Jahre. Sie sind heutzutage erstaunlich offen und bereit, über Ihre Gefühle zu reden. Wie ist es dazu gekommen?
Der Anfang von allem war der Moment, als ich glaubte, unsere Ehe sei zu Ende. Damals war zwischen uns eine große Bombe geplatzt. Wir beide haben uns zum ersten Mal klar und deutlich gestanden, dass wir diese Beziehung nicht mehr wollen und so nicht mehr weitermachen können. Das war der Moment, an dem alles zwischen uns schonungslos und ehrlich zu Tage kam. Meine Frau erfuhr, dass ich schon seit einiger Zeit eine Freundin hatte, und ich erfuhr, dass sie schon seit einiger Zeit aus dieser Beziehung herauswollte. Neben aller Traurigkeit und Angst hatte es auch etwas Befreiendes.

Damals habe ich zum ersten Mal erfahren, wie erleichtert und wie viel echter ich mich fühle, wenn alles draußen ist und gezeigt wird. Heute weiß ich, wie groß meine Angst immer war, mich so zu zeigen, wie ich bin, und mich damit für andere verwundbar zu machen. Allerdings habe ich damals die Erfahrung gemacht, dass gerade diese Offenheit und auch Verwundbarkeit zu einer ganz anderen, intensiveren Form von Nähe zwischen uns geführt hat. Das hätte ich mir nie so vorstellen können. Und rückblickend kann ich sehen, dass das damals der Anfang von etwas Neuem zwischen uns war.

Das passiert ja bei vielen, dass in diesen Krisensituationen alles herauskommt. Meine Erfahrung ist, dass gerade die Frauen dann diese Ehrlichkeit fordern, von der Sie sprechen. Aber dann gibt es beim Mann ja schon die andere. Da ist dann die Freundin da, bei der er diese Offenheit und Ehrlichkeit findet. Wenn dann die Frau zu Hause das Gleiche einfordert, ist er schon gar nicht mehr bereit, das zu geben.

Ja, das ist auch meine Erfahrung. Bei vielen kommt es genau wie bei uns erst einmal unfreiwillig auf den Tisch. Aber ab da ist es wichtig zu verstehen, was eigentlich passiert. Es geht nicht um das Einfordern oder um einen anderen Menschen, bei dem es leichter gehen könnte ... An dem entscheidenden Punkt bei uns war das Besondere für mich, dass es da eine Art vollkommener Kapitulation auf beiden Seiten gab. Wir hatten uns bis dahin immer wieder gestritten und uns immer wieder gedroht, dass es so nicht mehr weitergehen könne. Aber jetzt war da keine Drohung und auch kein Vorwurf mehr. Keiner von uns hatte mehr Macht über das, was geschah. Ich weiß noch genau, ich fühlte mich völlig handlungsunfähig. Keiner von uns hatte die leiseste Ahnung, was wir jetzt tun sollten. Wir wussten, so bleibt uns nur noch die Trennung. Aber diese Vorstellung machte auch jeden von uns zutiefst traurig und hilflos. Von dieser unerträglichen Ohnmacht wollte auch ich damals unbedingt weg. Aber heute weiß ich, genau hier liegt der alles entscheidende Punkt: Sind beide bereit, diese Ohnmacht auszuhalten? Und zu merken, dass keiner von beiden die Lösung parat hat?

Meiner Meinung nach gehen Sie mit Ihrer Frage über das eigentliche Thema hinweg. Sie vernebeln es sozusagen. In Ihrem Beispiel sind beide damit beschäftigt, irgendetwas zu machen, damit es nicht mehr so wehtut und sich nicht mehr so hilflos anfühlt. Der eine fordert ein, weil er glaubt, im Recht zu sein. Und der andere läuft weg, weil er sich nicht eingesteht, wie machtlos er ist. Aber es geht darum, eine Etage tiefer zu rutschen. Und dann sitzen beide wieder im gleichen Boot: Keiner weiß Bescheid. Keiner hat das Steuer in der Hand, und das Boot sinkt. Jetzt wären beide mit vereinten Kräften gefordert.

Trotzdem: Es gab ja nun auch die andere, mit der es schön war, sonst hätten Sie sich doch gar nicht für sie entschieden. Damals, als Sie eine Freundin hatten, hätten Sie doch auch sagen können: »Nein, jetzt will ich mit dir gar nicht mehr. Ich hab da schon eine andere, mit der ich offen und ehrlich bin. Die passt jetzt viel besser zu mir, und bei der geht alles viel leichter als mit dir.«

Ja, mit meiner Freundin war es schön. Bei uns ging vieles ganz leicht, was zu Hause nur noch schwer und krampfhaft war. Und natürlich habe ich auch drüber nachgedacht, wie es wäre, zu ihr zu gehen. Seit damals habe ich in der Praxis mit vielen Menschen, die fremdgehen, gesprochen. Es gab bei allen immer den Punkt, an dem sie sich gefragt haben, wie es wäre, zum anderen zu gehen. Aber es gab bei wirklich allen auch den Punkt, an dem sie genauso traurig und hilflos, wie ich damals war, gespürt haben, dass die alte Beziehung überhaupt noch nicht gelöst ist. Heute kann ich von außen sehen, dass der Weg in die Lösung oft von Schuldzuweisungen und Vorwürfen des Partners immer wieder versperrt wird. An diesem Punkt, an dem quasi beide Wege offen sind, steht der betrogene Partner da und verteilt immer wieder neu die Schuld.

In einer Phase war das bei uns auch so. Meine Frau sagte: »Du hast getan ... Du hast kaputtgemacht ... Die andere hat alles zerstört ...« Und gleichzeitig forderte sie, dass ich zurückkommen sollte. Das war total absurd. Sie beschimpfte mich, und gleichzeitig forderte sie etwas von mir. Da war kein Weg zurück möglich. Aber Gott sei Dank dauerte das bei uns nicht lange. Irgendwie kam immer wieder nach dem ersten großen Knall die Ohnmacht zurück. So ging dann auch ich zu meiner Freundin und erlebte dort, dass sie mich nicht beschuldigte, sondern einfach so nahm, wie ich war.

Trotzdem spürte ich ab da immer wieder, dass auch uns beiden etwas fehlte. Dass auch meine Freundin und ich uns die ganze Zeit in einem geschlossenen Raum bewegten. Das konnte ich aber erst merken, nachdem all das gesagt war, was unserer Ehe fehlte. Nun merkte ich, dass auch in der Beziehung zwischen meiner Freundin und mir etwas fehlte. Das war ein bisschen verrückt. Heute weiß ich von vielen, die in einer Dreiecksbeziehung leben, ja sogar von vielen, die sich von ihrer Ehefrau und Familie getrennt haben und mit einer neuen Frau zusammen sind, dass auch dort in der neuen Beziehung etwas fehlt.

Alles mit meiner Freundin damals hatte etwas Besonderes, etwas Geheimnisvolles. Weil wir nicht gemeinsam in die Öffentlichkeit gegangen sind. Ich habe sie im Außen nicht thematisiert, und sie mich auch nicht. Wir beide waren nicht wirklich offen. Wir haben uns versteckt und miteinander nur

Ausschnitte gelebt. Diese Ausschnitte waren sehr intensiv, fast wie eine Droge, die mich alles andere ausblenden ließ. Aber als alles zwischen meiner Frau und mir auf dem Tisch war, da ahnte ich, dass auch mit meiner Freundin der Punkt kommen würde, an dem wir ein komplettes Leben miteinander führen würden. Und da kam dann auf einmal die nüchterne Realität dazu und all meine Ängste, die mich ja auch schon in meiner Ehe davon abgehalten hatten, wirklich einzusteigen. Und natürlich gab es noch unsere Tochter. Sie war unser Kind. Sie war aus unserem Versprechen entstanden. Und sie erinnerte mich daran, was meine Frau und ich einst miteinander gewollt hatten. Das war ein starkes, überwältigendes Gefühl. Stärker fast als alle anderen Gefühle.

Wollten Sie beides?
Diese Frage habe ich mir nie bewusst gestellt. Am häufigsten hatte ich das Gefühl, dass ich gar nicht genau wusste, was ich wollte. Ich wusste weder, wie ich das eine noch wie ich das andere weiterleben konnte. Eine Zeit lang wollte ich beides. Weil ich Angst hatte, das eine zu lassen und nicht genau wusste, wohin das andere führt. Heute rückblickend kann ich sehen: Ich wollte nicht so sehr beide Frauen. Ich wollte mich wieder lebendig fühlen.

Schließlich hatten Sie aber nun beide. Und nun mussten Sie sich entscheiden.
Das klingt so hart: »Wollten Sie beide?« Oder: »Sie hatten beide!« Es ging um etwas anderes. Ich wollte nicht zwei Frauen gleichzeitig. Ich wollte meine Gefühle wieder leben. Aber nicht nur das. Vor allem hatte ich mit meiner Freundin

Gefühle in mir entdeckt, die ich so vorher gar nicht kannte. Da hatte sich etwas in mir geöffnet und ist zu einer Lebendigkeit gekommen, die ich so noch nie vorher erlebt hatte. Das war das eigentliche Thema, um das es ging. Außerdem hatte ich ab dem großen Knall auch gar nicht mehr beide Frauen. Ich hatte von da ab tatsächlich nur noch meine Freundin. Meine Frau und ich hatten an dem ausweglosen Punkt notgedrungen die Vereinbarung getroffen, dass wir zwar unter einem gemeinsamen Dach wohnen bleiben, aber komplett von dem anderen loslassen. Damit begann ich mich zum ersten Mal selbst zu fühlen und mir die Frage zu stellen, was ich eigentlich wollte. Wir hatten uns darauf verständigt, nichts mehr zu tun, nur um es dem anderen recht zu machen. Dass es unsere Ehe als Pflichtveranstaltung nicht mehr gab.

Und so hatten Sie die Freundin weiter?
Ja. Ich hatte meine Freundin weiter. Aber weil meine Frau so total raus war aus dem ganzen Spiel, war auch mit meiner Freundin dann alles ganz anders. Denn ab dem Moment hatte ich sie auf eine andere Art und Weise. Ich bin von da an anders mit ihr umgegangen. Es gelang mir immer weniger, bei ihr wirklich abzutauchen. Ich konnte nicht mehr so leicht und sorglos mit ihr in dieser abgeschlossenen Welt leben, die wir vorher hatten. Immer häufiger meldete sich ein Gefühl von Doppelleben. Ich musste erkennen, dass ich mich mit meiner Freundin vielen Lebensbereichen gar nicht gestellt hatte. Und ich merkte, dass mein Leben Gefahr lief, auf eine andere Art und Weise einseitig zu werden. Wenn ich ehrlich war, musste ich mir eingestehen, dass ich einfach zwischen zwei Stühlen saß.

Haben Sie immer wieder versucht, sich von ihr zu trennen?
Ja, aber allein der Gedanke an eine Trennung von ihr war unerträglich. Ich wollte diese Lebendigkeit nie wieder verlieren. So habe ich versucht, mich von ihr zu lösen, aber es fiel mir superschwer. Damals glaubte ich, wenn ich mich von ihr löse, dann geht auch all diese Leidenschaft und Spontaneität, Freude und Nähe ein für alle Male verloren. Und davor hatte ich große Angst. Gleichzeitig gab es auch das Gefühl, dass ich sie auf keinen Fall verletzen wollte.

Warum haben Sie sich dann doch für Ihre Frau entschieden? Ich selbst habe ja in meiner Ehe auch versucht, darum zu kämpfen, dass mein Mann die Entscheidung für mich fällt. Aber das konnte er nicht. Er hat sich für die andere entschieden, und zwar ganz klar. Irgendwann, nach anderthalb Jahren des Hin und Her, war da einfach nichts mehr zu machen ...
Ja, so sah es natürlich auch bei uns immer wieder aus. Auch ich dachte, es geht einfach nicht mehr zurück. Allerdings hatte der große Knall zwischen uns auch erstmalig – wie soll ich das formulieren – einen Riss in meine harte Schale gebracht. Ich konnte nicht mehr einfach alles ausblenden. Ich habe natürlich anfangs versucht, mich immer wieder abzulenken. Aber dann wurde mir sofort meine Gespaltenheit deutlich. Ich konnte einfach nicht mehr vor der Konfrontation mit mir weglaufen. Es ging einfach nicht mehr so wie früher.

Heute kann ich sehen: Bei meiner Frau war das ähnlich. Bis dahin glaubte sie immer, dass sie in Sachen Beziehung Bescheid wüsste. Immer hat sie mir ihre Vorträge gehalten. Aber jetzt war auch sie ratlos. Und das wiederum hat mich auf sie zugehen lassen. Nicht weil ich jetzt triumphieren konnte, sondern weil da endlich etwas Weiches und Weibliches war, wonach ich mich lange gesehnt hatte. Meine Frau konnte tatsächlich immer mehr von dem Urteilen lassen. So wuchs da nach dem Knall eine kleine, zarte Form von Verbindung zu meiner Frau, die ich mir damals selbst nicht richtig erklären konnte. So tauchte immer wieder leise die Frage in mir auf: Aber das kann doch noch nicht alles gewesen sein zwischen uns …?

So begann ich, mein Zuhause bewusster wahrzunehmen. Auf einmal bekamen die Dinge dort für mich einen anderen Wert: Geborgenheit, Familie – das, was mir bis dahin eigentlich nur einengend und schwer vorgekommen war – bekam nun auch Bedeutung für mich. Ich erkannte, wie sehr ich mich all die Jahre danach gesehnt hatte und doch immer davor weggerannt war. Und wenn ich dann noch unserer kleinen Tochter in die Augen schaute, dann wusste ich, auch sie hatte ich all die Jahre nicht wirklich an mich rankommen lassen, wenn ich andauernd unterwegs war. Ich wusste zwar nicht, wie ich das alles machen sollte; ich wusste nicht, wie ich nach Hause zurückkehren könnte. Aber ich wusste, ich wollte zurück.

Glauben Sie denn nicht, dass man sagen kann: Es gibt einfach Frauen, die passen einfach besser zu einem als andere …?
Nein, das glaube ich nicht wirklich. Aber das kann ich heute erst so klar sagen. Als ich damals zu meiner Frau zurückgegangen bin, war sie nicht das, was mir als das absolute Ideal erschienen wäre. Und ich sicher auch nicht für sie. Und erst recht nicht in der langen Phase unserer Ehekrise. Da waren

sich ja fast alle um uns herum einig, dass wir beide einfach nicht zusammenpassen. Deshalb geht es heute für mich auch immer weniger um diese Frage. Es geht darum: Wie weit sind zwei Leute bereit, sich für den anderen auch in seiner Andersartigkeit zu öffnen? Das macht Beziehung spannend und lässt einen enorm wachsen.

Geht das wirklich? Oft sind Lebensvorstellungen und Interessen einfach zu unterschiedlich. Wenn ich sehe, wie mein erster Mann jetzt mit der Freundin lebt, für die er sich damals entschieden hat, dann lebt er mit ihr auf eine Weise, das hätten wir beide nie hingekriegt. So wie die beiden hätten wir nie zusammenleben können. Aber ich glaube, er will so leben. Das heißt, in seinem Fall gab es da draußen eine, die zu dem Leben, das er leben wollte, besser passte. Die beiden haben bestimmt auch ihre Themen. Aber am Ende sind die Interessen und die Freizeitgestaltung, die Vorstellungen darüber, wie man sein Leben einrichtet, bei den beiden viel konformer, als sie es bei uns je hätten sein können. Also gibt es doch Menschen, die vielleicht besser zusammenpassen als andere?

Lassen Sie mich mit einer Gegenfrage antworten: Glauben Sie, dass Ihr Exmann heute wirklich glücklicher ist? Oder lebt er nur einen anderen Ausschnitt von sich? Ich für meinen Teil kann Ihnen heute sagen, dass bei mir früher nie etwas auf Dauer gepasst hat. Aber nicht, weil ich immer die falschen Frauen getroffen hätte. Auch nicht, weil die anderen schuld waren, sondern weil ich mich nie über einen gewissen Punkt hinweg auf meine Partnerin eingelassen habe. Wenn man meine Frau und mich heute erlebt, wird man eine ganz erstaunliche Reihe an gemeinsamen Interessen und gemeinsamen Zielen und Projekten bei uns entdecken. Viele, die uns nicht länger kennen, werden sicher sagen: Mein Gott, die beiden haben sich aber wirklich gesucht und gefunden. Aber jemand wie Sie, der uns schon länger kennt, weiß, dass das nicht immer so war, sondern eben eher ganz im Gegenteil.

Aber da kommt jetzt der für mich spannende Punkt: Nur weil wir zusammen weitergegangen sind, als wir uns so unterschiedlich schienen, sind wir jeweils in ganz neue Bereiche gewachsen und vorgedrungen, die wir vorher alleine gar nicht erkennen konnten. Dazu brauchte es aber immer wieder auch Auseinandersetzungen und darauf folgende Öffnungen. Hier nur ein Beispiel: Seit ich mich wirklich bewusst auf meine Frau, unsere Tochter und auf Familie mit allem, was dazu gehört, eingelassen habe, spüre ich ein ganz neues und viel stärkeres Gefühl von Freiheit und Vollständigkeit. Und das eben nicht, wenn ich gerade weit genug weg bin, sondern vor allem mittendrin in der eigenen Familie.

Ja, aber leben Sie heute wirklich Ihre ganzen Interessen aus, oder drücken Sie nicht doch etwas weg? Dazu noch einmal mein Beispiel: Mein erster Mann hat mit mir damals absolut die Interessen geteilt. Fast wie im Klischee. Wir haben viele schöne Feste miteinander gefeiert und viel unternommen. Das ging äußerlich sogar bis hin zu bestimmter Musik, bestimmten Urlaubsvorstellungen, bestimmten Tages- und Wochenendabläufen. Aber untendrunter sehnte er sich wohl nach einem völlig anderen Leben, das er sich aufgrund seiner Erziehung nie selber zugebilligt hat. Das heißt, statt irgendwelcher Opernarien am Abend wollte er eigentlich Motorrad fahren. Statt irgendwelcher superschönen Abendessen, die wir gemacht haben, wollte er eigentlich Pommes mit Currywurst. Und heute lebt er auch so. Das heißt doch, dass da untendrunter jemand war, der all die Jahre völlig andere Sehnsüchte hatte. Sehnsüchte, die ich so gar nicht hatte. Das heißt doch, dass da tatsächlich irgendetwas nicht gepasst hat, das jetzt nur ehrlich zum Vorschein kommt. Das kenne ich von vielen, die sich getrennt haben. Sie sagen: »Ich habe jetzt jemanden gefunden, der mich in meinem wirklich wahren Wesen sieht, meine Interessen teilt und viel besser zu mir passt.«

Für mich ist das wirklich Spannende, dass wir gemeinsam weitergegangen sind, meine Frau und ich. Und nicht, ob ich heute an ihrer Seite total meinen alten Stiefel durchziehen kann und endlich machen kann, was ich will. Ich finde es aufregend, dass sie mir Möglichkeiten zeigt, von denen ich gar nicht wusste, dass ich sie habe. Und umgekehrt ist das für sie ganz genauso. Ich wollte früher mit dem Psychokram nie etwas zu tun haben und lieber ein Bierchen trinken gehen. Heute finde ich den Psychokram faszinierend, nachdem meine Frau es geschafft hat, mir eine Tür zu öffnen und mir die Berührungsängste zu nehmen. Aber nun, nachdem ich durch die Tür gegangen bin, gehe ich mit allem auf meine Art um. Das finde ich spannend.

Ich glaube nicht, dass es um dieses Entweder-Oder geht. Entweder Motorrad oder Opernarie. Entweder Pommes mit Currywurst oder superschönes Abendessen. Ich glaube, es geht um das *Und* statt des *Entweder-Oder*. Ich glaube nicht, dass Ihr Mann all das nicht wollte, was er mit Ihnen gelebt hat. Dass er stattdessen genau das Gegenteil wollte. Ich glaube, in so einem Fall geht es um eine Öffnung. Es gab einen Teil von ihm, der bisher noch gar nicht im Leben war.

Und der machte sich unterschwellig immer stärker bemerkbar. Ich glaube, dass es bei jedem von uns untendrunter noch alles Mögliche gibt, das irgendwann einmal rauswill. Erst recht, wenn die Beziehung anfängt, im Alltagstrott zu erstarren. Dann kommt meist unser eigentliches Wesen und klopft an. Und sagt: Irgendetwas fehlt mir hier.

Die meisten von uns haben ja von zu Hause eher einen festgesteckten, vorgegebenen Rahmen bekommen. Aber irgendwann entdecken wir, dass da noch etwas anderes ist. Und dann fängt die Beziehung erst an, spannend zu werden. Dann ist für beide die Chance da, über die alten Vorstellungen und Grenzen hinauszuwachsen. Bei uns war das eher meine Frau, die zuerst unruhig wurde und feststellte, dass sie mit unserem eingefahrenen Leben nicht glücklich war. Sie hatte in unserer Ehe vieles so gemacht, wie sie es von zu Hause gelernt hatte, und ich so, wie ich es von zu Hause gelernt hatte. Und dann hatten wir beide auch selbst noch eine bestimmte Vorstellung davon, wie Ehe zu sein hat. Da kommt dann irgendetwas heraus, das einem idealen Bild und den alten Prägungen entspricht: tolle Abendessen, Urlaubsreisen und je nach Geschmack vielleicht gemeinsame Opernbesuche. Aber irgendwann wird so ein Leben eng. Meist fehlt einem von beiden zuerst etwas. Und dann geht es darum, die Idealbilder und Prägungen in Frage zu stellen und zu gucken, was da sonst noch ins Leben will. Das hat viel mit Zusammenführen, Ausprobieren und sich aufeinander Einlassen zu tun. Meist hat jeder von beiden etwas im Rucksack, das der andere zu Hause nicht kennengelernt hat, das er aber gut für seine Entwicklung gebrauchen kann.

Haben Sie sich einmal wirklich auf das Motorradfahren

eingelassen? Haben Sie das mit der Currywurst wirklich einmal ausprobiert? Oder haben Sie all diese Dinge insgeheim verurteilt und an Ihren Vorstellungen und Erwartungen festgehalten?

Und zum letzten Teil Ihrer Frage: Ich glaube, dass Ihr erster Mann heute eine Partnerin gefunden hat, die ihm guttut. Ich glaube allerdings auch, dass er in vielen Punkten immer noch seiner Entwicklung ausweicht und daher nicht durchgehend zufrieden ist. Um das an meiner Person zu erklären: Wenn man mich vor zwölf Jahren gefragt hätte: »Sag mal, Wolfram, wie sieht denn für dich die ideale Frau aus? Was muss sie für Interessen haben?« Dann hätte ich eine Frau gewählt, die gerne unterwegs ist, die gerne viele Leute um sich hat, die gerne viel arbeitet und die einfach locker und leicht drauf ist. Das war damals meine Haltung. Wenn ich mir aber heute anschaue, wer ich durch den Prozess des sich Anvertrauens, des sich Öffnens, sich Zeigens geworden bin, dann sehe ich auch, wie sehr ich mich damals abgelenkt habe mit all meiner Action. Heute, viele Jahre später, lache ich immer noch sehr gerne und mache, wo ich kann, Späßchen. Ich liebe die Menschen. Aber heute will ich nicht mehr ständig unterwegs sein. Ich genieße echte Nähe und bin heute am allerliebsten mit meiner Frau und meiner Tochter zusammen, weil mir das am nächsten und ehrlichsten ist.

Sie glauben doch nicht wirklich, dass Männer sich so sehr verändern? Sie haben sich zwar wieder für Ihre Frau entscheiden können. Aber lag das nicht vielleicht nur daran, dass sie es mit einer außergewöhnlichen Kraft und Schulung geschafft hat, Sie immer wieder zurückzuholen? Hätten Sie neben einer anderen

Frau, die vielleicht nicht ganz so diesem Glauben an eine gemeinsame Lösung gefolgt wäre, nicht einen ganz anderen Weg gewählt? Glauben Sie nicht auch, dass Sie genauso ein Level an Glück hätten erleben können wie heute mit Ihrer Frau? Seien Sie doch mal ganz ehrlich: Wenn Sie vielleicht in der Modebranche und bei der anderen Frau geblieben wären, wäre das nicht viel eher Ihr Weg gewesen? Für mich gibt es viele Dinge, die Sie heute nicht mehr leben, die Sie aber damals waren. Für mich sind Sie einfach immer jemand gewesen, der gerne abends sein Bierchen mit Freunden trinkt und dabei auch nicht auf die Uhr guckt. Jemand, der von all seinen Interessen her schon genau in die Modebranche passt. Grundsätzlich sind Sie nun wirklich nicht einer, der Bücher schreibt. Das heißt doch, dass Sie vieles von sich heute nicht leben, das Sie mit der anderen Frau hätten leben können.

Wenn ich mich heute ansehe, bin ich immer noch kein Autor. Und ich bin auch keiner, der monatelang in seinen Texten lebt und an Formulierungen feilt. Aber es befriedigt mich sehr, hier auf diesem Weg mit Menschen meine Erfahrungen zu teilen. Nichts in meinem alten Beruf hat mich je so befriedigt. Aus meiner heutigen Sicht hat mich auch schon in meinem alten Beruf am allermeisten bewegt, was mit den Menschen ist. Mir war es immer wichtig, mit meinen Mitarbeitern und den Kunden in Kontakt zu sein und mit ihnen etwas aufzubauen. Natürlich hat mir die Mode Spaß gemacht. Noch heute habe ich Spaß, mich anzuziehen. Aber der Kern meines Lebens ist die Sache mit den Menschen. Damit ich da etwas weitergeben kann, lasse ich mir einfach helfen, so wie hier von Ihnen. Um an diesem Buch mitzumachen und etwas von Herzen zu geben, muss ich nicht gleich ein großer Autor werden.

Und bei meiner Frau können Sie quasi den umgekehrten Weg sehen. Ihr ein und alles von früher Jugend an war das Schreiben. Dann hat sie sich ganz davon losgesagt, weil sie das Gefühl hatte, damit als Journalistin nicht wirklich etwas bewegen zu können. Heute schreibt sie wieder. Und sicher hat sie etwas von einer Autorin mit Leib und Seele. Aber so, wie ich sie sehe, ist das Schreiben heute nur ihr Vehikel, um ihrer Leidenschaft für die menschliche Entwicklung Ausdruck zu verleihen. Und so treffen wir uns dann irgendwo wieder in der Mitte.

Also, ganz, ganz ehrlich: Das hier ist mein Weg. Aber damit stelle ich mir gar nicht die Frage, ob der alte Weg vielleicht der bessere oder der schlechtere wäre. Alles bis dahin war einfach eine Etappe auf meinem Weg, ich möchte von damals nichts missen. Ich bin, und da gebe ich Ihnen absolut Recht, früher gerne in der Modebranche gewesen. Ich bin ja auch nicht ohne Grund erfolgreich gewesen. Ich muss jetzt häufig schmunzeln, wenn mich heute jemand fragt, was ich denn eigentlich beruflich mache. Früher konnte ich diese Frage mit einem kurzen, klaren Satz beantworten: »Ich bin Geschäftsführer.« Im Gegensatz dazu braucht meine Erklärung heute etwas mehr Zeit. Allerdings entspricht dieses »Mehr« heute meinem inneren und äußeren Mehr an Freiheit, Lebendigkeit und Verantwortung. Heute weiß ich, dass ein großer Teil meiner damaligen Lebendigkeit, sowohl in beruflicher wie auch in persönlicher Hinsicht, von Unsicherheit, Angst und etwas Geheimem geprägt war. Vieles von damals, auch so manches Bierchen mit Kollegen, war Teil eines Gesamtspiels, das geprägt war von der Angst, nicht dazuzugehören und etwas verpassen zu können.

Jetzt bin ich hier und fühle mich mit meinem Tun einfach viel natürlicher verbunden. Aber wer weiß, vielleicht geht ja eines Tages eine Tür auf, und ich komme auf ganz andere Art und Weise zurück in die Modebranche. Vielleicht, weil ich dort Menschen helfe, ihren persönlichen Weg zu finden. Auch wenn das jetzt vielleicht noch weit entfernt scheint. Aber ich hätte mir auch vor einigen Jahren noch nicht vorstellen können, dass ich überhaupt jemals schreiben würde. Und genauso wenig habe ich mir vorstellen können, dass ich jemals vor Leuten sitzen würde – ob vor einzelnen in unserer Praxis oder vor hunderten an unseren Leseabenden –, denen ich etwas über meinen Beziehungsweg erzähle. Abgesehen von der Tatsache, dass ich niemals darüber nachgedacht habe, hätte ich mich es auch sicherlich nicht getraut. Genauso hätte ich mir aber auch nicht vorstellen können, dass es überhaupt irgendjemanden interessieren könnte.

Also, auch hier kann ich nur wieder sagen: Es geht nicht um das Entweder-Oder. Es geht darum, dass ich mich geöffnet habe für etwas Neues. Nachdem ich mich auf die Fragen, die immer häufiger an mich gestellt wurden, eingelassen habe, sitze ich jetzt hier und öffne mich für dieses Buch und all die Leute, denen ich mittlerweile Impulse geben kann. Heute habe ich mehr Wahlmöglichkeiten. Diese unterschiedlichen Formen des sich Mitteilens erzeugen Nähe und berühren mich. Ich habe jedesmal im Anschluss das Gefühl einer ungeheuren Kraft, die mir zugeflossen ist. Aber das Wichtigste für mich ist: Es macht mir unglaublich viel Spaß.

Ich möchte gerne noch einmal zu dem Dreiecksthema zurückkommen. Als Sie sich dann irgendwann entschieden haben:

»Ich lasse die andere Beziehung, ich versuche das mit meiner Ehe wieder ...«, *da waren Sie auf einmal wieder zu Hause, haben zusammen Urlaub gemacht und zusammen geschlafen. Wie geht das? Die andere Person ist ja nicht gelöscht. Sie ist ja da. Sie ist zumindest gedanklich im Raum. Wann verschwindet die denn? Kann sie überhaupt verschwinden? Am Anfang liegen Sie dann zu dritt im Bett. Da können Sie mir nicht erzählen, dass Sie das einfach vergessen können, wenn Sie solche wunderbaren Erlebnisse hatten ... Und dann ist da die Ehefrau und will natürlich unbedingt mit Ihnen schlafen, weil das auch die Zusammengehörigkeit manifestiert. So nach dem Motto: So, jetzt ist er wieder bei mir, jetzt ist er mein. Die Frauen machen das ja gerne.*

Es geht nicht um die Frage »mein oder dein«. Es geht nicht ums Besitzen. Es geht vielmehr darum, sich selber und den anderen überhaupt wieder wahrzunehmen. Das, was Sie da beschreiben, hat für mich eher etwas mit Macht zu tun. Auch meine Frau und ich haben uns immer wieder in Machtspielchen verwickelt. Wenn man zurückkommt oder wieder neu anfängt, müssen sich beide im Klaren sein, wie unsicher und wacklig sie jetzt erst einmal sind. Da kommt doch keiner wieder nach Hause und sagt: Hey, Schatz, alles paletti. Rein ins Bett. Und da sitzt auch keine Ehefrau, die über eine ganze Zeit voller Angst, Verletzung und Eifersucht dem Fremdgehen zugeguckt hat und jetzt sagt: Prima, schön, dass du wieder da bist. Lass es uns doch mal nett machen. Ich glaube nicht, dass das Leben so ist. Ich glaube, dass nach so einer Geschichte beide Partner vieles erlebt haben, was sie jetzt ganz vorsichtig miteinander verarbeiten müssen. Und natürlich kommt da immer wieder der Dritte im Bunde ins Spiel. Natürlich gibt es da Angst beim einen und Sehnsucht beim anderen. Aber genau das muss auf den Tisch. Das darf nicht im Geheimen stattfinden. Und es sollte sich auch immer wieder von dem Dritten lösen. Es geht darum, dass beide die Hosen runterlassen und sich gegenseitig zeigen mit ihren Ängsten und Sehnsüchten. Dann verliert der Dritte im Bunde immer mehr an Kraft.

Ich habe einen Freund, der ist nach zwei Jahren zurück zu seiner Ehefrau gegangen und hat mir über diese Entscheidung gesagt: »Ich entscheide mich nicht zwischen zwei Frauen, ich entscheide mich zwischen meiner Familie und einer Frau. Ich entscheide mich jetzt für meine Familie.« Der ist heute, vier Jahre später, davon überzeugt – und das weiß ich, weil er es mir gesagt hat –, dass es richtig war, sich für seine Familie entschieden zu haben. Er hat jetzt in seinem Leben das Glück und auch die Nähe, die man ja verliert, wenn man geht. Die Tochter, die Sie mit Ihrer Frau haben, wird nie die Tochter sein, die Sie mit der Geliebten haben. Man verliert ja auch ganz viel bei solch einem Schritt. Aber natürlich gewinnt man etwas anderes. So weiß ich von diesem Freund, dass es bestimmte Bereiche gibt, wo seine ehemalige Geliebte immer in seinem Herzen sein wird. Er hat sich für die Familie entschieden. Aber das, was er mit seiner Geliebten gehabt hat, kann er nicht eins zu eins mit seiner Ehefrau erleben. Er hat sich damit für den lilafarbenen Diamanten und nicht für den rosafarbenen entschieden. Das Rosa wird er in dem Leben, für das er sich entschieden hat, nicht haben.

Wir reden hier die ganze Zeit von Haben oder Nichthaben. Und von der rosa- oder lilafarbenen Frau. Ich glaube, solches Vergleichen führt nur in die Sackgasse. Wichtig ist: Dieser Mann hat eine Entscheidung getroffen. Und jetzt geht es nicht mehr um Rosa oder Lila. Jetzt geht es darum, dass er dort, wo er gerade ist, lernt, seine beiden Seiten – nämlich die rosafarbene und die lilafarbene – mit ein und demselben Menschen zu leben.

Das Problem war nicht die Frage, ob er sich für die eine oder andere Frau entscheidet. Sondern, dass er sich zwischen zwei Frauen aufgespalten hat, weil er sich nie zu seinen anderen Seiten bekannt hat. Damit will ich natürlich nicht sagen, dass die beiden Frauen unbedeutend sind. Sicher haben sie, jede für sich, sich bisher auch nicht auf ihre wirklichen Themen und auf Beziehung eingelassen. Und wahrscheinlich haben sie auch alle möglichen Sachen abgespalten oder nicht offen gelebt. Das ist dann genauso deren Aufgabe für die Zukunft.

In dem Beispiel, das Sie hier geben, hört es sich für mich irgendwie nach einer Entscheidung an, die aus Vernunft und nicht aus dem Herzen getroffen wurde. Da ist dann allerdings die Gefahr groß, dass der rosafarbene Diamant nach der Rückkehr zum lilafarbenen Diamanten im Herzen dieses Mannes einen heimlichen Ehrenplatz bekommt. Wenn einer, so wie ich, zurückgeht, dann muss er es wirklich voll und ganz wollen. Ich glaube, dieses Wollen kann man nur fühlen, wenn man vorher in der Dreiecksbeziehung wirklich voll und ganz gefühlt hat, dass es hier nicht um den richtigen oder den falschen Partner geht. Sondern um das eigene Weglaufen vor sich selbst und seinen vielen Facetten.

Wenn dann einer wirklich zurückgekommen ist, weil er es ganz und gar wollte, dann gibt es allerdings eine Riesenfalle.

Das sind die ehemals betrogenen Partner, die dann heimlich oder ganz offen noch mit Schuldzuweisungen und Sticheleien unterwegs sind. Ich weiß aus der Praxis, wie lange sich die ehemals Betrogenen daran festklammern, dass doch der andere schuld ist. Solange Sie wirklich glauben, dass Sie das Opfer sind und der andere etwas Verwerfliches gemacht hat, wird die Beziehung keine neue Kraft kriegen. Und dann ist die Gefahr groß, dass alles wieder auseinanderfällt und der rosafarbene Diamant wieder eine Sonderstellung bekommt.

Es gibt keine Schuldigen in so einer Dreiecksgeschichte. Nach solch einer Erfahrung von Spaltung, Schuld und Urteil gibt es für alle drei nur die große Chance, sich endlich auf einen Menschen ganz und gar einzulassen – egal, ob er rosa oder lila ist.

Dieses Interview führte Ruth Baunach, Jahrgang 1962, Journalistin. Sie lebt getrennt von ihrem ersten Mann und dem Vater ihrer vier Kinder in einer neuen Beziehung.

Nachwort

Eins von uns beiden zum Schluss: Der Weg durch die Krise hat ein bisschen etwas von dem Weg im Märchen durch einen dunklen Wald. Wenn sie aus dem Wald herausgekommen sind, finden die Helden am Ende meist einen Schatz, ein Schloss oder einen Prinzen oder eine Prinzessin. Aber das ist wie gesagt erst der Schluss des Märchens, wenn die Helden aus dem dunklen Wald voller Gefahren herausgefunden haben.

Wir sind ja nun des Öfteren im dunklen Wald unterwegs. Und daher möchten wir Ihnen aus Erfahrung sagen, dort ist es oft nicht nur dunkel, sondern man ist dort auch sehr einsam. Ehrlich gesagt kann es sich auf dem bewussten Weg durch die Krise eine Zeit lang noch einsamer anfühlen als vorher.

Wenn wir uns unseren meist lange unter Verschluss gehaltenen Gefühlen zuwenden, dann kann es gut sein, dass uns das erst einmal den sicheren Boden unter den Füßen wegzieht. Dann wissen wir erst mal nicht mehr, wer wir sind. Dann fühlen wir uns schutzlos, und womöglich wirkt alles perspektivloser als vorher. Aber diese unsichere Zeit ist nur deswegen unsicher, weil unsere alte, starre Rolle Risse bekommt und uns nicht mehr schützt. Wenn Sie sich jetzt treu bleiben, dann kann in dieser Zeit aber auch endlich Ihr eigentliches, natürliches Wesen zum Vorschein kommen. Vielleicht ist es zarter, vielleicht stiller, unbeholfener oder langsamer. Aber sicher ist es eins: echter. Und sicher ist es das Einzige in Ihnen, das wirklich in Verbindung gehen kann. Das Einzige, das fähig ist, eine echte Beziehung zu führen.

Jetzt ist es wichtig, dass Sie sich treu bleiben. Denn dieser Prozess der Häutung und Erneuerung kann für viele um Sie herum nicht nur seltsam und befremdlich wirken, sondern manchmal fast bedrohlich. Und, um ehrlich zu sein: In dieser Zeit kann es gut sein, dass alte Bindungen so nicht mehr bestehen bleiben können. Sie verändern sich. Ihr Leben verändert sich. Und damit verändert sich auch Ihr Umfeld. Da ziehen sich Menschen zurück. Da passen alte Gewohnheiten und ausgetretene Trampelpfade nicht mehr. Da wissen Sie manchmal selbst nicht, wie Sie mit Ihren neuen Bedürfnissen umgehen sollen. Da werden viele gut meinende Freunde und Familienmitglieder Sie dazu bewegen wollen, endlich »wieder zur Vernunft zu kommen«.

Wir können Ihnen hier zum Schluss nur sagen: Bleiben Sie präsent, und vertrauen Sie Ihrem Herzen. Wenn etwas Altes seine Kraft verliert, dann ist immer schon etwas gutes Neues auf dem Weg. Auch wenn wir es oft noch nicht sehen können.

Wenn Sie Näheres wissen wollen über Seminare, Coachings und Lesungen:

        www.liebedichselbst.de
        coaching@liebedichselbst.de

Dank

Mein größter Dank gilt Ihnen allen, die Sie mich nach *Liebe dich selbst und es ist egal, wen du heiratest* in unzähligen Briefen, Mails und Anrufen ermuntert haben, weiterzumachen. Mein halbes Leben habe ich geglaubt, ich sei ziemlich allein mit meiner unstillbaren Sehnsucht nach einer anderen Art des miteinander Umgehens und dem Wunsch nach mehr echter Nähe und Wahrheit. Aber bis heute kommen ohne Unterlass Zuschriften von Lesern, die schildern, wie sehr meine Worte sie berührt haben. Für einen äußerlich zwar wortgewandten, aber im Inneren doch scheuen Rückzügler wie mich war die Flutwelle an Resonanz, die über mich hereingeschwappt ist, manchmal kaum zu verkraften. Oft konnte ich auch gar nicht so ausführlich antworten, wie ich es gerne getan hätte. Daher an dieser Stelle noch einmal danke für all Ihre Fragen, die mir den Weg durch dieses neue Buch gewiesen haben. Ich habe sie, so gut ich kann, beantwortet.

Natürlich danke ich auch all denen, die wieder dafür gesorgt haben, dass ich auf Tauchstation gehen und schreiben konnte. Vor allem meiner großartigen Tochter. Aber auch Kerstin Westhoff, Susanne Brandscheid, Ivonne Wiegand, Birgit Franz, Vahida Markus und Paulina Topr, die mich und mein Leben mit Herz und Tatkraft organisieren.

Meinem Verleger Gerhard Riemann danke ich dafür, dass er mir gezeigt hat, dass Arbeit, Geschäft und Erfolg einhergehen können mit Einfühlungsvermögen, Respekt und Freundschaft. Und dass er immer wieder aufs Neue bereit war, Vorstellungen und Ansprüche loszulassen, um mir den Raum zu geben, von innen heraus zu schreiben.

Barbara Wolter möchte ich dafür danken, dass sie das Projekt *Liebe dich selbst* vom ersten Tag an engagiert und selbstlos in die Welt gebracht, bei diesem Buch an vielen Stellen unterstützend mitgearbeitet hat und dass sie bis heute Herz und Motor unseres Forums ist.

Und dann ist da nach wie vor *Ein Kurs in Wundern*. Eine großartige Schrift der Vergebung, deren Leitlinien immer mehr zum Herzstück meines Denkens und Handelns werden. Dem Kurs und all seinen Wegbereitern und Übersetzern – vor allem Dr. Chuck Spezzano und Jeff und Sue Allen – ebenfalls aufrichtig danke.

Ich möchte es nicht versäumen, noch einige Menschen zu nennen, die mich mit ihren Büchern so inspiriert haben, dass sich tatsächlich etwas Neues in meinem Leben eröffnet hat: Eckhard Tolle, Barry Long, Diana Richardson, Thomas Trobe und Gitte Demant Trobe, Marianne Williamson, Collin C. Tipping, Byron Katie, Sanaya Roman, Gangaji und Osho.

Und schließlich habe ich dieses Buch in Gedenken an Johannes Rau geschrieben, der mich zu Lebzeiten zum Schreiben ermuntert hat und mir im Herzen immer ein väterlicher Freund bleiben wird. Er hat mir gezeigt, dass Glaube einem immer den Weg durch das Labyrinth dieser Welt weisen kann.

Literaturnachweis und Empfehlungen

Manche der folgenden Bücher waren mir wie Lehrer, einige haben mein Leben verändert. Alle sind tragende Stützen für die Gedanken, Texte und Zitate in diesem Buch. Aber so hoch mich all diese Literatur auch hinaufgeführt hat in die unerschöpflichen Möglichkeiten unseres Universums – ich suche doch immer nach der Mitte im Leben.

Bücher, die mir besonders am Herzen liegen

Byron Katie: *Lieben was ist*
München: Goldmann ARKANA 2002
Liebe, Freude, Mitgefühl und das kompromisslose Leben ihrer inneren Wahrheit – Byron Katies Arbeit ist so schlicht, still und gleichermaßen kraftvoll, dass man sich nicht im geringsten vorstellen kann, in welcher Hölle diese Frau einstmals gelebt hat. Aber genau das ist es, was mir an der Arbeit von Byron Katie immer wieder Mut und Kraft gegeben hat, auf meinem eigenen Weg weiterzugehen: Diese Frau war Gefangene von Sucht, Abhängigkeit, Hass, Gier und Verzweiflung – bis sie erwacht ist in ihr wahres Wesen voller bedingungsloser Liebe. Es geht!

Gary Renard: *Die Illusion des Universums*
Gespräche mit Meistern über Religion,
Reinkarnation und das Wunder der Vergebung
München: Goldmann ARKANA 2006

Ein Kurs in Wundern ist für mich *die* Schrift der Vergebung. Kein anderer Ansatz hat mein gesamtes Denksystem mehr in Frage gestellt, mein vertrautes Weltbild mehr ins Wanken gebracht und mir gleichzeitig mehr Heilung verschafft als der Kurs. Aber durch kein anderes Buch musste ich mich beim Lesen mühseliger hindurchquälen. So habe ich ihn – ehrlich gesagt – oft angefangen und immer wieder in die Ecke gelegt. Derweil habe ich gehofft, dass irgendwann einmal ein Buch erscheint, das mich beim Lesen einer ebenso tief greifenden Transformation unterzieht wie der Ursprungstext – aber dabei komprimierter und leichter zu lesen ist.

Endlich gibt es dieses Buch! Gary Renards *Die Illusion des Universums* ist mit über 500 Seiten immer noch kein Lesespaziergang für ein gemütliches Wochenende. Aber das Buch, das er neun Jahre lang von zwei aufgestiegenen Meistern empfangen hat, durchweicht mit Humor und Leichtigkeit unser gesamtes Ego bis in die Tiefen. Es ist eins dieser seltenen Bücher, die einen schon beim bloßen Lesen verändern. Es macht erfahrbar, dass es nur eine wahre Heilkraft gibt: die Vergebung. Aber nicht Vergebung im herkömmlichen Sinne. Hier wird uns gezeigt, dass Trennung nur Illusion ist, dass es in Wahrheit nichts zu vergeben gibt. Dass es hinter unserem illusionären Denken und Urteilen nur eine Wahrheit gibt: die alles verbindende Liebe.

Chuck Spezzano: *Wenn es verletzt, ist es keine Liebe*
Die Gesetzmäßigkeiten erfüllter Partnerschaft
München: Goldmann ARKANA 2005
Als ich das erste Mal Chuck Spezzano auf einem seiner Seminare gehört habe, war das eine Revolution in meinem Leben. Etwas in meinem Herzen hat sich geöffnet, was bis dahin nie berührt worden war. Heute, Jahre danach, zitiere ich Chuck Spezzano viele Male in meinem eigenen Buch. Er hat mir gezeigt, dass es einen anderen Weg gibt, statt draußen im Leben nach einem Traumpartner zu suchen. Es ist der Weg zurück zu sich selbst. Es ist ein Weg der Heilung des Herzens. Jedes Mal, wenn wir etwas in uns selbst heilen, heilt damit auch etwas in unseren Beziehungen.
Wenn es verletzt, ist es keine Liebe zeigt in 366 kleinen Kapiteln die wichtigsten Gesetzmäßigkeiten für Beziehungen. Ich kann dieses Buch nicht nur empfehlen, weil es weise und doch lebensnah ist. Es ist ein herrliches Instrument im Alltag, weil Sie es einfach als Aufschlag-Orakel verwenden können, wann immer Sie in Ihrer Beziehung oder in Ihrem Herzen in eine Sackgasse geraten sind.

Eckhart Tolle: *Leben im Jetzt*
Lehren, Übungen und Meditationen aus
»The Power of Now«
München: Goldmann ARKANA 2001
Als mir *Leben im Jetzt* in die Hände fiel, spürte ich nach wenigen Zeilen, dass mir hier ein Einblick in das gewährt wird, was wir Erwachen nennen. Es vergeht kaum ein Tag, an dem ich nicht ein paar Zeilen seiner einfachen und gleichermaßen revolutionären Botschaft lese. Jedes Mal

ist es, als ob sich in mir etwas erinnert an mein eigentliches Sein. Habe ich mich eben noch in der Rastlosigkeit des Alltags verirrt, weiß ich beim Lesen sofort, worum es eigentlich in meinem und unser aller Leben geht. Diese fundamentalen Erkenntnisse und konkreten Anleitungen können einen durch unsere tiefsten unbewussten Muster mitten in die befreiende Kraft des Jetzt führen.

Eckhart Tolle: *Eine neue Erde*
Bewusstseinssprung anstelle von Selbstzerstörung
München: Goldmann ARKANA 2005
Auch das neue Buch von Eckhart Tolle kann ich einfach nur ohne Einschränkung empfehlen, weil es noch einen Schritt weiter geht als seine bisherigen Bücher. Es führt uns vom Mikrokosmos in den Makrokosmos, indem es deutlich macht, dass wir alle Teil vom Ganzen sind. Dass alles, was wir in uns verändern, die Welt verändert. Aber das eigentlich Faszinierende ist nicht das Thema, sondern die Wirkung des Buches. Ich habe wieder den »Jetzt-Effekt« erlebt. Man liest nicht einfach, man fühlt sich von den Worten bewegt. Im Inneren vollzieht sich während des Lesens ein geradezu spürbarer unmittelbarer Wandel.

Neale Donald Walsch: *Gespräche mit Gott*
Ein ungewöhnlicher Dialog
München: Goldmann ARKANA 1997
Bei Neale Donald Walsch muss ich mich bedanken. Er hat mir eine Menge Arbeit abgenommen. So oft musste ich erleben, dass meine Versuche, mit Menschen während meiner Arbeit über Gott zu reden, fehlschlugen. »Gott« –

allein bei diesem Wort legte sich so manche Stirn in Falten. Dann entdeckte ich die *Gespräche mit Gott* von Walsch, las sie begeistert, erheitert und berührt – und gab sie weiter an so manchen suchenden Skeptiker. Kaum einer, der nicht eine Öffnung erfahren und Antworten auf die entscheidenden Fragen der Existenz bekommen hätte.

Literaturnachweis

Dawson, Michael: *Der Weg der Vergebung*
München: Goldmann 2006

Gangaji: *Der Diamant in deiner Tasche*
München: Goldmann 2006

Katie, Byron, Katz, Michael: *Ich brauche deine Liebe – stimmt das? Liebe finden, ohne danach zu suchen*
München: Goldmann 2005

Long, Barry: *Sexuelle Liebe auf göttliche Weise*
Saarbrücken: Verlag Neue Erde/Lentz 2001

Osho: Tantra, *Spiritualität und Sex*
Die kleine Reihe. Köln: Innenwelt Verlag 2005

Osho: *Liebe beginnt nach den Flitterwochen*
Die kleine Reihe. Köln: Innenwelt Verlag 2006

Osho: *Beziehungsdrama oder Liebesabenteuer*
Die kleine Reihe. Köln: Innenwelt Verlag 2005

Osho: *Liebe, Freiheit, Alleinsein*
München: Goldmann 2002

Richardson, Diana: *Zeit für Liebe, Sex, Intimität & Ekstase in Beziehungen*
Köln: Osho Verlag 2002

Richardson, Diana: *Zeit für Weiblichkeit*
Köln: Innenwelt Verlag 2005

Richardson, Diana, Richardson, Michael: *Zeit für Gefühle*
Köln: Innenwelt Verlag 2005

Tipping, Colin C.: *Ich vergebe*
Bielefeld: J. Kamphausen 2004

Tolle, Eckhart: *Lebendige Beziehungen JETZT!*
Bielefeld: J. Kamphausen 2005

Trobe, Thomas Dr., Trobe Demant, Gitte u. a.: *Vertrauen ist gut, Selbstvertrauen ist besser*
Köln: Innenwelt Verlag 2004

Wapnick, Kenneth: *Einführung in »Ein Kurs in Wundern«*
Gutach i. Br.: Greuthof 1994

Wapnick, Kenneth: *Wunder als Weg. Die 50 Grundsätze der Wunder in »Ein Kurs in Wundern«*
Gutach i. Br.: Greuthof 2001

Trennung ist keine Lösung!

Denn die Beziehung, die Sie gerade haben, ist die beste, die Sie kriegen können.
Eva-Maria Zurhorst, Deutschlands populärster Beziehungscoach und
kenntnisreiche Expertin zahlloser Rosenkriege, räumt gründlich auf mit der Erwartung,
beim nächsten Partner werde alles anders. Sie macht Mut, die existierende
Beziehung anzunehmen und zeigt, wie Sie mit ihm / mit ihr glücklich werden.

ISBN 978-3-442-33722-4

»Märchen enden meist mit dem Tag der Hochzeit. Eva-Maria Zurhorsts
Buch beginnt am Tag danach.«
Bella

Die CD zum Buch

Das *Liebe dich selbst* Praxisprogramm

von Eva-Maria und Wolfram Zurhorst auf CD!

Eva-Maria Zurhorst
Liebe dich selbst
und es ist egal, wen du heiratest
ISBN 978-3-442-33910-5

Eva-Maria & Wolfram Zurhorst
Liebe dich selbst
Sich selbst annehmen und dadurch
die Liebe zu anderen entdecken
ISBN 978-3-442-33926-6

Eva-Maria und Wolfram Zurhorst präsentieren ein Beziehungs-Begleitprogramm, mit dem jeder über Visualisierungen und energetische Übungen im praktischen Alltag tiefgreifende Transformation in seiner Partnerschaft erfahren kann. Dabei geben sie hautnah weiter, was sie selbst in ihrer Beziehung als hilfreich und heilsam erlebt haben.

Die *Liebe dich selbst* Hörbücher

Gelesen von Eva-Maria Zurhorst

Liebe dich selbst und es ist egal, wen du heiratest
Hörbuch, 6 CDs
ISBN 978-3-442-339934-1

Gelesen von Eva-Maria und Wolfram Zurhorst

Liebe dich selbst und freu dich auf die nächste Krise
Hörbuch, 6 CDs
ISBN 978-3-442-339935-8

Die ganz einfache Methode des
»Hundeflüsterers«

ISBN 978-3-442-33782-8

Wenn Sie sich mit dem Gedanken tragen, einen Hund anzuschaffen, ist dieses Buch für Sie. Und ebenso, wenn Sie Ihren Hund über die Maßen lieben, ihm aber gewisse Unarten nicht abgewöhnen können. Denn der „Hundeflüsterer" zeigt Ihnen, was im Kopf eines Hundes vor sich geht und wie Sie eine gute, erfüllte Beziehung erreichen.